| 세상 모든 지혜의 원천 |

# 지낭

智囊謀略 - 馮夢龍作品譯注與現代智慧典集
作者: 范文瓊

copyright ⓒ 2004 by 地震出版社
All rights reserved.
Korean Translation Copyright ⓒ 2008 by TOPAZ Publishing Co., Ltd
Korean edition is published by arrangement with 地震出版社
through EntersKorea Co., Ltd, Seoul.

이 책의 한국어판 저작권은 (주)엔터스코리아를 통한
중국의 地震出版社와의 계약으로 도서출판 토파즈가 소유합니다.
신저작권법에 의하여 한국 내에서 보호를 받는 저작물이므로
무단전재와 무단복제를 금합니다.

| 세상 모든 지혜의 원천 |

# 지낭

판원치웅 지음 · 김견 옮김

토파즈

## 서언

## 지혜는 어디서 왔다가 어디로 가는가?

『지낭』은 명나라 말기의 문장가 풍몽룡(馮夢龍)이 편찬한 책으로, 옛사람들의 지혜와 슬기가 담긴 1,000여 편의 이야기로 엮어져 있다. 제왕과 장수, 재상, 문인, 유명 인사들이 정치, 군사, 외교 등의 분야에서 보여준 탁월하면서도 기발한 계략부터 병사나 부녀자, 노비, 승려, 농부와 같은 하층민들이 터득한 생활 속 지혜에 이르기까지 다양한 이야기를 아우르고 있는 것이다. 『지낭』의 저자는 「서언」에서 책을 편찬하게 된 동기를 이렇게 밝히고 있다.

사람은 지혜로우면 촉촉한 땅과 같은 것이고, 땅에 물이 없으면 삭막해지듯 사람이 지혜가 없으면 걸어다니는 시체와 다를 바 없는 것. 좋은 땅에 물을 주면 비옥한 땅이 되고, 지혜 있는 사람에게 지혜를 주면 지혜가 넘쳐나듯이 자고로 얻는 것과 잃는 것, 이 이치가 아닌가 하노라.

풍몽룡은 사람은 지혜가 있어야 한다는 점을 강조하고 있는데, 극히 간결하고 함축된 문장에서 살아 숨쉬는 지혜를 읽을 수 있을 것 같다.

『지낭』에 수록된 이야기들은 대개 짧고 함축적이지만 작가의 의도적인 '성세항언(醒世恒言)', '유세명언(喩世明言)', '경세통언(警世通言)'과 같은 예술적 풍격을 엿볼 수 있다. 대부분의 이야기는 먼저 아주 어려운 문제를 서술한 다음 주인공이 독자들의 생각보다 손쉽게 문제를 해결하고 자기가 목적하는 바를 이루어내는 구조로 이루어져 있다. 이런 식으로 지혜의 형성과 운용, 지혜의 힘 등을 보여줌으로써 아무리 힘든 상황에 놓이더라도 자신감과 희망을 되찾을 수 있는 힘을 불어넣어준다.

『지낭』은 중국인들에게 '지혜의 금고'로 일컬어지는 책이다. 그 내용이 대부분 명나라 이전의 정사와 야사를 집약·함축한 이야기들로 이뤄져 역사적인 의미가 담겨 있고 예술적 가치가 높기 때문에 중국인이라면 누구나 한 권쯤 갖고 있을 법한 책이다. 또한 『지낭』은 중국의 사회 발전에도 크게 기여했다.

사회는 끊임없이 발전하고 있다. 현대인의 지능지수가 옛사람들보다 높은 것은 옛사람들의 지혜를 섭취하고 계승했기 때문이다. 나는 옛사람들의 지혜를 현대인들이 좀더 쉽고 재미있게 받아들여 성공의 문을 활짝 여는 데 힘을 보태고 싶다는 마음으로 이 책을 새롭게 엮었다.

이 책은 『지낭』에서 뽑아낸 고사와, 현대의 지혜로운 이야기를 서로 비교해볼 수 있게끔 묶은 것으로, 오늘을 살아가는 사람들이 필요로 하는 지혜를 얻을 수 있는 장서(藏書)가 되기를 바란다.

판원치웅

**차례**

- 서언 | 지혜는 어디서 왔다가 어디로 가는가? | 004

## ① 지피지기의 묘안 | 知彼知己의 妙 |

01. 마음을 사고, 가난을 판다 | 015
02. 위기일수록 더 냉철하게 움직여라 | 020
03. 내게 불리한 환경을 성공의 발판으로 삼아라 | 023
04. 똑같은 방법으로 상대를 굴복시킨다 | 028
05. 이에는 이, 눈에는 눈으로 맞서라 | 034
06. 눈앞의 이익이 달콤할수록 큰 후회가 뒤따른다 | 038
07. 고정관념을 깨뜨리고 역발상의 기지를 발휘하라 | 042
08. 사람을 다루려면 특별한 기술이 필요하다 | 048
09. 상황을 직시하면 결과가 달라진다 | 053
10. 편안할수록 경거망동하지 않는다 | 056
11. 오늘보다 내일을 내다봐라 | 061

## ② 낭중지추의 수법 | 囊中之錐의 手 |

12. 약점을 노려 불가능의 벽을 무너뜨린다 | 067
13. 활용가치를 높이고 수요를 읽어라 | 071

14. 상대방의 심리를 이용한다 | 074
15. 마음을 움직이면 목표가 보인다 | 076
16. 나를 숨기고 때를 기다려라 | 081
17. 상식에 얽매이지 않으면 절호의 기회가 보인다 | 084
18. 평범함과 게으름도 칭찬거리가 된다 | 087
19. 불행한 환경이 노력을 북돋운다 | 090
20. 인간의 잠재능력을 믿어라 | 093
21. 남의 힘과 이름을 빌린다 | 096

## 3 역발상의 즐거움 | 逆發想의 樂 |

22. 하나를 보면 또 하나를 알아야 한다 | 103
23. 나무만 보지 말고 숲도 보라 | 107
24. 대중의 심리를 주목하라 | 110
25. 원칙을 지키고 남을 배려한다 | 112
26. 나를 알아주는 사람은 누구인가? | 116
27. 자기 능력을 믿고 조급해하지 마라 | 119
28. 언제나 진심은 통한다 | 122
29. 핵심을 꿰뚫어 상대를 제압한다 | 125
30. 속임수를 마다하면 승리와 멀어진다 | 128
31. 반대로 말하여 설득하고 홍보한다 | 131
32. 관찰하고 분석하면 답이 보인다 | 135
33. 긴장감은 삶의 활력소이자 성장동력이다 | 138
34. 훗날의 이익을 먼저 생각하라 | 142

## 4 모략의 힘 | 謀略의 力 |

35. 상대방의 요구를 들어주고 급소를 찌른다 | 147
36. 침착하게 대응하면 남다른 창의력이 샘솟는다 | 152
37. 이 세상에 해결하지 못할 문제는 없다 | 154
38. 역경을 기회로 만들 수 있는가? | 157
39. 복잡할수록 단순하고 재빠르게! | 159
40. 승패의 현장은 교활하고 냉혹하다 | 162
41. 조건 없는 사랑이 세상을 아름답게 수놓는다 | 165
42. 보통사람들과 다른 눈으로 문제를 주시하라 | 169
43. 현실에 맞지 않는 꿈은 포기하는 게 낫다 | 176
44. 버려지는 것으로 새로운 이익을 창출한다 | 179
45. '조금만 더' 참고 노력하면…… | 182
46. 어떻게든 살아남아야 승리의 기쁨도 맛본다 | 185
47. 머뭇거리지 말고 과감하게 밀어붙여라 | 188
48. 상대를 감쪽같이 속여라 | 190

## 5 유비무환의 이치 | 有備無患의 理 |

49. 우회적으로 드러내고 모순을 만들어낸다 | 197
50. 당장 할 수 있는 일부터 시작하라 | 200
51. 상대를 건드리지 않고 목적을 달성한다 | 203
52. 모범이 되는 리더가 되라 | 205
53. 작은 실수는 호되게, 큰 실수는 너그럽게! | 207
54. 격려와 칭찬에 인색하지 마라 | 210
55. 닭을 빌려 알을 낳게 한다 | 213
56. 편안할 때 경계하고 위기를 생각하라 | 216

57. 돈으로 살 수 없는 것을 사라 | 218
58. 상대를 안심시킨 뒤 선수를 쳐라 | 222
59. 의심을 풀어주고 역이용한다 | 225
60. 유머와 역설적인 방법으로 말하라 | 227
61. 각도를 바꾸면 세상이 달라 보인다 | 230
62. 재능과 삶의 가치를 발굴하라 | 233

## 6 자기절제의 덕 | 自己節制의 德 |

63. 자만심의 덫에 걸려들지 마라 | 239
64. 남을 돕는 것이 나를 돕는 것이다 | 242
65. 상대에게 치명적인 수단을 움켜쥐어라 | 245
66. 지나친 간섭도, 섣부른 판단도 하지 마라 | 250
67. 단합할 것인가, 분열할 것인가? | 253
68. 재난을 피하면 희망이 고개를 내민다 | 257
69. 근본으로부터 문제를 해결하라 | 261
70. 상대의 의지를 꺾고, 유인하여 승리한다 | 265
71. 마음이 넓을수록 돌아오는 게 많다 | 269
72. 성공은 낭비하지 않는 데서 출발한다 | 273
73. 허와 실을 운용하라 | 276
74. 내부의 적을 두려워하라 | 281
75. 미친 척하여 역효과를 노린다 | 284

## 7 전화위복의 지혜 | 轉禍爲福의 智 |

76. 반작용의 원리를 응용하라 | 289
77. 배려하는 척하면서 꼼짝 못하게 한다 | 291
78. 아무리 큰 목표도 한 걸음부터! | 295
79. 작은 허점도 허투루 넘기지 마라 | 298
80. 복잡해 보일수록 단순하게 생각하라 | 303
81. 상대의 마음을 읽고 공략하라 | 306
82. 싸우지 않고 이기는 것이 최선의 길이다 | 311
83. '합법적인 거짓말'로 맞서라 | 315
84. 함정을 파놓고 상대를 끌어들인다 | 317
85. 남을 위해 베풀면 함께 즐거워진다 | 321
86. 대범한 행동으로 적을 교란시킨다 | 324
87. 이간계에 말려들면 헤어나기 힘들다 | 329
88. 재치 있는 유머로 잘못을 깨우쳐준다 | 336
89. 가장 든든한 인생 밑천은 돈이 아니라 지혜이다 | 338
90. 명석한 두뇌로 현실에 맞게 판단하라 | 340

## 8 기만의 책략 | 欺瞞의 策 |

91. 경계심을 늦추게 한다 | 347
92. 반발심을 불러일으켜 분별력을 흐트러뜨려라 | 351
93. 남의 비난이 두려워 머뭇거리지 마라 | 355
94. 의지가 확고한 사람은 맨손으로도 성공한다 | 358
95. 항상 심리적인 우위를 점하라 | 363
96. 능력을 알아보고, 자신감을 심어준다 | 366
97. 적당한 때에 물러나는 법을 익혀라 | 370

98. 자기 재능을 과신하여 방심하지 마라 | 373
99. 요행을 바라면 성공은 점점 멀어진다 | 376
100. 힘이 없으면 다른 사람에게 기대어라 | 379
101. 너그럽게 양보하고 미워하지 마라 | 381
102. 하나를 보고 열을 아는 안목을 가져라 | 385
103. 세부적으로 분석하여 핵심을 찌른다 | 388
104. 성실함과 신의는 성공의 밑바탕이다 | 392
105. 순간의 선택이 내일의 삶을 좌우한다 | 395

## ❾ 선견지명의 안목 | 先見之明의 眼 |

106. 상대의 재능과 됨됨이를 읽는 통찰력을 길러라 | 401
107. 관찰력은 갈고 닦을수록 예리해진다 | 404
108. 사소한 것에서 음모를 밝혀낸다 | 406
109. 상황에 따라 유연하게 대응하라 | 410
110. 내 안의 잠재력을 흔들어 깨워라 | 415
111. 비열한 방법도 좋은 수단이 된다 | 420
112. 힘들 때 어머니를 떠올린다 | 423
113. 상대가 눈치채지 못하게 움직여라 | 426
114. 모순을 회피한다 | 432
115. 상황을 조작해 상대의 기세를 꺾는다 | 435
116. 상식에서 벗어날수록 성공확률은 높아진다 | 440
117. 손실을 최소화하고 새로운 기회를 만든다 | 443
118. 위기의식은 삶의 불청객이 아니다 | 446
119. 당장에 도움되지 않는다고 물리치지 마라 | 449
120. 작은 미덕이 큰 이익으로 돌아온다 | 452
121. 상대가 예상치 못하는 쪽으로 나아가라 | 455

# 지피지기의 묘안

| 知彼知己의 妙 |

남보다 더 멀리 내다보고, 상대방의 의중을 한눈에 꿰뚫어보기란 말처럼 쉽지 않다. 그것이 이루어진다면 누군들 성공하지 못하랴. 이제 더 이상 자신의 재능과 능력을 과소평가하지 마라. 기가 죽으면 절대 자기 목적을 이룰 수 없다. 상대방보다 한 계단 위에 서면 상황이 달라진다. 남다른 각오로 좀더 면밀히, 선입견이나 상식에서 벗어나 주위를 관찰하고 분석하면 독창적인 전략과 기술을 몸에 익힐 수 있다.

# 마음을 사고, 가난을 판다

**原文** 孟嘗君問門下諸客誰習計會, 能爲收責於薛者. 馮煖署曰 "能". 於是約車治裝, 載券契而行, 辭曰: "責畢收, 以何市而反?" 孟嘗君曰: "視吾家所寡有者." 煖至薛, 召諸民當償者悉來, 既合券, 矯令以責賜諸民, 悉焚其券. 民稱 "萬歲". 長驅至齊, 孟嘗君怪其疾也, 衣冠而之, 曰: "責畢收乎?" 曰: "收畢矣." "以何市而反?" 煖曰: "君云視吾家所寡有者, 臣竊計君宮中積珍寶, 狗馬實外廐, 美人充下陳, 君家所寡有者, 義耳! 竊以爲君市義." 孟嘗君曰: "市義奈何?" 曰: "今君有區區之薛, 不拊愛其民, 因而賈利之. 臣竊矯君命以責賜諸民, 因焚其券, 民稱萬歲: 乃臣所以爲君市義也!" 孟嘗君不悅, 曰: "先生休矣!" 後期年, 齊王疑孟嘗, 使就國. 未至薛百里, 民扶老携幼爭趨迎於道. 孟嘗君謂煖曰: "先生所爲文市義者, 乃今日見之."

춘추전국시대 때, 맹상군(孟嘗君)이 문하 식객들에게 물었다. 설(薛)이라는 곳에 가서 빌려준 돈을 받아와야 하는데, 회계에 능한 사람이 없느냐고.

이에 빙난(馮煖)이라는 사람이 앞으로 나섰고, 맹상군은 그에게 마차와 행장을 갖춰주고 빚 문서를 건네주었다.

그런데 길을 떠나기 전에 빙난이 맹상군에게 물었다.

"빚을 받아서 뭘 사올까요?"

"우리 궁중에 부족하다고 생각되는 것이 있으면 그걸 사오도록 하시오."

그 즉시 길을 떠나 설에 도착한 빙난은 빚을 진 백성들을 불러모아 놓고 그 내용부터 확인시켰다. 그런 다음 맹상군이 빚을 모두 탕감하라는 명을 내렸다며, 그 자리에서 빚 문서를 모두 불태워버렸다. 이에 백성들은 좋아라 하며 일제히 만세를 불렀다.

빙난이 예상보다 빨리 돌아오자, 이를 이상히 여긴 맹상군이 빙난에게 물었다.

"빚은 다 받아왔소?"

"그렇습니다."

빙난의 대답에 맹상군이 다시 물었다.

"그럼 어떤 물건들을 사오셨소?"

빙난이 대답했다.

"궁중에 부족하다고 생각되는 것을 사오라 하시기에 곰곰이 생각해보았습니다. 궁중엔 금은보화가 산더미처럼 쌓여 있고, 궁 밖엔 마소가 무리 지어 다니고, 또 당하(堂下)에는 미인들이 줄지어 있으니 지금 궁중에 부족한 것은 오직 인의(仁義)뿐이라고 생각되어 인의를 사왔습니다."

"그럼 그 인의라는 건 어떻게 사왔다는 말이오?"

"주군께서는 지금 설이라는 아주 작은 지역 하나를 다스리면서, 백성들을 다독이고 위해주는 대신에 당장 눈앞의 이익만 추구하고 계십니다. 그래서 소인이 주군의 명이라 사칭하여 모든 빚을 탕감해주고 빚 문서를 불태워버리자 백성들이 일제히 만세를 불렀습니다. 이

것이 바로 소인이 사온 인의입니다!"

이야기를 다 듣고 난 맹상군이 몹시 불쾌한 표정으로 말했다.

"됐소, 선생. 그만 가보시오!"

그로부터 1년 후, 제(齊)나라 왕은 맹상군을 탐탁지 않게 여겨 그에게 자기 봉지(封地)인 설로 돌아가라 명했다. 그런데 맹상군 일행이 설에서 아직 100여 리쯤 떨어진 곳에 이르렀을 때, 수많은 백성들이 그곳까지 맹상군을 마중 나와 있는 게 아닌가. 그 모습에 감동한 맹상군이 빙난을 돌아보며 말했다.

"선생이 나를 위해 샀다는 인의를 오늘에야 비로소 보게 되는구려."

사람이라면 누구나 어떤 문제에 대처할 때 빙난처럼 멀리 내다볼 줄 알아야 한다. 빙난과 같은 안목을 갖춘다면 위기를 무난히 넘길 수 있을 뿐만 아니라 예상 밖의 효과까지 기대할 수 있다. 오래 전 일본에서 소문이 자자했던 '촌스러움을 팔다'라는 이야기 또한 그 전형적인 사례이다.

일본이 경제대국이라고 하지만, 어느 산간지대에 위치한 작은 마을은 드나드는 길이 워낙 험해 세상과는 동떨어져 있다시피 했다. 게다가 수십 가구에 불과한 주민들이 얼마 안 되는 밭뙈기에 의지해 살다 보니 겨우 연명이나 하는 형편이었다. 마을 사람들 모두 지긋지긋한 가난에서 벗어나고 싶었지만 어찌해볼 도리가 없었다.

그런데 어느 날 이 산골마을에 한 상인이 찾아왔다. 그는 마을을 한 바퀴 돌아보고 나서 자기 나름대로 연구한 끝에 이 마을의 낙후된 모습이 커다란 장점이 될 수 있다는 결론을 내렸다. 그래서 그 마을의 이장을 찾아가 자기 생각을 말해주었다. 상인의 말에 이장은 즉시 마을 사람들을 소집하여 말했다.

"지금이 어떤 세상인데, 우리 마을 사람들은 아직도 원시인이나 다름없는 생활을 하고 있습니다. 이는 우리의 수치이자 고통입니다. 하지만 대도시 사람들도 현대화한 삶에 오랫동안 찌들어 살다 보면 머지않아 지치고 답답할 때가 있을 것입니다. 우리가 이렇게 낙후된 생활을 할 바에는 아예 조금 더 뒷걸음질쳐서 차라리 원시생활을 하면서 우리의 '촌스러움'을 상품화하는 게 어떻겠습니까. 그러면 도시인들의 관심을 불러일으킬 것이고, 우린 그것을 기회로 돈을 벌 수 있을 것입니다."

그러자 마을 사람들이 하나같이 호응하고 나섰다. 그때부터 그곳 사람들은 원시인의 생활방식을 모방하여 아예 나무 위에 집을 지어 살고, 짐승가죽을 걸치거나 나뭇잎으로 옷을 만들어 입고 다녔다.

그로부터 얼마 후 상인이 매스컴에 그 '신비한 원시인 부락'을 소개하자, 곧 사회 각계의 관심을 불러일으켰다. 수많은 관광객이 줄지어 산골마을을 찾아왔고, 그들은 마을에 경제적인 풍요로움을 안겨주었다. 뒤이어 계산에 밝은 개발업자들까지 몰려들어 도로를 내고 호텔과 백화점을 세워 그곳을 아예 관광지로 만들어버렸다. 덕분에 마을 사람들은 큰돈을 벌어들였고, 그렇게 기발한 아이디어를 낸 상인도 큰 부자가 되었다.

이렇게 되자 마을 주민들은 낮에는 짐승가죽을 걸치고 나무 위에서 생활하다가, 저녁이면 나무에서 내려와 멋진 옷으로 갈아입고 관광지 외곽에 신축된 호화로운 저택에 들어가 문명의 혜택을 누릴 수 있게 되었다.

　묘안 하나가 온 마을 사람들을 부유하게 만들 수 있었던 것은 상인의 남다른 안목과 사고방식 덕분이었다.

## ❷
# 위기일수록
# 더 냉철하게 움직여라

> **原文** 曹武穆瑋知渭州, 號令明肅, 西人憚之. 一日方召諸將飮, 會有叛卒數千亡奔賊境. 候騎報至, 諸將相視失色. 公言笑如平時, 徐謂騎曰: "吾命也, 汝勿顯言!" 西人聞, 以爲襲己, 盡殺之.

무목공(武穆公) 조위(曹瑋)는 위주(渭州) 지부사로 있으면서 군사를 다스리는 데 엄하고 현명하여 서하(西夏) 사람들 모두 그를 두려워했다.

하루는 그가 여러 장수들을 불러 술을 마시고 있는데 1,000명이 넘는 반란군이 서하로 도망쳤다는 급보가 전해졌다.

정찰병의 보고를 들은 장수들은 서로 쳐다보며 당황하여 어쩔 줄 몰라했지만, 조위는 별일 아니라는 듯이 웃으며 정찰병에게 말했다.

"그것은 내가 시킨 일이니, 너희는 절대 누설하지 말라."

얼마 후 그 말을 전해들은 서하 사람들은, 투항해온 군사들이 자기들을 기습하러 온 줄 알고 그들을 모두 죽여버렸다.

조위는 돌발적인 상황에서도 태연자약했을 뿐만 아니라 아주 자연스럽게 적의 손을 빌려 반란군을 제거했다. 그야말로 보기 드문 지혜와 용맹을 갖춘 명장임에 틀림없다.

돌발적인 상황에 처했을 때 당황하여 얼굴색이 달라진다면 일에 도움이 되지 못할 뿐더러 더욱 곤란한 처지로 내몰리기까지 한다. 유일한 방법은 냉정하게 처리하는 것이다. 일본에서도 이와 비슷한 이야기가 전해지고 있다.

한번은 잘생기고 건장한 청년이 전보를 전하러 왔다며 모 영화제작사 분장사의 집에 뛰어들었다. 청년이 여자 분장사의 목에 비수를 들이대며 협박했다.

"내가 시키는 대로만 하면 털끝 하나 건드리지 않겠다고 약속하지. 네 능력껏 보여주기만 하면 되는데, 그것 때문에 목숨까지 위태롭게 하고 싶지는 않겠지?"

분장술이 뛰어난 그녀는 어떻게 하면 되느냐고 물었다.

"난 감옥에 갇혀 지낸 지 반년이 넘었어. 숨이 막혀 죽을 것 같은 옥살이가 싫어서 오늘 뛰쳐나왔는데, 다신 그 망할 곳으로 돌아가고 싶지 않다고. 그러니 당신이 나를 분장해줘야겠어. 내 어머니도 날 알아볼 수 없을 정도로 말이야."

"별로 어려운 일도 아니네요."

여자 분장사는 곧 그 청년을 분장해주었는데, 얼마 후 거울 속에는 검실검실한 중년남자의 얼굴로 바뀌어 있었다.

"역시 나도 깜빡할 정도로군. 좋았어!"

탈옥수는 매우 흡족해하며 그녀를 밧줄로 꽁꽁 묶고 입에는 재갈을 물려놓은 다음 유유히 그곳을 떠났다.

그로부터 몇 시간 후 경찰들이 찾아와 여자 분장사를 풀어주며 말했다.

"당신 덕분에 탈옥수를 쉽게 붙잡을 수 있었습니다. 많이 놀라셨죠?"

여자 분장사가 미소를 지으며 말했다.

"그 사람, 멀리 못 갈 거라고 생각했어요."

그녀는 탈옥수에게 길거리에 붙어 있는 현상수배자의 몽타주와 똑같은 모습으로 분장해주었던 것이다. 그러니 꼼짝없이 경찰의 검문에 걸려들 수밖에. 처음에 경찰들은 그를 현상수배자로 알고 검거했는데, 알고 보니 탈옥수였던 것이다. 그야말로 동에서 잃고 서에 가서 찾는 희극이 연출된 것이다.

## 내게 불리한 환경을 성공의 발판으로 삼아라

> **原文** 蘇軾知杭州, 時歲適大旱, 饑疫幷作. 軾請於朝, 免本路上供米三之一, 故米不翔貴. 複得賜度僧牒百, 易米以救饑者. 明年方春, 即減價糶常平米. 民逐免大旱之苦. 杭本江海之地, 水泉鹹苦, 民居稀少. 唐刺史李泌始引西湖水作六井, 民足於水, 故井邑日富. 及白居易複浚西湖, 放水於運河, 自河入田, 取溉至千頃. 然湖水多葑, 自唐籍錢氏, 歲輒開治, 故湖水足用. 宋廢而不理, 至是湖中葑積, 為田二十五萬餘丈, 而水無幾矣. 運河失河水之利, 則取給於江潮. 湖渾濁多淤, 河行闤闠中, 三年一淘, 為市井大患, 而六井亦幾廢. 軾始至, 浚茅山、鹽橋二河. 以茅山一河, 專受江潮 以鹽橋一河, 專受湖水. 複造堰閘, 以為湖水蓄泄之限, 然後潮不入市. 且以餘力複完六井, 民稍獲其力矣. 軾間至湖上, 周視良久日: "今欲去葑田, 將安所置之. 湖南北三十裏, 環湖往來, 終日不達. 若取葑田積於湖中, 為長堤以通南北, 則葑田去而行者便矣. 吳人種麥, 春輒芟除, 不遺寸草. 葑田若去, 募人種麥, 收其利以備修湖, 則湖當不復湮塞." 乃取救荒之餘, 得錢糧以貫石數萬. 乃複請於朝. 得百僧度牒, 以募役者. 堤成, 植芙蓉、楊柳其上, 望之如圖畵, 杭人名日 "蘇公堤".

소동파(蘇東坡)가 항주(杭州) 지부사로 부임하던 해에 때마침 큰 가뭄이 들었다. 기근과 돌림병까지 만연하자 민심이 흉흉해졌고, 이에 소동파는 백성들을 위해 세금의 30퍼센트 정도를 탕감해달라는 상소를 조정에 올렸다. 그래서 흉년으로 인한 쌀값 폭등 현상을 미리 막을 수 있었으므로 또다시 조정으로부터 도승첩(度僧牒) 100장을 발급 받아 그것으로 쌀과 바꿀 수 있었다. 게다가 이듬해 봄에는 다시 쌀을 저렴하게 풀어 백성들의 고통을 덜어줄 수 있었다.

지리적으로 강과 바다를 끼고 있는 항주는 물맛이 짜고 썼으므로 정착한 백성들의 수가 매우 적었다. 당나라 때 항주 자사(刺史) 이필(李泌)은 서호(西湖)의 물을 끌어다가 여섯 곳에 우물을 만들었는데, 그 덕분에 백성들은 물을 풍족하게 쓸 수 있었고 시가지도 번창하기 시작했다. 훗날 항주 자사로 부임한 백거이(白居易)는 서호 준설공사를 감행했는데, 서호의 물을 운하로 내보내어 논에 흘러들게 함으로써 관개 논 면적이 1,000여 경(頃)에 달했다. 하지만 호수에 수초가 많았기 때문에 당조(唐朝) 때부터 5대에 이르는 전류(錢鏐) 시기까지 해마다 수많은 인력을 동원해 치수(治水)에 힘쓴 덕에 물을 충분히 사용할 수 있었다. 그러나 송(宋)나라 때는 서호를 돌보지 않아 수초로 뒤덮였는데, 그 면적이 15만 장(丈)에 이르렀고 물이 고갈되다시피 했다. 운하도 주요 수원을 잃게 되었고, 전당강(錢唐江) 썰물이 유일한 수원이 되어버렸다. 그렇게 서호는 더욱더 혼탁해지고 진흙만 쌓여갔다. 도성으로 흘러드는 강물을 3년에 한 번씩 걸러내야 했고, 여섯 우물도 거의 막혀버렸다.

소동파는 항주에 부임하자마자 곧 모산(茅山)과 염교(塩橋), 두 하류를 준설하여 모산천은 강 썰물을 받게 하고, 염교천은 호수 물을 받게 했다. 그리고 갑문을 만들어 호수 물을 가두었다가 내보냈기 때문에 더 이상 바닷물이 성안으로 흘러들지 않았고, 나머지 물은 여섯 우물에서 공급되었기 때문에 백성들은 점차 편리하게 물을 이용할 수 있었다.

그러던 어느 날 호숫가를 둘러보던 소동파가 혼잣말처럼 중얼거렸다.

"호수의 수초를 모두 제거한다면, 그 수초들을 어디에다 버려야 할까? 서호는 남북으로 30여 리가 되고 호수를 한 바퀴 도는 데도 하루 온종일이 걸리는데, 만약 수초와 진흙으로 긴 제방을 만들어 남과 북을 잇는다면 수초를 제거하기도 쉬울 뿐만 아니라 사람들이 오가기도 훨씬 편리하지 않겠는가. 이곳 사람들은 밀 재배에 능하여 봄에 밭을 갈 때 풀 한 포기 남기지 않는다. 수초를 제거한 뒤 사람들에게 밀을 심게 하고, 그 세금을 걷어 호수를 관리하는 데 사용하면 서호도 더 이상 혼탁해지지 않을 것이다."

이후 소동파는 구황(救荒) 물자에서 남은 양을 처분하여 얻은 돈과 곡식 수만 석으로 조정에 도승첩 수백 장을 청구하고, 인부들을 동원해 제방을 쌓기 시작했다. 제방을 쌓은 뒤 호수에는 연꽃을 심고 제방 위에는 부용(芙蓉)과 버드나무를 심었는데, 멀리서 바라보면 한 폭의 수묵화처럼 아름다웠다. 그때부터 항주 사람들은 그 제방을 소공제(蘇公堤)라고 친근하게 불렀다.

소동파가 서호를 다스린 이야기는 어떤 문제든 끊임없이 연구하고 해법을 찾다 보면 아무리 불리한 요소도 유리하게 바꿀 수 있고, 작은 노력으로도 큰 효과를 거둘 수 있다는 것을 잘 보여준다. 이와 비슷한 사례로 미국의 대부호 투델라(Tudela)가 '맨손치기'로 대성한 이야기가 있다.

투델라는 원래 베네수엘라의 자수성가한 엔지니어였다. 그는 석유사업을 하고 싶었지만, 그쪽 업계와 통할 만한 인맥도 없거니와 사업자금도 넉넉지 않았다. 여러모로 궁리한 끝에 그는 우회적인 경영방식을 취하기로 마음먹었다.

어느 날 그는 아르헨티나에서 2,000만 달러 상당의 부탄을 수요한다는 소식을 접했다. 또한 그는 아르헨티나에는 쇠고기가 남아돈다는 사실을 잘 알고 있었다. 그로부터 며칠 후에는 신문에서 스페인의 모 선박회사가 선박 건조 주문이 없어 고전하고 있다는 기사를 읽었다. 이 세 가지 정보를 반복적으로 연구한 결과, 그의 머릿속에서는 석유업계에 발을 들여놓을 수 있는 계획이 세워졌다.

먼저 그는 스페인으로 가서 선박회사 사장에게 말했다.

"당신들이 나에게서 2,000만 달러어치의 쇠고기를 구입해준다면, 난 당신네 회사에 2,000만 달러에 달하는 선박을 주문할 것이오."

선박회사 사장은 매우 흔쾌히 그의 제안을 받아들였다.

그러고 나서 투델라는 한 석유회사를 찾아가서 말했다.

"내가 당신들한테서 2,000만 달러어치의 부탄을 사려고 하는데, 조건이 하나 있소. 반드시 내가 지정한 스페인 선박회사의 배로 수송해야 한다는 것이오."

석유회사 사장 역시 흔쾌히 그 조건을 받아들였다.

그렇게 하여 2,000만 달러어치의 부탄이 아르헨티나로 운송되었고 2,000만 달러어치의 쇠고기가 스페인으로 운송되었다. 투델라는 타고난 배짱과 면밀한 정보 분석이 뒷받침된 '맨손치기' 수법을 사용해 석유운송업계에 발을 들여놓았고, 드디어 자신의 꿈을 펼쳐나가게 된 것이다.

투델라는 예민한 안목과, 기회를 포착할 줄 아는 사업수완 외에도 불리한 여건을 유리한 요소로 바꿀 줄 아는 능력이 탁월했다. 그래서 단시간 내에 자신의 꿈을 이루었고, 엄청난 부를 축적해 세계적인 갑부 반열에 올랐던 것이다.

# 똑같은 방법으로
# 상대를 굴복시킨다

> **原文**
>
> 魏文侯時, 西門豹爲鄴令, 會長老問民疾苦. 長老曰: "苦爲河伯娶婦." 豹問其故, 對曰: "鄴三老、廷掾, 常歲賦民錢數百萬, 用二三十萬爲河伯娶婦, 與祝巫共分其餘. 當其時, 巫行視人家女好者, 云'是當爲河伯婦', 卽令洗沐, 易新衣. 治齋宮於河上, 設絳帷床席, 居女其中, 卜日, 浮之河, 行數十裏乃滅. 俗語曰: '卽不爲河伯娶婦, 水來漂溺.' 人家多持女元竄, 故城中益空." 豹曰: "及此時, 幸來告, 吾亦欲往送." 至期, 豹往會之河上. 三老、官屬、豪長者、里長、父老皆會, 聚觀者數千人. 其大巫, 老女子也, 女弟子十人從其後. 豹曰: "呼河伯婦來!" 卽見, 顧謂三老、巫祝、父老曰: "是女不佳, 煩大巫嫗爲入報河伯, 更求好女, 後日送之." 卽使吏卒共抱大巫嫗投入河. 有頃, 曰: "嫗何久也? 弟子趣之!" 復投弟子一人河中. 有頃, 曰: "弟子何久也?" 復使一人趣之, 凡投三弟子. 豹曰: "是皆女子, 不能白事, 煩三老爲入白之." 復投三老. 豹簪筆磬折向河立待, 良久, 旁觀者皆驚恐. 豹顧曰: "巫嫗、三老不還報, 奈何?" 復欲使廷掾與豪長者一人入趣之, 皆叩頭流血, 色如死灰. 豹曰: "且俟須臾." 須臾, 豹曰: "廷掾起矣, 河伯不娶婦也." 鄴吏民大驚恐, 自是不敢復言河伯娶婦.

춘추전국시대 초기인 위문후(魏文候) 때였다. 서문표(西門豹)는 업성(鄴城)의 지사로 부임하자마자 그곳 장자들을 불러들여 백성들이 어떤 고초를 겪고 있는지를 물었다. 이에 한 늙은 장자가 말했다.

"고초라면 하백이 색시를 얻는 일로 백성들이 시달림을 받는 것입지요."

"하백의 색시라니요?"

서문표가 의아해하자 늙은 장자가 말했다.

"이 고장을 다스린다는 삼로(三老), 즉 관리와 아전들이 해마다 백성들로부터 수백만 냥의 세금을 걷는데 그 중 20~30만 냥은 하백의 색싯감을 물색하는 데 쓰고, 나머지는 무당들과 나눠 갖고 있지요. 하백의 색싯감을 물색할 때면 무당들은 동네방네 돌아다니며, 뉘 집 처녀가 예쁘게 생겼으면 '이 아이를 하백의 색싯감으로 삼아야겠구나' 하고는 곧 그 처녀를 목욕시키고 새 옷으로 갈아입힌 뒤 강 위에 재계(齋戒)할 행궁(行宮)을 세우고 주홍빛 천으로 가린 다음 신붓감을 그 안에서 살게 합니다. 그리고 길일을 골라 행궁을 강에 띄워보내는데, 보통 수십 리도 채 못 가서 침몰되고 말죠. 저들의 말로는 그런 식으로 하백에게 신부를 찾아 보내지 않으면 하백이 노하여 큰 홍수를 일으킬 거라고 합니다. 그래서 장하(漳河) 양안의 딸 가진 사람들은 하백이 새색시를 맞을 때만 되면 멀리 도망치기 일쑤죠. 그러니 이 고장이 갈수록 황폐해질 수밖에 없지요."

이야기를 다 듣고 난 서문표가 말했다.

"다음에 하백에게 색싯감을 보내는 날이 되면 나한테 곧바로 알려주시오. 나도 그네들을 배웅할 수 있게 말이오."

시간이 흘러 어느덧 하백이 새색시를 맞을 날이 되었다. 소식을 들은 서문표도 장하 강변으로 나가보았는데 삼로는 물론 관청 사람들, 그리고 지방 부호들과 장자들, 이장과 백성들 모두 구경을 나와 북적거렸다. 맨 나중에 나타난 사람은 백발이 성성한 무당이었는데, 그 뒤로 젊은 제자 몇 명이 따르고 있었다.

서문표가 말했다.

"하백의 색싯감이 될 여인을 불러오너라. 얼굴이나 한번 보자꾸나!"

그런데 간택된 여인을 훑어보고 난 서문표는 매우 못마땅한 표정으로 삼로와 늙은 무당, 그리고 장자들에게 말했다.

"아무래도 이 아이는 너무 밉상이오. 수고스럽겠지만 무당께서 속히 하백님께 통보해드려야겠소. 이 아이보다 훨씬 더 고운 색싯감을 간택하여 훗날 다시 보내드리겠다고 말이오."

그러고는 나졸들에게 늙은 무당을 강물에 처넣으라고 명했다.

한참 후 서문표가 다시 입을 열었다.

"무당은 감감무소식이군. 어찌된 일인지 제자 한 명을 더 보내 알아봐야겠소."

그러고는 여자 제자 한 명을 다시 강물에 처넣으라 했다. 그렇게 제자 셋을 연이어 물 속에 처넣게 한 다음 서문표가 좌중을 둘러보며 말했다.

"아마 모두 여자라서 일의 자초지종을 제대로 설명하지 못하는 모양이오. 수고스럽지만 삼로께서 직접 가서 해명해드려야 할 것 같소."

삼로까지 물에 처넣은 서문표는 관모(冠帽)에 붓을 꽂은 다음 허리를 굽혀 장하 쪽으로 향한 채 짐짓 공손한 자세로 조용히 기다렸다. 한참을 그러고 있자니 구경나온 백성들까지 덜컥 겁이 났다. 서문표가 사람들을 이리저리 훑어보며 입을 열었다.

"무당들이나 삼로 모두 돌아오지 않는데, 이제 어떡하면 좋겠소?"

서문표의 표정으로 보아 당장 아전과 부호, 장자들 중에서 한 명 더 물에 처넣을 기세였다. 그러자 그들 모두 부들부들 떨면서 하나같이 무릎을 꿇고 땅바닥에 머리를 조아렸다.

"좀더 기다려보도록 하지."

서문표가 짐짓 느긋하게 한참을 더 기다리는 듯하더니 다시 입을 열었다.

"이제 그만 일어들 나시게. 아마도 하백이 색시를 얻기 싫은가 보군."

그 일로 혼쭐난 업성의 관리들은 물론 백성들도 다시는 하백이 색시를 얻는다는 말을 입 밖에 내지 못했다.

춘추전국시대 때 미신을 타파하기란 말처럼 쉽지 않다. 그런데 서문표는 매우 현명한 방법, 즉 그들의 방식을 똑같이 따라했다. 그는 하백이 색시를 얻는다는 것이 미신이라고 직접적으로 꾸짖지 않았다. 당시와 같은 환경에서는 직접적인 부정으로 민심을 되돌릴 수 없었다. 그래서 서문표는 장계취계(將計就計)를 행했다. 더 예쁜 색싯감을 골라줘야 한다며 아주 공손하게, 교묘한 방법으로 그 지방의 우환 거리인 무당, 삼로 등 악인들을 징벌하고 민심을 수습한 것이다.

상대방의 방식 그대로 복수하는 방법이 수천 년이 지나도 퇴색하지 않는 것은 적으로 하여금 방어할 틈을 주지 않고 더 이상 물러설 수 없는 상황으로 몰아넣는 교묘함 때문이다. 중국 공산혁명을 이끈 주은래(周恩來)도 이러한 방법으로 무척이나 난감했던 사건을 순탄하게 해결한 적이 있었다.

상해의 유명 호텔에서 성대한 연회가 열리고 있을 때였다. 내일이면 상해를 떠나는 10여 명의 외빈을 위해 마련한 환송연이었다. 그런데 그들 중 한 명이 용 아홉 마리가 새겨져 있는 구룡컵에 눈독을 들이다가, 취한 척 슬그머니 사람들의 눈을 피해 그것을 자기 서류가방에 집어넣었다.

그 장면을 목격한 여자 종업원이 호텔 사장에게 곧바로 알렸고, 사장은 지배인들을 불러 긴급회의를 소집했다. 그런데 그 외국 손님의 가방을 직접 뒤지자니 반발할 게 뻔해 자칫 외교적 마찰로 이어질 수도 있고, 그를 밖으로 유인하더라도 한시도 자기 가방을 손에서 놓지 않을 것이었다. 또 다음날 항공기 탑승 전에 짐을 수색하는 방법을 쓰자니 하룻밤 사이에 무슨 일이 벌어질지 모르는 노릇이었다. 그렇게 모두들 고민에 휩싸여 있을 때, 사장은 문득 상해에 머물고 있는 주은래 총리를 떠올렸다. 그에게 지금 처한 상황을 보고하면 분명히 좋은 해결책이 있을 것 같았다.

얼마 후, 전후사정을 듣고 난 주은래는 짙은 눈썹 아래로 엄숙한 눈빛을 번뜩이며 말했다.

"구룡컵은 우리 중국의 국보요, 한 세트가 서른여섯 개로 되어 있지 않소. 그 어떤 사람이라도 그것을 가져가게 할 수는 없소. 꼭 되찾되 결례를 범하거나 서로 감정이 상하지 않도록 해야 하오."

하지만 뾰족한 방법이 없어 모두들 입을 다물고 있는데, 한동안 침묵을 지키던 주은래가 갑자기 이렇게 물었다.

"오늘 저녁 손님들의 스케줄이 어떻게 되는가?"

호텔 사장이 연회 이후에 서커스 공연이 있을 거라고 대답하자 주은래가 웃으며 말했다.

"그럼 됐잖은가? 손님들께 중국 서커스의 오묘함을 보여주도록 하지."

그러고는 사장에게 귓속말로 소곤소곤 당부했다.

그날 저녁, 외빈들은 모두 불빛이 휘황찬란한 대형 극장에서 펼쳐지는 중국 서커스의 신기한 매력에 흠뻑 빠져 있었다. 여러 공연이 지나가고 맨 마지막이 마술 공연이었는데, 키 큰 마술사가 무대로 나서자 여조수 두 명이 무대 중앙에 테이블 하나를 갖다놓았다. 그 테이블 위에는 구룡컵 세 개가 놓여 있었는데, 마술사가 비단천으로 덮은 뒤 두어 걸음 물러서더니 품에서 권총을 꺼내 테이블을 향해 한 발을 쏘고 나서 천을 벗겼다. 그런데 세 개였던 구룡컵이 두 개만 남아 있는 게 아닌가! 관중들이 '나머지 하나는 어디로 갔지?' 하고 수군대는 사이 마술사는 무대 아래로 내려가더니 구룡컵을 훔친 외빈을 향해 깍듯이 허리 굽히면서 서류가방을 열어보라고 했다. 이때 관중들의 시선은 일제히 그쪽으로 향했고, 외빈은 울며 겨자 먹기로 서류가방을 열 수밖에 없었다. 마술사가 서류가방에서 구룡컵을 꺼내 높이 들어 보이자 장내는 박수소리로 넘쳐났다. 외빈은 어렵사리 손에 넣은 구룡컵이 중국인의 손에 되돌아가는 것을 입을 떡 벌린 채 지켜볼 수밖에 없었다.

결국 주은래는 마술사의 공연을 교묘하게 이용해 구룡컵을 되찾았을 뿐만 아니라 자칫 복잡하게 뒤엉킬 수 있는 외교적 갈등까지 한순간에 잠재워버렸다.

# 이에는 이,
# 눈에는 눈으로 맞서라

**原文** 有御使罪其縣令, 縣令密使嬖兒侍御史, 御使昵之, 遂乘機竊其篋中篆去. 御使顧篆篋空, 心疑縣令所爲而不敢發, 因稱疾不視事. 嘗聞某教諭有奇才, 因其問疾, 召至床頭訴之. 教諭教御使夜半 於中發火. 火光燭天, 郡縣俱赴救, 御使持篆受縣令, 他官各有所護. 乃火滅, 縣令上篆篋, 則篆在矣. 或云: 此教諭乃海瑞也. 未詳.

한 어사가 현감의 죄를 물으려 하자, 현감은 자기가 제일 총애하는 동자(童子)를 어사한테 보내 시중을 들게 했다. 어사 또한 그 동자를 무척이나 아꼈는데, 동자는 어사가 방심한 틈을 노려 관인(官印)을 훔쳐냈다. 곽 안에 있어야 할 관인이 없어진 사실을 알자 어사는 현감의 소행이라 추측했지만, 섣불리 소문낼 수도 없어서 병을 핑계로 관청에 나가지 않았다.

때마침 지략이 뛰어난 문하 식객이 병문안을 왔고, 어사는 그를 가까이 불러 사실대로 털어놓았다. 이에 문하 식객은 어사에게 한밤중에 부엌에다 불을 지르라고 일러주었다. 난데없이 부엌에 불이 붙자 군현(郡縣)의 모든 관원이 불을 끄려고 달려왔다. 이때 어사는 관인이 없는 빈 곽을 현감에게 건네주며 보관해달라고 했고, 관원들에게는 다른 물건들을 끄집어내라고 명했다. 가까스로 불을 끈 다음 현감이 곽을 돌려주었는데, 그 안에 관인이 고스란히 들어 있었다.

어사는 교활한 수법으로 관인을 훔쳐간 현감을 궁지에 몰아넣고 스스로 관인을 제자리에 갖다놓게 만들었다. 상대방의 수법을 그대로 써서 복수한 것이다. 20세기 초반, 북경에서 이런 일이 있었다.

귀한 골동품을 저당잡고 돈을 빌려주는 전당포 주인 왕씨는 눈썰미가 워낙 좋아서 사람들이 '골동왕(骨董王)'이라 불렀다. 그런데 하루는 골동왕이 술을 잔뜩 마시고 곯아떨어졌는데, 가게 점원이 그를 흔들어 깨웠다. 한 청년이 푸른빛이 감도는 도자기 꽃병 한 쌍을 가져왔다는 것이었다. 술에 취한 골동왕이 그 꽃병을 보더니 말했다.

"좋았어! 이건 진(晉)나라 때 궁중에서 쓰던 꽃병이야. 보기 드문 보물이지."

청년은 그 꽃병을 맡기고 황금 열두 냥을 받아 6개월 후에 다시 오겠다며 돌아갔다.

그후 3개월이 지난 어느 날, 물건을 정리하던 골동왕은 그 꽃병 한 쌍을 유심히 살펴보다가 그만 벌렁 뒤로 자빠지면서 땅이 꺼져라 한숨을 내쉬었다.

"끝장이야, 끝장. 당했어! 이게 가짜인 줄도 모르고 황금 열두 냥이나 사기를 당하다니!"

골동왕은 분하고 끓어오르는 화를 참지 못하다가 그만 병들어 눕고 말았다.

　자리에 누워서도 이 궁리 저 궁리를 하다가 마침내 골동왕은 한 가지 묘안을 떠올렸다. 방법이 생기니 병세도 크게 호전된 듯했다. 훌훌 자리를 털고 일어난 골동왕은 급히 술자리를 마련해놓고 여러 골동상들을 초대했다. 그리고 술을 마시면서 자기가 술에 취해 사기 당한 일을 털어놓고는 그 자리에서 꽃병 한 쌍을 깨뜨려버렸다. 그렇게 골동왕이 사기를 당했다는 소문은 삽시간에 사람들의 화젯거리가 되었고, 경성에 자자하게 되었다.

　그렇게 며칠이 지났을까. 예의 그 청년이 부랴부랴 전당포를 찾아와 꽃병을 돌려받으러 왔다고 말했다. 규정에 따르면, 저당잡힌 물품을 돌려주지 못할 경우 전당포는 그 가치의 곱절을 배상해야 했다.

　골동왕이 아주 침착하게 물었다.

　"그래, 전당표와 저당금액은 가져왔소?"

　청년이 득의양양한 표정으로 전당표와 금액을 내놓았다.

　"물론, 여기 다 있습니다. 한 푼도 틀림없으니 어서 꽃병을 내놓으시죠."

　골동왕은 전당표와 금액을 자세히 확인해 받아넣고는, 점원을 불러 그 꽃병을 청년에게 돌려주라고 했다. 꽃병을 이리 보고 저리 보던 청년은 멍한 표정이 되었다. 한참이 지나서야 청년이 알 수 없다는 듯 물었다.

　"이 꽃병들은 당신이 깨뜨려버리지 않았습니까?"

　골동왕이 느긋하게 웃으며 말해주었다.

　"사실은 내가 이것과 똑같은 꽃병을 만들어달라고 주문했지. 그날 깨뜨린 건 내가 주문해서 만든 꽃병이었고, 당신이 저당한 이 물건은 아니었거든!"

 사기꾼이 가짜로 사기칠 수 있다면 다른 사람도 능히 가짜로 사기꾼을 속여넘길 수 있다. 골동왕은 바로 상대방의 수법 그대로 상대방에게 복수함으로써 입에 물었던 비곗덩어리를 구슬려낸 것이다. 뛰는 놈 위에 나는 놈이 있는 법이다.

 현감이나 사기꾼 같은 사람을 대하는 데 애써 군자의 품위를 갖출 필요는 없다. 그 사람의 방식대로 제압하면 되는 것이다.

# 눈앞의 이익이 달콤할수록 큰 후회가 뒤따른다

**原文** 晉獻公謀於荀息曰:"我欲攻虞, 而虢救之; 攻虢, 則虞救之, 如之何?" 荀息曰:"虞公貪而好寶, 請以屈產之乘, 與垂棘之璧, 假道於虞以伐虢." 公曰:"宮之奇存焉, 必諫." 息曰:"宮之奇之為人也, 達心而懦, 又少長於君, 達心則其言略, 懦則不能強諫, 少長於君, 則君輕之. 且有玩好在耳目之前, 而患在一國之後, 唯中智以上乃能慮之. 臣料虞公, 中智以下也." 晉使至虞, 宮之奇果諫: "語云: '脣亡則齒寒' 虞, 虢之相蔽, 非相為賜. 晉今日取虢, 則明日虞從而亡矣." 虞公不聽, 卒假晉道, 行既滅虢, 返戈向虞, 虞公抱璧牽馬而至.

전국시대 때 진 헌공(獻公)이 순식(荀息)에게 물었다.

"내가 우(虞)를 치려고 하면 괵(虢)이 원병을 보낼 테고, 먼저 괵을 치자니 우에서 원병을 파견할 것이니 이를 어찌하면 좋겠소?"

"우왕은 욕심이 많고 보물을 좋아하는 사람이니 굴지(屈地)에서 나는 우량종 말과, 수극(垂棘)에서 나는 옥을 예물로 보내어 괵을 칠 수 있도록 길을 내어달라고 하면 좋을 듯싶습니다."

"우왕 곁에는 궁지기(宮之奇)라는 사람이 있지 않소? 그가 분명 우왕에게 진언을 할 것이오."

"궁지기는 여러모로 통달한 자이지만, 말수가 적고 심약하여 끝까지 자기 주장을 내세우진 못할 것입니다. 나이도 우왕보다 몇 살 연상일 뿐이니 우왕 또한 그의 진언을 귀담아들으려 하지 않을 것입니다. 하물며 자기가 제일 좋아하는 보물들을 눈앞에 두고 뒷일을 생각할 위인이 못 됩니다. 오직 탁월한 지혜를 갖춘 자만이 멀리 내다볼 수 있는즉, 제가 보건대 우왕은 그런 인물이 못 됩니다."

순식의 의견에 따라 진 헌공이 우에 사자(使者)를 보내 예물을 전했는데, 과연 궁지기가 우왕에게 진언했다.

"옛말에 입술이 없으면 이가 시리다고 했습니다. 우와 괵은 힘을 합쳐야 작은 이익에 눈이 멀어서는 안 될 줄로 아옵니다. 진이 오늘 괵을 얻는다면 내일은 우가 그 공략 대상이 될 것입니다."

그러나 우왕은 끝내 궁지기의 말을 듣지 않고 진에 길을 내주었다. 진은 괵을 멸하고 돌아오는 길에 곧바로 우를 쳤고, 우왕은 옥 보따리를 안고 준마의 고삐를 잡은 채 투항하고 말았다.

'순한치망(脣寒齒亡)'이라는 말은 바로 이 역사 이야기에서 유래했다. 작은 이익에 연연하다가 큰 손해를 입게 되는 경우를 풍자한 이야기인 것이다.

작은 이익을 탐하는 것은 많은 사람들이 앓고 있는 만성병이다. 예로부터 지금까지 사기꾼들이 자기 목적을 이룰 수 있었던 것은 사람들이 작은 이익에 집착하는 심리를 잘 이용했기 때문이다. 흔히 총명한 사람들은 이런 심리를 이용해 큰돈을 벌기도 한다. 이집트에 이런 이야기가 있다.

하리라는 대상인이 있었는데, 그는 이집트에 가면 매우 진귀한 보물이 있다는 소문을 듣고 이집트로 갔다.

그가 어느 도시에 도착해보니 마침 큰 장이 열리고 있었다. 사람들로 북적이는 시장 여기저기에 난생처음 보는 물건들이 눈부시게 널려 있었지만, 하리의 관심을 끌 만한 물건은 보이지 않았다.

그때 문득 고양이 한 마리가 하리의 눈에 띄었다. 한 노인이 입가에 미소를 지은 채 고양이를 사갈 사람을 기다리고 있었다. 그 고양이는 낡아빠진 사발에 든 먹이를 맛있게 먹고 있었다.

하리는 그 고양이를 안아서 쓰다듬어주다가 자연스레 밥그릇을 들어 고양이 턱 밑에 들이댔다. 고양이가 신나게 먹어대자 그는 재미있다는 듯 그릇을 손 안에서 빙빙 돌려주었다. 고양이는 더욱 신이 나서 '야옹, 야옹' 소리까지 내며 혓바닥으로 사발을 핥아댔다.

이윽고 하리가 웃음 띤 얼굴로 말했다.

"노인장, 이 고양이를 얼마에 팔겠소?"

"금화 세 닢이오."

하리가 혀를 내밀며 말했다.

"저런, 그렇게나 비쌉니까? 그래도 너무 귀여운 녀석이라 돈이 아깝진 않겠군요. 제가 사도록 하죠."

하리가 노인에게 금화 세 닢을 건네주고는 다시 말했다.

"보아하니 이 사발도 다 낡아서 별 쓸모가 없겠군요. 고양이가 없으면 이 사발도 소용없을 테니 제가 기념 삼아 가져가는 건 어떻겠소?"

그러자 노인이 몸을 일으켜 점잖게 사발을 챙기면서 말했다.

"선생, 이건 내 보물단지랍니다. 이 사발 덕분에 얼마나 많은 고양이를 팔았다고요."

하리는 속으로 '아차' 하고 탄식을 흘렸다. 노인의 사발이 매우 진귀한 물건인 줄 알고 고양이를 산다는 구실로 챙기려 했는데, 그만 오산이었던 것이다.

사마귀는 매미를 덮칠 때 자기 등뒤에 황새가 버티고 서 있는 줄 알지 못한다. 고양이 파는 노인은 낡은 사발을 미끼로 장사라면 이골이 난 하리를 힘들이지 않고 꾀어넘긴 것이다.

지나치게 꾀를 부리다가 오히려 자기 꾀에 자기가 넘어갈 수 있으며, 남에게 놓은 덫에 자기가 걸려들 수도 있음을 명심해야 한다.

# 고정관념을 깨뜨리고
# 역발상의 기지를 발휘하라

**原文** 有富民張老者, 妻生一女, 無子, 贅某甲於家. 久之, 妾生子名一飛, 有四歲, 而張老卒. 張病時謂婿曰: "妾子不足任吾財, 當畀汝夫婦, 爾但養彼母子, 不死溝壑, 即汝陰得矣." 於是出券書云: "張一非吾子也, 家財盡與吾婿, 外人不得爭奪." 婿乃據有家業不疑. 後妾子壯, 告官求分, 婿以券呈, 官遂置不問. 他日奉使者至, 妾子復訴, 婿仍前赴證. 奉使者因更其句讀曰: "張一非, 吾子也, 家財盡與, 吾婿外人, 不得爭奪." 曰: "爾婦翁明謂 '吾婿外人', 爾尚敢有其業耶, 詭書 '飛' 作 '非' 者, 慮彼幼為爾害耳." 於是斷給妾子, 人稱快焉.

장로(張老)라는 부자가 있었는데 슬하에 딸이 하나뿐이어서 데릴사위를 삼았다. 얼마 후 장로의 첩이 아들을 낳았는데, 이름을 일비(一飛)라고 지었다.

일비가 네 살 되던 해에 다 늙어 죽게 된 장로가 사위를 불러놓고 당부했다.

"일비는 첩의 소생이라 내 재산을 물려받을 자격이 없네. 내 재산은 모두 자네 부부가 물려받아야 마땅하네. 하지만 저들 모자를 내쫓지 말고 굶지 않게만 해주게."

그러고는 다음과 같은 유서를 사위에게 남겼다.

張一非吾子也, 家財盡與吾婿, 外人不得爭奪.
(장일은 내 아들이 아니니 모든 재산을 내 사위에게 물려준다. 그러니 외부인들은 쟁탈하지 말지어다.)

그렇게 하여 사위는 아주 정당하게 장로가 남긴 재산을 모두 손에 넣을 수 있었다.

그뒤 첩의 아들인 일비가 어른이 되자 관청을 찾아가 유산을 공정하게 분할해달라고 요구했다. 그러나 사위가 장로의 유서를 제출하자 관청에서도 어쩔 수 없는 일이라고 했다.

그러던 어느 날, 흠차(欽差)가 그곳을 순회하게 되었다. 일비는 또다시 흠차를 찾아가 자신의 억울함을 호소했고, 이에 사위는 별수 있겠냐는 듯 흠차에게 유서를 보여주었다. 그런데 흠차는 유서를 한참이나 들여다보더니 이렇게 소리내어 읽는 것이었다.

"장일비(張一飛), 오자야(吾子也), 가재진여(家財盡與), 오서외인(吾婿外人), 부득쟁탈(不得爭奪)."(장일비는 내 아들이니 모든 재산을 물려준다. 내 사위는 외부인이니 쟁탈하지 말지어다.)

이어 흠차가 사위를 꾸짖었다.

"자네 장인은 분명히 사위는 외부인이라고 했거늘 어찌 그 아들의 재산을 독점하려 드는가? 자네 장인이 '飛'를 '非'로 고쳐 쓴 것은 아들이 아직 너무 어리기에 자칫 자네의 마수에 걸려들까봐 그랬던 것이네."

그러고는 장로가 남긴 재산을 모두 일비에게 넘겨주라고 판결했다. 이에 사람들 모두 쾌재를 불렀다.

친자식이 무사히 자라고 가산을 보전하여 물려받을 수 있게 한 장로의 노회한 지혜에 혀를 내두르지 않을 수 없다. 이에 못지않은 유서와 관련된 이야기가 또 있다.

한 유대인이 아들을 멀리 예루살렘으로 유학을 보냈는데, 그 사이에 전염병이 돌아 자기 목숨이 위태로운 지경에 이르렀다. 죽기 전에 아들을 만날 가능성이 없다고 판단한 그는 자기 집 노예에게 이런 유서를 남겼다.

'집안의 모든 재산을 노예에게 물려준다. 단, 그 중에서 오직 한 가지만은 반드시 내 아들이 선택하고 소유할 수 있도록 하라.'

유대인이 죽자 뜻밖의 행운을 차지하게 된 노예는 그 유서를 들고 예루살렘으로 갔다. 그리고 아들을 찾아 비보를 전하고 유서 내용을 보여주었다. 유서를 읽고 난 아들은 놀랍고도 상심했다.

아버지의 장례를 치르고 난 아들은 아버지가 그렇게 애매한 유서를 남긴 것을 원망하다가, 마을의 랍비를 찾아가 자신의 사연을 하소연했다. 그런데 랍비는 아버지의 지혜로움을 칭송하는 것이 아닌가.

아들이 불만 가득한 표정으로 따졌다.

"재산을 몽땅 노예한테 물려주었는데 뭐가 현명하다고 그러시는 거죠?"

"성급해하지 말고 곰곰이 생각해보면 자네 아버지가 의도하신 바를 알 수 있을 것이네."

그러면서 랍비는 이렇게 설명해주었다.

"자네 아버지는 자신이 죽은 뒤에 그 노예가 재산을 처분하고 도망치기라도 하면 상속은커녕 자네한테 사망 소식도 전하지 않을 경우를 대비하여 그런 유서를 남긴 것이네. 덕분에 유서를 받은 노예는 한시도 지체하지 않고 자넬 찾아가 비보를 전했을 뿐만 아니라 재산에도 손가락 하나 대지 않았지 않은가."

그러나 아들은 그때까지도 아버지의 유서 내용이 자기에게 어떤 이득이 되는지 알 수가 없었다. 랍비가 귀띔해주었다.

"자네, 노예의 재산은 모두 그 주인에게 귀속된다는 사실을 알고 있나? 자네 아버지가 유서에 오직 한 가지 재산만은 자네가 선택하고 소유할 수 있다고 하지 않았나. 그럼 자네가 그 노예를 선택하면 되는 것 아니겠나. 이야말로 자식을 배려한 탁월한 지혜가 아닌가!"

그제야 아들은 손바닥으로 이마를 탁 치고는 랍비에게 고맙다는 인사를 하고 돌아갔다. 그리고 랍비가 시킨 대로 오직 한 가지 재산으로 노예를 선택했고, 얼마 후 그 노예를 해방시켜주었다.

유서에서 아버지가 노예에게 준 모든 권리는 '단'을 전제로 부여된 것이었다. 일단 그 전제가 바뀌면 주어진 권리들도 모두 물거품이 되고 만다.

유서와 관련된 두 이야기를 보면서 그들의 지혜에 탄복하지 않을 수 없으며, 문자의 오묘함에도 감탄하게 된다. 그와 동시에 연애편지 한 통을 떠올리게 한다.

두 사람이 서로를 끔찍이 사랑했지만, 여자의 아버지가 남자를 탐탁지 않게 여겨 한사코 반대했기 때문에 그들의 사랑은 큰 시련을 겪게 되었다. 그리운 사람을 만날 수도, 자기 심경을 전할 수도 없어 고민하다가 청년은 다음과 같은 편지를 써보냈다.

당신에 대한 내 사랑의 정열은

이미 식어버렸고, 대신 혐오감만

날이 갈수록 깊어집니다. 당신을 다시 만난다면

난 당신을 대면하기조차 역겨워질 것이고

이제 정말

당신과 눈길조차 마주치지 않을 것이며 다시는

당신과 결혼하고 싶어요

따위의 말은 하지 않을 것이며 따라서

당신과 다시 만날 날을 기다려요

따위의 허튼 소리도 하지 않을 것입니다.

우리가 결혼하게 된다면 분명

힘든 생활을 하게 될 것이라 믿어 의심치 않기에

내 모든 정열을 다 바쳐 당신만을 사랑하리라

꿈꾸지 마십시오.

맹세코 자신합니다.

세상에 당신보다 더 인색하고 이기적인 사람도 없다는 것을

꼭 명심하시오. 그리고

진심으로 하는 말이니까

나한테

우리의 관계가 이미 끝장났다는

답장을 해주시오. 그 답장이

비록 시시껄렁한 내용으로 가득한 것일지라도

나한테는 가장 큰 관심사니까. 안녕히. 믿어주시오.

나는 결코 당신을 사랑하지 않는다는 것을. 착각하지 마시오,
당신을 향한 내 마음이 언제까지나 변함 없을 거라고!

물론 그 편지는 여자의 아버지가 먼저 읽게 되었다. 편지를 읽고 난 그는 매우 흐뭇한 표정으로 딸에게 그 편지를 보여주었다. 그런데 편지를 받아본 그녀도 매우 즐거워하고 행복해했다. 청년은 여전히 그녀를 사랑하고 있었던 것이다.

사실 두 사람은 편지를 읽을 때 1행, 3행, 5행…… 식으로 띄어 읽자고 미리 약속해두었던 것이다. 그렇게 보면 편지 내용이 전혀 달라지는 것이다.

이런 이야기들이 재미있는 것은 평소 고정관념에 사로잡혀 있는 사람들의 맹목적인 인식을 역이용해 자기 목적을 달성했기 때문이다.

상식적인 것은 당연히 알아둬야 한다. 하지만 너무 상식적인 것에만 기대다 보면 창의력이 결핍되고 사유를 속박당하게 된다. 어떤 난관을 극복하려면 머리를 쓸 줄 알아야 할 뿐만 아니라 사유방식을 근본적으로 바꿔 역발상의 기지를 발휘하는 것도 효과적인 방법이다.

# 사람을 다루려면
# 특별한 기술이 필요하다

> **原文** 博爲左馮翊. 有長陵大姓尚方禁, 少時嘗盜人妻, 見斫, 創著其頰. 府功曹受賕, 白除禁調守尉. 博聞知, 以他事召見, 視其面, 果有瘢. 博辟左右問禁: "是何等創也?" 禁自知情得, 叩頭服狀. 博笑曰: "大丈夫固時有是. 馮翊欲灑卿恥, 能自效不?" 禁且喜且懼, 對曰: "必死!" 博因敕禁: "毋得洩語, 有便宜, 輒記言." 因親信之, 以爲耳目. 禁晨夜發起部中盜賊及他伏奸, 有功效. 博擢禁連守縣令. 久之, 召見功曹, 閉閤數責以禁等事, 與筆札, 使自記, "積受一錢以上, 無得有匿, 欺謾半言, 斷頭矣!" 功曹惶怖, 且自疏奸贓, 大小不敢隱, 博知其實, 乃令就席, 受敕自改而已. 拔刀使削使記, 遣出就職. 功曹後常戰栗, 不敢蹉跌. 博遂成就之.

주박(朱博)이 경성 장안 이북과 동북지구를 관리하는 장관으로 있을 때였다. 장릉현(長陵縣)의 권세가 중에 상방금(尚方禁)이라 부르는 사람이 있었는데, 그는 젊은 시절 유부녀를 겁탈하다가 칼을 맞아 얼굴에 흉터가 있었다. 그러나 그에게서 뇌물을 받은 관리 공조(功曹)는 죄를 추궁하기는커녕 오히려 수위(守尉)라는 관직까지 주었다. 그러한 사연을 알게 된 주박이 일을 핑계로 상방금에게 만나자고 했다. 주박이 가만히 살펴보니 과연 그의 얼굴에 흉한 칼자국이 남아 있었다.

"그 흉터는 어쩌다가 생긴 건가?"

상방금은 주박이 이미 내막을 알고 묻는다는 것을 알아채고 무릎을 꿇고 머리를 조아렸다. 주박이 웃으며 말했다.

"사내대장부가 그만한 과실은 있을 법도 하지. 내 지금 자네에게 그 치욕을 씻을 수 있는 기회를 주고자 하는데, 자네가 능력껏 한번 해보겠는가?"

상방금은 전혀 뜻밖의 제안에 기쁘기도 하고 한편으로 두렵기도 했지만 큰 소리로 대답했다.

"죽는 한이 있더라도 명을 따르겠습니다!"

주박이 자못 엄숙하게 말했다.

"이 일은 절대 아무도 눈치채지 못하도록 해야 하네. 지금부터 그 어떤 비리나 위법행위를 발견하면 기록해두었다가 나한테 일일이 보고하도록!"

주박은 그렇게 상방금을 자신의 측근으로 끌어들였고, 중임을 떠맡은 상방금도 밤낮으로 정탐에 열을 올려 자기가 속한 관청은 물론 여러 지방에서 발생하는 살인, 강도, 비리 사건들과 부패한 관리들을 적발하여 적잖은 공을 세웠다. 그래서 주박은 그 공을 높이 사 상방금을 연수(連守) 현감으로 발탁했다.

그리고 얼마 후에는 공조를 불러들여 그가 상방금으로부터 뇌물을 수수한 사실을 비롯해 모든 비리를 샅샅이 밝혀내어 문책하고 필묵과 목간(木簡)을 주면서 경위서를 제출하라 명했다.

"지금까지 온갖 비리를 일삼고 뇌물을 받은 경위를 낱낱이 자백하되 티끌만한 거짓이라도 있으면 죽음을 면치 못할 줄 아시오!"

추상같은 호령에 잔뜩 겁을 집어먹은 공조는 그동안 자신이 저지른 사기, 간통, 횡령 사실 등을 사실대로 털어놓았다. 목간의 내용을 보고 공조가 모든 범죄 사실을 자백했음을 확인한 주박이 매우 엄한 목소리로 말했다.

"이제부터 내가 시키는 대로만 한다면 그대의 죄목은 없었던 걸로 할 걸세."

그러고는 칼을 넘겨주며 목간에 쓴 죄목을 모두 긁어버리게 하고 자기 직책을 그대로 유지시켜주었다.

그날부터 공조는 자기가 적어 올렸던 죄목들을 떠올릴 때마다 등골이 오싹해져 한치의 소홀함도 없이 공무를 집행했다. 훗날 주박은 그를 완전히 용서해주고 그에 대한 처분도 면제해주었다.

주박이 수하들을 너무 방임하지 않았는가 하는 문제는 잠시 제쳐두고, 상대로 하여금 잘못을 뼈저리게 뉘우치게 하고 자신을 위해 충성을 다할 수 있게 한 것은 탁월한 용인술(用人術)이라 할 수 있다. 미국의 국무장관을 지낸 헨리 키신저 역시 주박 못지않게 사람을 다루는 수완이 남다른 전술가였다.

한번은 부하직원이 그의 지시에 따라 작성한 분석보고서 초고를 가져왔는데, 키신저는 그것을 받아 넘겨볼 생각도 하지 않고 한쪽에 밀쳐놓았다. 그리고 이틀 후 그 부하직원을 불러 물었다.

"이것이 자네가 쓴 가장 훌륭한 분석보고서라고 자부할 수 있겠는가?"

그러자 부하직원이 고개를 떨구며 대답했다.

"실은 이틀 동안 곰곰이 생각해봤는데, 좀더 구체적인 자료들을 보충하면 보고서가 한결 더 충실해질 것 같습니다. 그러니 초고를 돌려주십시오."

키신저는 아무 말 없이 초고를 돌려주었다.

그로부터 며칠 후, 그 직원이 보충하고 수정한 보고서를 다시 가져왔을 때도 키신저는 그것을 한쪽에 밀쳐두고 이틀이 지난 다음 그 직원을 불러 물었다.

"보아하니 이것이 가장 훌륭한 방안이겠군?"

"그럴 것입니다. 물론 좀더 여유를 가지고 꼼꼼히 다듬는다면 더 정확한 표현이 될 수도 있겠지만요."

그 말에 키신저는 보고서를 다시 가져가 수정·보완하라고 했다.

그렇게 여러 차례의 수정을 거친 다음 거의 완벽해진 보고서를 받아든 키신저가 그제야 부하직원에게 말했다.

"자네가 작성한 이 보고서야말로 가장 훌륭한 결과물일 것이네. 내 이 보고서를 잘 살펴보겠네. 그동안 최선을 다해준 자네에게 사의를 표하는 바이네."

키신저는 이렇게 현명한 방법으로 부하직원들이 자신의 자질과 능력을 최대한 발휘할 수 있게 했다. 물론 그것은 키신저의 정치 생애에도 큰 영향을 끼쳤다.

옥에도 티가 있고, 이 세상에 완벽한 사람은 아무도 없다. 사람이라면 누구나 장점과 단점을 동시에 가지고 있다. 주박과 키신저의 용인술은 단점을 스스로 극복하게 하고 장점을 최대한 발휘할 수 있게 했다. 자신이 할 수 있는 일이라고 다른 사람 혹은 부하직원들 모두 할 수 있게 하기란 말처럼 쉽지 않다. 주박과 키신저의 용인술은 그래서 우리에게 많은 메시지를 던져주고 있다.

# 상황을 직시하면
# 결과가 달라진다

> **原文** 趙淸獻公熙寧中知越州. 兩浙旱蝗, 米價踊貴, 餓死者相望. 諸州皆榜衢路, 立告賞, 禁人增米價. 公獨榜通衢, 令有米者增價糶之. 於是米商輻輳, 米價平賤. 大凡物多則賤, 少則貴. 不求賤而求多, 眞曉人也!

조청헌(趙淸獻)은 북송(北宋) 신종(神宗) 때 월주(越州) 지부사였는데, 당시 절강성 동서로 가뭄이 들고 때아닌 우박이 내려 큰 해를 입었다. 그래서 쌀값이 폭등하고 많은 사람들이 굶어죽었다. 각 관아에서는 길목마다 쌀 매점매석 금지 포고령을 내걸고, 그런 미곡상을 신고하면 포상금까지 준다고 했다.

그런데 유독 조청헌만은 예외였다. 미곡상들 마음대로 쌀값을 높여 팔 수 있다는 포고문을 붙였다. 그러자 수많은 상인들이 쌀을 팔기 위해 월주로 몰려왔고, 그 바람에 쌀값은 단번에 폭락하고 말았다.

상품이 많으면 가격은 떨어지고, 상품이 귀하면 가격은 올라가게 마련이다. 조청헌은 미곡상이 많이 몰려들면 자연히 쌀값이 떨어진다는 사실을 알고 있었던 것이다.

조청헌의 조치는 요즘 말로 시장경제의 질서를 준수하면서 긍정적인 효과를 거두었다고 할 수 있다. 반대로 다른 관아들은 '행정적인 수단'을 동원했기 때문에 그 결과가 다를 수밖에 없었다.

시장질서는 죽은 사물이지만, 그것을 집행하는 사람은 살아 있는 것이다. 조청헌의 성공 비결은 바로 그 규율을 비상하게 운용한 데 있다. 멕시코에도 이와 비슷한 사례가 있다.

멕시코 고원지대에서 과수농사를 짓는 제임스는 해마다 풍년이었다. 광고 효과를 무척이나 중시하는 제임스는 매년 광고를 했는데, 사과를 매입하는 모든 거래상에게 이렇게 선언했다. 자기 과수원의 사과 품질에 대해 불만이 있는 경우 사과를 반품하지 않더라도 그 금액은 반드시 돌려준다고. 그래서 그의 과수원은 해마다 수입이 늘어만 갔다.

그해도 예년같이 아직 사과가 채 익기도 전에 여기저기서 주문서가 날아들었다. 제임스는 흐뭇해하며 사과가 익기만을 기다렸다. 그런데 수확할 날을 며칠 앞두고 난데없는 우박이 멕시코 전역을 휩쓸고 가는 통에 그의 과수원 또한 피해가 너무나 컸다. 우박을 맞은 사과들이 모두 곰보 투성이가 되었던 것이다. 피폐해진 과수원을 돌아보면서 거래상들이 주문한 사과를 제때에 보내주지 못할 일을 생각하니 제임스는 눈앞이 캄캄했다.

그런데, 무심코 흠집 난 사과 한 개를 따먹어보던 제임스는 우박 맞은 사과들이 겉모양은 형편없어도 성한 사과보다 기막히게 달콤하고 시원하다는 것을 알게 되었다. 이에 제임스는 '이젠 됐구나!' 하고 무릎을 쳤다.

그해, 제임스에게 사과를 주문한 상인들은 사과 박스를 열면 이런 내용의 카드를 볼 수 있었다.

'존경하는 고객님, 올해의 사과는 우박세례를 받아 다른 해와는 조금 다릅니다. 겉보기엔 흉물스러워도 그것 또한 고원지대에서 생산되는 사과의 징표이기도 합니다. 고원지대의 날씨가 변덕스럽다는 건 다들 알고 있는 사실이고, 게다가 우박을 맞고 익은 사과는 육질이 유달리 촘촘하고 맛이 독특합니다. 우리 고원지대 특유의 사과 맛을 만끽하십시오!'

상인들은 반신반의하며 그 곰보 투성이 사과를 한 입 베어 물었다. 그런데 과연 이전의 사과보다 훨씬 달콤하고 풍미가 있었다. 그렇게 삽시간에 고원지대 특유의 사과 맛이 소문났고, 제임스는 다른 해보다 더 많은 수익을 얻게 되었다. 뿐만 아니라 우박세례를 받은 사과만 주문하는 상인들까지 생겨났다. 결국 제임스는 카드 한 장으로 곤경에 빠진 과수원을 구해냈던 것이다.

위의 이야기들은 머리를 잘 쓰면 전화위복의 기회를 만들 수 있을 뿐만 아니라 한 걸음 더 발전할 수 있다는 것을 잘 보여주고 있다.

# 편안할수록
# 경거망동하지 않는다

原文　李沆爲相, 王旦參知政事, 以西北用兵, 或至旰食. 旦嘆曰: "我輩安能坐致太平, 得優遊無事耶?" 沆曰: "少有憂勤, 足爲警戒. 他日西方寧謐, 朝廷未必無事. 語曰: '外寧必有內憂.' 譬人有疾, 常在目前, 則知憂而治之. 沆死, 子必爲相, 遼與虜和親, 一朝疆場無事, 恐人主漸生侈心耳!" 旦未以爲然. 沆又日取西方水旱、盜賊及不孝惡逆之事奏聞, 上爲之變色, 慘然不悅. 旦以爲 "細事不足煩上聽, 且丞相每奏不美之事, 拂上意". 沆曰: "人主少年, 當使知四方艱難, 常懷憂懼. 不然, 血氣方剛, 不留意聲色狗馬, 則土木、甲兵、禱祠之事作矣. 吳老不及見, 此參政他日之憂也!" 沆沒後, 眞宗以契丹旣和, 西夏納款, 遂封岱、祠汾, 大營宮殿, 搜講墜典, 纍有暇日. 旦親見王欽若、丁謂等所爲, 欲諫, 則業已同之, 欲去, 則上遇之厚, 乃知沆先識永遠, 嘆曰: "李文靖眞聖人也!"

문정공(文靖公) 이항(李沆)이 재상으로 있을 때였다. 당시 왕단(王旦)이 참지정사(參知政事)를 맡고 있었는데, 서북 변방의 군사작전에 골몰하느라 끼니를 거를 때가 많았다.

"우린 언제쯤에나 유유자적 태평성대를 누린단 말입니까?"

왕단의 입버릇 같은 탄식에 이항이 말을 받았다.

"그래도 이렇게 힘든 일이 있으니 우리가 경각심을 늦추지 않고 있지 않은가. 정작 태평성대가 오면 분명히 조정에서 적잖은 일이 벌어질 걸세. 예로부터 '겉으로 좋아 보이면 반드시 그 안에 우환거리가 있다' 했네. 마치 사람이 병이 들면 자기 몸에 각별히 신경이 쓰이고 염려되어 의원을 찾아가듯이 말일세. 내가 죽으면 자네가 재상 자리에 앉을 것이고, 그때쯤이면 저 오랑캐들과도 화해를 하게 될 것이요, 변방의 분쟁이 사라지면 황제는 점점 더 향락에 빠질 것이네!"

그러나 왕단은 이항의 말을 대수롭잖게 여겼다.

한편 이항은 매일같이 어느 지역에서 홍수가 났고, 어디는 가뭄이 들었으며, 어디서는 도적패가 설쳐대고, 또 어디서는 젊은것들이 자기 부모를 괴롭힌다는 등의 사건을 조정에 상소했다. 그런데 이항의 보고를 받을 때마다 황제의 얼굴은 항상 어둡고 불쾌한 빛을 띠었다. 왕단이 이항에게 그렇게 자질구레한 일들까지 시시콜콜 상소할 필요가 있느냐고 하자 이항이 말했다.

"폐하는 아직 젊기에 각 지방에서 겪는 어려움을 잘 알아야 하고, 늘 나랏일을 걱정하셔야 하네. 그러지 않으면 설사 한창 나이에 여색과 향락을 멀리한다 해도 전쟁을 일으키거나 하늘에 제사 지내는 등의 일로 백성들을 괴롭히게 될 것이오. 나야 이제 늙어서 그런 꼴을 보지 않아도 되겠지만, 앞으로 나라의 중임을 떠맡을 자네가 고생할 것 아니겠나?"

이항의 말은 꼭 들어맞았다. 그가 죽은 뒤 진종(眞宗)은 거란과 이미 화해된 줄 알고, 또 서하도 귀순한 줄 알고 태산에 올라가 전례(典禮)를 지내는가 하면 신을 떠받들기 위해 사당을 짓고 궁전을 확장했으며, 이미 폐지된 제도와 문물을 복구하느라 국사를 돌볼 겨를이 없었다. 주변의 간신배가 황제를 부추겨 전횡을 일삼는 것을 본 왕단은 몇 번이고 간언하고 싶었지만, 자신도 그 무리에서 벗어날 수 없다는 자각에 당장이라도 사직하고 싶었다. 그러나 신하의 도리를 저버리는 것 같아 어찌할 바를 몰라하고 있는데, 그때서야 이항이 생전에 했던 말이 떠올라 새삼 탄복했다.

"문정공이야말로 정말 성인이셨구나!"

과거와 같은 봉건사회에서 이항의 우환의식은 매우 모험적인 행위이지만, 그런 마음가짐이야말로 진정 나라를 위하고 백성을 염려하는 충심이라 할 수 있다. 노자는 '오색(五色)은 눈을 멀게 하고, 오음(五音)은 귀를 멀게 하며, 오미(五味)는 입맛을 잃게 한다'고 했다. 너무 편안하게 살다 보면 생기를 잃게 되고 편애는 자식을 나약하게 만든다는 것은 누구나 알고 있지만, 정작 문제에 부닥치면 이치대로 올바르게 행하지 못하는 것이 인간이다. 이런 점에서 세이부(西武) 그룹의 창업자였던 쓰쓰미 야스지로(堤康次郎)의 방법은 좋은 선례이다.

그는 1964년에 사망했는데, 죽기 전에 아들 쓰쓰미 요시아키(堤義明)를 후계자로 지목하면서 유언을 남겼다. 절대 경거망동하지 말고 10년을 기다리되, 그 10년 동안 절대 새로운 사업에 손대지 말 것이며 새로운 사업을 구상하더라도 꼭 10년을 기다린 다음에 실행해야 한다는 다짐을 받아냈다.

요시아키는 아버지의 유언을 좇아 그후 10년 동안 다른 사업에 전혀 손대지 않았는데, 당시 그는 29세로 한창 혈기왕성한 때였다. 일찍이 그는 아버지의 비서로 일할 때부터 스키장과 수영장 등의 레저 사업을 크게 확장하려는 계획을 갖고 있었지만, 아버지와의 약속을 지키기 위해 행동으로 옮기지 않았다. 10년이라는 시간은 결코 짧지 않다. 그러나 그는 10년 동안 아버지의 유언을 원망하지 않고 열심히 실무능력을 키워가면서 마침내 아버지의 참뜻을 이해할 수 있었다.

당시 세이부는 이미 안정적인 토대 위에 올라선 상황이었고, 유력한 가족 그룹을 형성하고 있었기 때문에 현상유지만 잘하면 되었다. 게다가 야스지로는 자기 아들의 능력이 탁월하다는 점을 인정하고 있었으며, 아들이 큰 야심을 품고 있다는 사실을 잘 알고 있었다. 하지만 좋은 성과를 거두는 데 젊은 혈기와 경거망동함은 치명적인 결함이 될 수 있고, 자칫 앞길을 그르칠 수도 있는 것이었다. 그런 아들에게 자기 자신을 명확히 인식시키기 위해 야스지로는 10년을 기다리겠다는 아들의 약속을 받아냈던 것이다.

그리고 또 한 가지 중요한 이유가 있었다. 과거에 세이부는 야스지로 혼자서 이끌어왔기 때문에 아들이 회사 체제를 더욱 강화시키려면 먼저 회사의 경영상태를 속속들이 장악하고 각 부서의 상황을 정확히 파악해야 한다고 판단한 것이다. 그래서 요시아키는 아버지와의 약속 때문에 부득불 더 많은 시간과 노력을 기울여 회사의 기초를 더욱 탄탄히 다지고 재무상태, 고객 관리 시스템 등을 몸에 익혀야 했다. 그 10년 동안 요시아키는 비즈니스 테크닉과 경영전략 등을 자기 것으로 만들 수 있었다.

10년 동안의 준비와 기다림 끝에 요시아키는 마침내 새로운 사업을 벌여나갈 만반의 태세를 갖추었다. 그는 예전부터 자신이 꿈꿔온 사업들, 즉 프로야구단 창단, 호텔업 진출, 레저시설 관련 사업 등을 하나하나 착수해가며 회사 규모를 원래보다 세 배나 더 크게 확장시켰다. 아버지 야스지로가 남긴 유언이 절대적인 역할을 했던 것이다.

# 오늘보다
# 내일을 내다봐라

> 原文
> 沛公至鹹陽, 諸將皆爭走金帛財物之府分之, 何獨先入收秦丞相、御使律令圖書藏之. 沛公具知天下厄塞戶口多少强弱處, 民所疾苦者, 以何得秦圖書也.

패공(沛公) 유방(劉邦)이 진(秦)의 도읍지 함양(咸陽)을 공략하고 나자 그의 부하들은 앞다퉈 금은보화를 챙기느라 법석이었다. 하지만 소하(蕭何)는 진의 승상과 어사들이 제정한 법률과 전장(典章), 문서들을 챙겨서 잘 보관해두었다.

훗날 유방이 각 지방의 험준한 요새들과 인구 상황, 국력과 백성들의 고통 등을 자세하게 이해할 수 있게 된 것은 바로 소하가 모아둔 서류와 문서들이 있었기 때문이었다.

소하가 한(漢)나라 제일의 개국공신이 될 수 있었던 데는 그럴 만한 이유가 있었다. 그의 원대한 안목은 재물을 챙기느라 여념이 없던 장수들과는 비교조차 되지 않았다.

큰일을 하려면 작은 이익에 눈이 멀어서는 안 된다. 수십 년 전, 미국의 하버드 대학 총장이 잘못 판단한 나머지 평생 동안 후회하는 일이 있었다.

어느 날 색이 바랜 솜옷 차림의 할머니와 꾀죄죄한 양복 차림의 할아버지가 아무런 연락도 없이 하버드 대학 총장실로 불쑥 찾아왔다. 이에 총장 비서는 한눈에 그들을 훑어보며, 그들이 자기 대학에 아무런 도움도 되지 않을 거라고 판단했다.

"총장님을 찾아왔습니다만……."

"그분은 지금 무척 바쁘시거든요."

할머니가 말했다.

"괜찮습니다. 우린 얼마든지 기다릴 수 있으니까요."

그후 몇 시간이 지나도록 비서는 노부부를 거들떠보지도 않고 스스로 나가주기를 바랐지만, 노부부는 참을성 있게 기다렸다. 마지못해 비서가 총장에게 알렸다.

"아마 총장님과 몇 마디만 나누면 돌아갈 것 같은데요……."

총장은 무척이나 귀찮았지만 그들을 안으로 들여보내라고 했다.

이윽고 총장실 안으로 들어간 할머니가 총장에게 말했다.

"우리한테는 이 대학에서 1년간 공부했던 아들이 하나 있었는데, 그 아이는 하버드 대학에서 공부했던 시절을 가장 소중하게 여겼답니다. 그런데 지난해 뜻밖의 사고를 당해 죽고 말았죠. 그래서 저와 제 남편은 그 아이를 위해 이 대학 교정에 기념물을 하나 세우기로 결정했답니다."

그 말에 총장은 어처구니없다는 표정을 지었다.

"말씀은 잘 알겠지만, 만일 우리가 이 대학에 다녔던 모든 학생들을 위해 교정에 조각상을 세운다면 얼마 지나지 않아 이 학교는 공동묘지로 변해버리지 않겠습니까?"

"아닙니다. 우린 조각상 같은 걸 세우려는 게 아니라 건물을 하나 세웠으면 하는데요."

총장이 초라한 행색의 노부부를 다시 한 번 훑어보다가 말했다.

"건물 하나 세우는 데 얼마나 드는지 알고 얘기하시는 겁니까? 이 대학 건물을 세우는 데 자그마치 750만 달러가 넘게 들었답니다."

그러자 할머니는 한동안 침묵을 지켰다.

총장은 이 정도면 노인들이 제 분수를 알고 돌아서겠지 하고 생각했다.

그런데 할머니는 할아버지를 돌아보며 이렇게 말하는 것이었다.

"영감, 750만 달러로 이 정도 규모의 대학을 세울 수 있다면 차라리 새로 대학을 설립하는 게 나을 듯싶군요."

그리고 나서 스탠퍼드 부부는 캘리포니아 주로 가서 스탠퍼드 대학을 설립했다.

훗날 그 소식을 전해들은 하버드 대학 총장은 자신의 섣부른 판단을 탓했지만 뒤늦은 후회일 뿐이었다.

# 낭중지추의 수법

| 囊中之錐의 手 |

함부로 자기 속내를 드러내지 마라. 그리고 몰래 숨어서 단 한 번의 기회를 노리는 사람을 경계하라. 한순간 방심하다가 뒤통수를 맞을지도 모른다. 당장 눈앞에 보이는 것에 집착하면 상대방의 심리전에 휘말리지만, 한 번 더 앞뒤 상황을 살피고 곰곰이 생각해보면 제아무리 위장술이 뛰어난 상대라도 그 약점이 드러날 수밖에 없고 그에 걸맞은 해법을 찾게 된다.

# 약점을 노려
# 불가능의 벽을 무너뜨린다

**原文** 秦攻趙. 趙王新立, 太后用事, 求救於齊. 齊人曰: "必以長安君爲質." 太后不可. 齊師不出. 大臣強諫, 太后怒甚, 曰: "有復言者, 老婦必唾其面!" 左師觸龍請見, 曰: "賤息舒祺最少, 不肖, 而臣衰, 竊愛之, 願得補黑衣之缺, 以衛王宮. 願及臣未塡溝壑而托之!" 太后曰: "丈夫亦愛少子乎?" 對曰: "甚於婦人." 太后笑曰: "婦人異甚!" 對曰: "老臣竊以爲媼之愛燕後, 賢於長安君." 太后曰: "君過矣! 不如長安君之甚!" 左師曰: "父母愛其子, 則爲之計深遠. 媼之送燕後也, 持其踵而哭, 念其遠也, 亦哀之矣. 已行, 非不思也, 祭祀則祝之曰: '必勿使反!' 豈非爲之計長久, 願子孫相繼爲王也哉?" 太后曰: "然." 左師曰: "今三世以前, 至於趙王之子孫爲侯者, 其繼有在者乎?" 曰: "無有." 曰: "此其近者禍及身, 遠者及其子孫. 豈人主之子侯則不善! 爲尊而無功, 奉厚而無勞, 而挾重器多也! 今媼尊長安之位, 封以膏腴之地, 多與之重器, 而不及今令有功於趙, 一旦山陵崩, 長安君何以自托於趙哉?" 太后曰: "諾. 恣君之所使之." 於是爲長安君約車百乘, 質於齊, 齊師乃出, 秦師退.

조(趙)나라 왕이 등극한 지 얼마 되지 않아 아직 태후가 국사를 돌보고 있을 때 진(秦)이 조를 공격한다는 소식이 들려왔다. 태후는 급히 제(齊)나라로 사람을 보내 도움을 청했다. 그런데 제나라에서 원병을 보내는 조건으로 장안군(長安君)을 인질로 요구하자 태후는 일

언지하에 거절했다. 대신들이 설득하려 하자 태후가 엄포를 놓았다.

"누구든 감히 내 뜻을 다시 한 번 가로막으려 든다면 내 그 얼굴에다 침을 뱉어버릴 것이오!"

그때 좌사(左師) 촉룡(觸龍)이 태후를 찾아와 말했다.

"신의 막내아들 서기(舒祺)는 아직 나이도 어리고 변변치 못한 놈이지만, 신은 어쩐지 늙어갈수록 그 아이만 편애하게 되는군요. 신이 죽기 전에 태후마마께 맡겨 앞으로 왕궁을 지키는 흑의위사(黑衣衛士)의 빈자리를 메울 수 있도록 해주었으면 합니다."

"사내대장부도 막내를 편애한단 말이오?"

"여자들보다도 더합죠."

태후가 웃으며 말을 받았다.

"그래도 여자가 더하지요."

"신이 보기에 태후마마께선 연후(燕后)를 장안군보다 훨씬 더 총애하시는 것 같더군요."

"천만에요! 그래도 장안군을 더 아끼는 편이죠."

"부모로서 진정으로 자식을 사랑한다면 그 자식을 위해 더 멀리 내다볼 줄 알아야 한다고 생각합니다. 연후를 떠나보낼 때 태후마마께선 그 발목을 붙잡고 원행(遠行)을 떠나보내는 것을 아쉬워하며 흐느끼셨습니다. 그리고 수년이 지난 지금에 와서도 태후마마께서는 여전히 연후를 그리워하면서 한편으로는 '결코 연후가 돌아오는 일이 없도록 해주십시오' 하고 바라시지 않습니까? 그건 모두 연후의 더 먼 장래를 생각해서서, 연후의 후손이 대대로 왕위를 계승하라는 바람에서 그러시는 것 아니겠습니까?"

태후가 고개를 끄덕였다.

"맞는 말이오."

"그럼 지금으로부터 3대 이전에 조나라 역대 군주의 자손으로 제후에 봉해진 사람들 중에 그 후손이 보위를 이은 적이 있습니까?"

"물론 없소."

"그것이 바로 가까운 재앙은 자신에게 미치고, 먼 재앙은 자손에게 미친다는 이치입니다. 그 후손이 변변치 못한 탓도 아니지 않습니까. 지위는 존귀하지만 공적이 없고, 녹봉은 많아도 하는 일이 없지요. 지금 태후께서 장안군을 존귀한 위치에 올려 땅도 주고 금은보화도 가득 주었지만 나라를 위해 공적을 쌓을 기회는 주려 하지 않습니다. 이치가 이럴진대, 장차 태후께서 계시지 않으면 장안군이 어떻게 조나라 군주로서 그 입지를 다질 수 있겠습니까?"

그제야 태후는 크게 깨닫는 바가 있었다.

"그 말이 맞소. 내 좌사의 뜻을 따르겠소."

그리하여 장안군을 마차 100대로 호송해 제나라에 인질로 보내자 제나라에서는 곧 원병을 보내왔고, 진의 군대는 물러갔다.

고집 센 태후가 촉룡에게 쉽사리 설득된 것은 촉룡이 태후의 자식 사랑을 약점으로 들어줘었기 때문이다. 진정한 자식 사랑이 무엇인지를 일깨워줌으로써 상대방의 마음을 움직인 것이다. 이는 모택동이 생전에 주위 사람들에게 자주 들려주었던 이야기다.

사람은 누구에게나 약점이 있으며, 그로 인해 상대방에게 이용당하기 쉽다. 하지만 약점이 꼭 결점만은 아니며, 때론 미덕이 될 수도 있다. 그리고 다음과 같은 경우 약점은 가장 치명적이다.

제2차 세계대전 당시 미국 육군 정보부대의 고급장교 피터만이 독일군에 사로잡혔다. 독일군 장교는 피터만의 신분을 알고 중요 정보를 빼내기 위해 온갖 회유와 협박, 고문을 해보았지만 아무것도 얻어내지 못했다. 심문을 맡은 장교가 맥빠진 목소리로 말했다.

"이 친구는 우리가 이렇게 계속 고문해주기를 바라기라도 하는 모양입니다. 고문이 혹독할수록 그는 더 큰 영웅이 되니까요."

그러나 온갖 고문에도 굴하지 않던 피터만도 결국엔 스스로를 '팔아먹고' 말았다. 그를 '팔아먹은' 것은 다름 아닌 그의 약점이었다.

독일군 장교는 고문을 가해도 아무런 소득이 없자 피터만을 전문 스파이를 양성하는 군사학교에 보내 교관을 따라다니며 강의를 듣게 했다. 그런데 의도적이었는지 교관들의 강의 내용 중 대부분에 큰 착오가 있었다. 처음에 피터만은 꾹 참고 쓴웃음을 짓고 말았지만, 한번은 도저히 듣고만 있을 수가 없었다. 그래서 자기도 모르게 자리를 박차고 일어나 교관을 한바탕 힐책한 다음 미·영 군사정보기관의 실상에 대해 한바탕 연설을 쏟아냈다. 그리고 어떻게 하면 통신망을 정확히 파악할 수 있는지에 대해서도 자기 주장을 펼쳤다. 당연히 그 내용은 독일군이 그토록 갈망하던 고급 정보들이었다.

피터만의 비극은 신성한 직업의식과 강한 책임감이 초래한 것이요, 독일군은 그것을 자극함으로써 그를 함정에 빠뜨린 것이다.

피터만의 직업의식은 매우 큰 장점이었다. 그러나 독일군은 그 장점을 약점으로 만들어버렸고, 자기 약점이 드러난 상황에서는 불굴의 피터만도 어쩔 도리가 없었다.

# 13

# 활용가치를 높이고
# 수요를 읽어라

> **原文** 淳祐中, 孟珙鎭江陵. 初至, 登城周覽, 歎曰:"江陵所恃三海, 不知沮洳有變爲桑田者. 今自城以東, 故嶺先鋒, 直至在汊, 無所限隔, 敵一鳴鞭, 不卽至城外乎!" 乃修復內隘十有一, 而別作十隘於外, 沮, 漳之水舊自城西入江, 則障而東之, 俾繞城北入於漢, 而三海遂通爲一, 隨其高下, 爲匱蓄洩, 三百里間, 渺然巨浸, 土木之工百七十萬, 而民不知役.

남송(南宋) 순우(淳祐) 때 강릉(江陵) 지주사(知州事)로 부임한 맹공(孟珙)이 성루에 올라 지형을 두루 살펴보고 말했다.

"강릉은 세 호수에 의지해 있는 험한 지형인데, 무지한 백성들이 지대가 낮은 곳을 전부 논밭으로 쓰고 있군. 강릉 동쪽에 위치한 고령(古嶺)과 선봉(先鋒)에서부터 삼차(三汊)에 이르기까지 저 광활한 지역에 아무런 장애물이 없으니 적이 기마로 쳐들어오면 순식간에 성밖에 이르지 않겠는가?"

그래서 곧 성안 열한 곳에 요충지를 만들고, 성밖 열 곳에도 험준한 지형을 만들었다. 저수(沮水)와 장하(漳河)의 물은 원래 성곽 서쪽을 통해 장강으로 흘러들었는데, 그 입구를 막고 하류를 동쪽으로 이끌어성 북쪽을 지나서 다시 한수(漢水)로 흘러들게끔 했다. 그렇게 세 호수는 곧 하나로 이어져 홍수가 나면 물을 흘려보내고 가물 때면 물을 저장할 수 있게 되었으며, 150제곱킬로미터가 되는 드넓은 지역이 호수로 바뀌었다. 그 대공사에 동원된 인력이 무려 170여만 명이나 되었지만 백성들은 전혀 부담으로 여기지 않았다.

맹공은 세 호수를 하나로 만들어 군사요충지로 활용했을 뿐만 아니라 물을 저장하고 홍수를 예방할 수 있었다. 또한 양식업이 활성화되고 운송수단이 크게 개선되어 일석이조의 효과를 거두었다.

투자는 적게 하되 효율은 배가시키는 것이야말로 모든 기업인의 소망이다. 세계 100대 갑부 중에 심플롯(J. R. Simplot)이라는 '감자왕'이 있었다.

심플롯은 돼지를 사육하는 평범한 농부였다. 제2차 세계대전이 터졌을 무렵, 그는 전방에서 말린 채소를 대량으로 필요로 한다는 정보를 얻었다. 지금이야말로 떼돈을 벌 수 있는 절호의 기회라고 판단한 그는 가산을 모두 처분하고 친구들에게도 돈을 빌린 다음 채소건조공장을 인수해 재빨리 감자 건조생산에 들어갔다. 감자는 가공하기 바쁘게 전방부대로 실려갔고, 그때부터 심플롯은 감자 가공업자가 되어 큰돈을 벌어들였다.

하지만 심플롯은 그 정도로 만족하지 않고 신기술을 도입해 새로운 상품을 끊임없이 개발했다. 얼마 후에는 주위 사람들의 비웃음과 반대를 무릅쓰고 거액을 들여 한 화학자의 기술을 사들여 '냉동감자튀김'을 대량 생산했는데, 출시하자마자 크게 히트해 미처 공급이 따라가지 못할 지경에까지 이르렀다.

　1973년, 전 세계가 석유파동에 휩쓸리자 심플롯은 감자로 석유의 연소효율을 크게 증가시키는 첨가제를 만들어 사람들의 환영을 받았다.

　이후 심플롯은 감자사업을 점점 확장해 매년 15억 파운드나 되는 감자를 가공해냈는데, 그 절반 정도가 맥도날드에 공급되었다. 감자를 가공하려면 껍질을 벗기고, 씨눈을 제거하는 등 일련의 과정이 필요했기에 실제로는 감자 하나에서 절반 정도밖에 쓰이지 않았다. 이에 심플롯은 그 부산물을 다른 곡물과 혼합해 사료로 만들었다.

　심플롯은 감자 하나만으로 매년 10억 달러가 넘는 이윤을 창출했고, 쓰레기로 버려지는 부산물을 재가공해 소 10여만 마리를 먹일 수 있는 사료를 공급할 수 있었다.

　또한 천문학적인 부를 축적한 뒤에도 새로운 기술로 에틸알코올을 만들고, 남은 찌꺼기로 질 좋고 값싼 물고기 사료를 만들어 귀한 품종의 물고기를 양식했다. 그리고 물고기를 양식하는 연못의 물은 다년생 식물인 히아신스로 정화시켰다. 히아신스는 물고기 배설물의 질소를 여과시켜줄 뿐만 아니라 훌륭한 소먹이용 풀도 되었다. 또 소똥은 물고기 사료가 되었기에 어느 것 하나 버리지 않는 연쇄적 생산체제를 구축했으며, 그 사업이 날로 번창할 수밖에 없게 된 것이다.

# 상대방의 심리를
# 이용한다

> 原文 唐時京城有醫人, 忘其姓名. 有一婦人, 從夫南中, 曾誤食一蟲, 常疑之, 由是成疾, 頻療不瘥. 請看之, 醫者知其所患, 乃請主人姨中謹密者一人, 預戒之曰: "今以藥吐瀉, 卽以盤盂盛之. 當吐之時, 但言有一小蛤蟆走去. 然切不得令病者知是誑語也!" 其婢僕遵之, 此疾永除.

당나라의 경성 장안에 한 의원이 있었다.

하루는 어느 귀부인이 그 의원을 찾아왔는데, 남편과 함께 남쪽 지방을 여행하는 도중에 어떤 벌레를 삼킨 것이 꺼림칙하여 병져 누웠다가 여러 의원을 전전하던 끝에 그를 찾아온 것이다.

이윽고 의원은 부인이 병을 앓게 된 까닭을 짐작하고, 그 집안 시녀들 가운데 입이 무거운 시녀를 불러 당부했다.

"내 오늘 구토약을 지어줄 테니, 부인이 구토할 때 요강을 들고 있다가 개구리 한 마리가 튀어나가더라고 말하거라. 그리고 이 일은 절대 부인이 알게 해서 안 된다. 알겠느냐?"

그 시녀가 의원의 지시대로 했더니 부인의 병은 씻은 듯이 나았다.

의원은 '심리요법'으로 부인의 병을 치료했다.

사람이 동물과 다른 특징 중 하나는 생각을 한다는 것이다. 그런데 너무 지나치게 의심하거나 추측하다 보면, 아무것도 아닌 일이 마음의 병을 부르게 된다. 그래서 오늘날에는 이런 난제들을 심리요법으로 해결하기 위해 많은 노력을 기울이고 있다. 여기, 감자에 관한 재미있는 이야기가 있다.

독일에서 많이 생산되는 우량종의 감자를 프랑스에 처음 가져갔을 때, 프랑스 농민들은 시큰둥한 태도를 보였다. 프랑스 정책당국은 그 감자를 보급하려고 무진 애를 썼지만 농민들은 관심조차 없었고, 우량 감자는 냉대만 받았다. 바로 이때 한 공무원이 괴이한 대책을 내놓았다.

당국에서는 곧 그 우량 감자의 시험기지를 만들고, 주위에 무장한 병사들을 배치하여 밤낮으로 지키게 했다. 도대체 얼마나 특별한 감자이기에 보초병까지 세워놓는단 말인가!

차츰 그 시험기지에 대해 호기심을 갖게 된 농민들이 하나둘씩 보초병이 '방심'한 틈을 노려 살금살금 시험기지로 숨어 들어갔고, 감자를 몰래 한두 알씩 캐다가 자기 집 마당에 심어놓고 돌보면서 도대체 뭐가 그리 좋은지를 살펴보기 시작했다. 그렇게 한 해가 지나자 그 감자의 우수성이 주변에 알려졌고, 빠른 속도로 보급되어 나중에는 프랑스 농민들이 가장 좋아하는 농작물 중 하나로 손꼽히게 되었다.

얻기 힘든 물건일수록 소중히 여겨지는 법, 당국은 이런 심리를 이용해 농민들의 호기심을 자극함으로써 좋은 품종의 감자를 널리 보급할 수 있었다.

# 15

# 마음을 움직이면 목표가 보인다

> **原文** 當鄭公知青州. 河朔大水, 民流就食. 弼勸所部民出粟, 益以官廩, 得公私廬十餘區, 散處其人, 以便薪水. 官吏自前資·待缺·寄居者, 皆賦以祿, 使即民所聚, 選老弱病瘠者稟之, 仍書其勞, 約他日為奏請受賞. 率五日, 輒遣人持酒肉飯糧慰藉, 出於至誠, 人人為盡力. 山林陂澤之利可資以生者, 聽流民擅取. 死者為大塚埋之, 目曰 "叢塚". 明年, 麥大熟, 民各以遠近受糧歸, 募為兵者萬計. 帝聞之, 遣使褒勞. 前此, 救災者皆聚民城郭中, 為粥食之, 烝為疾疫, 或待哺數日不得粥而僕, 名救之而實殺之. 弼立法簡盡, 天下傳以為式.

송나라 부필(富弼)이 청주(青州) 지부사로 있을 때 황하 이북에 큰 홍수가 나서 수많은 백성들이 집도 없이 떠돌아다니며 구걸로 연명하고 있었다. 부필은 자기 관할지역의 백성들에게 집의 양식을 관아의 비축양식으로 지원해줄 것을 호소했고, 관리와 백성들의 살림집 10여 채를 내게 해 이재민들이 숙식할 수 있게 해주었다. 그리고 자신의 녹봉을 내놓는 것은 물론이고, 휘하 관원들을 모두 현장으로 보내 난민들의 고충을 살피게 했다. 관원들이 난민들을 찾아가 늙고 병든 이들에게 쌀을 나눠주면, 그 공을 기록해두었다가 상주하기도 했다. 그뿐 아니라 닷새에 한 번씩은 술과 고기 등을 마련하여 관원들을 찾아가 따뜻한 격려의 말을 해주었으므로 관리들 모두 발벗고 나서서 난민들을 돌보았다. 무릇 산이나 호수에서 생산되는, 난민들 생계에 보탬이 될 만한 것은 그들 마음대로 쓰게 했으며, 희생자들은 따로 거두어 큰 무덤을 만들어 장사지냈다.

다행히 그 이듬해에는 보리풍년이 들어 난민들이 저마다 먹을 만큼의 양식을 받아들고 고향으로 돌아갈 수 있었는데, 그들 중 군에 자원한 사람이 1만여 명이나 되었다. 황제는 나중에 이 일을 알고 부필에게 사자를 보내 크게 장려하고 위로해주었다.

그전까지만 해도 이재민 구제는 난민들을 한 곳에 몰아넣고 죽이나 끓여주는 게 고작이었다. 그렇게 많은 사람들을 한 곳에 몰아넣다 보니 전염병이 돌고, 어떤 이들은 며칠을 기다려도 죽 한 그릇 못 얻어먹고 길가에 쓰러지기 일쑤였다. 이런 방법은 난민 구제라는 허울뿐, 실제로는 난민들을 죽이는 행위와 다름없었다. 그런데 부필이 선택한 방법은 간단하면서도 완벽했으므로, 그뒤로 여러 지방에서 선례로 삼아 실행했다.

부필은 북송 때의 유명한 신하로 재상까지 지냈다. 그는 기존의 방식을 탈피하여 이재민을 도왔다. 그전에는 길가에 솥이나 몇 개 걸어놓고 죽을 조금씩 나눠주는 것이 이재민 구호의 전부였다. 게다가 구제물자조차 관리들의 손을 두루 거치다 보니, 정작 이재민들에게는 멀건 죽물도 제대로 돌아가지 않았다. 부필이 변변치 못한 고장에서 난민 구제의 선례가 되고 재상에까지 오르게 된 것은 결코 우연이 아니었다. 그의 행동은 이재민을 진정으로 도우려는 마음이 앞섰기에 가능했다.

현대에도 사람의 마음을 움직여 성공한 비즈니스 천재들이 여럿 있다. 그 전형적인 모델 중 하나가 무한초인(武漢楚人) 광고회사이다.

1996년은 무한(武漢) 어린이 식품시장이 급성장하는 시기였다. 그해 10월 광동의 '고고규(呱呱叫)' 식품은 시장 진출을 앞두고 여러모로 연구한 끝에, 무한초인에 고고규의 튀김 계열 식품의 광고 업무를 위탁하기로 했다.

무한초인은 고고규의 광고 의뢰가 무척 까다롭다는 것을 직감했다. 당시 무한 어린이 식품시장은 전국의 내로라하는 식품회사들이 모두 달려들어 치열한 경쟁을 벌이는 곳이라 고고규 브랜드를 부각시킨다는 것이 결코 쉬운 일은 아니었다. 게다가 고고규 측은 아주 빠른 시일 내에 시장에 진입하기를 바라고 있었다.

이렇게 난감한 문제를 접한 무한초인은 다른 광고회사들처럼 매체를 활용한 선전광고를 대대적으로 펼치진 않았다. 광고책임자인 오동민(吳東珉)은 우선 고고규 식품에 대해 기초적인 분석을 하고 나서, 그에 대한 소비자의 반응을 조사해보기로 했다.

시장조사를 거쳐 면밀하게 분석한 결과 무한초인은 고고규 식품의 주요 소비층이 5세부터 12세까지라는 점과, 이들이 객관적 환경의 영향을 제일 받기 쉬운 소비집단이라는 결론을 내렸다.

이후 오동민은 대담하고 창의적인 광고 아이템을 짜냈다. 바로 사랑을 주제로 한, 우회적인 광고기법들이 그의 주도 하에 진행되었다.

무한초인은 우선 일부 직원들을 동원해 무한시의 빈곤 학생들에 대한 조사를 진행하고, 그 중에서 집안이 가난해 학교를 다니지 못하는 초등학생 100명을 골라 고고규에서 그들의 학비를 지원하게 했다. 일명 '도시희망공정'은 그렇게 시작되었다. 그해 11월 무한 TV에서 고고규 식품을 취재해 방송했는데, 곧 전국 각지에서 그들의 활동을 지지하는 감동의 편지가 눈송이처럼 날아들었다.

사랑을 주제로 한 광고기획은 일단 효과적이었다. 그리고 한 달 뒤 무한 TV에서 고고규의 기업활동을 보강 취재하자 무한초인과 고고규 식품은 자신들이 지원하고 있는 빈곤 학생들의 성적을 조사해 성적이 우수한 학생들에게 고고규 식품의 이름으로 고고규 브랜드를 선보이게 했다. 그렇게 무한 어린이 식품시장에 등장하면서 고고규 식품은 소비자들의 주목을 받게 되었다. 동시에 매체에서도 고고규 식품을 여러 차례 언급했다. 그 덕분에 고고규는 무한 어린이 식품시장에서 성공적인 브랜드 이미지를 확보할 수 있었다.

무한초인은 또 그해 연말에 고고규 식품과 함께 100명의 빈곤 학생들을 방문하고, 그들이 다니는 학교와 우등생들에게 고고규가 제공한 문구류를 협찬했다. 그러자 언론매체에서 다시 한 번 그들의 활동을 취재했고, 무한초인이 기획한 고고규 식품 판촉기획은 비로소 정식으로 시동을 걸고 전 중국에서 처음으로 사람마다 고고규 식품을 하나씩 사서 그 이익금 중 일부를 기부함으로써 배움의 기회를 잃고 있는 아이들을 학교로 보내자는 캠페인을 불러일으켰다. 이후 채 1주일도 지나지 않아 전 중국의 수많은 학생들은 손에 고고규 튀김 한 봉지를 들고 있는 것을 자랑스럽게 여겼고, 동시에 전국 각지에서 수많은 주문서가 날아들었다. 고고규 식품은 그렇게 하룻밤 사이에 무한 시장을 뒤덮다시피 했다. 고고규 식품의 마케팅 전략이 큰 성공을 거둔 것이다.

　광고 이벤트를 주도한 오동민은 이렇게 말했다.

　"어떤 브랜드를 홍보하는 경우, 기업의 상업적인 목적을 달성하고 이윤을 얻는 것보다 더 중요한 것은 이윤공간을 쟁취하는 동시에 자기 브랜드를 최대한 각인시킬 수 있어야 한다. 이번 '도시희망공정'은 독특한 각도에서 사랑을 주제로 하여 불우이웃에 대한 관심을 불러일으켰다. 이는 양심 있고 정의로운 기업인이라면 누구나 갖춰야 하는 기본 소양이라고 생각한다."

# 나를 숨기고
# 때를 기다려라

**原文** 北魏崔巨倫嘗任 殷州別將. 州爲賊陷, 葛榮聞其才名, 欲用之. 巨倫規自脫. 適五月五日會集百僚, 命巨倫賊詩. 巨倫詩曰: "五月五日時, 天氣已大熱, 狗便呀欲死, 牛半腹出舌." 聞者哄然發噱, 以此自晦獲免. 以潛結死士數人, 乘夜南走. 遇邏騎, 衆危之. 巨倫曰: "寧南死一寸, 豈北生一尺!" 遽給賊曰: "吾受敕行." 賊方取火觀敕, 巨倫輒拔劍斬賊帥, 餘衆驚走, 因得脫還.

북위(北魏) 때 최거윤(崔巨倫)이 은주(殷州)를 맡고 있는데, 은주성이 그만 반란군의 손에 들어가고 말았다. 진작부터 최거윤의 인물됨을 들어온 반란군 수장 갈영(葛榮)은 그를 중용하려 했다. 하지만 최거윤은 호시탐탐 빠져나갈 기회만 엿보고 있었다. 때는 마침 5월 5일 단오였고, 갈영은 수하 사령들을 한자리에 불러 잔치를 벌이면서 최거윤에게 시를 지어보라 명했다. 이에 최거윤은 굳이 사양하지 않고 시 한 수를 읊었다.

"5월 단오를 맞으니 날씨가 하 무더워 개들은 헐떡거리고, 소들은 혀를 한 뼘씩 빼물었더라."

좌중은 일제히 '와' 하고 폭소를 터뜨렸다. 그러나 최거윤은 그렇게 자신의 재능을 감춤으로써 갈영이 자기를 중용하려던 생각을 바꾸게 했다.

그로부터 얼마 후 최거윤은 비밀리에 결사대 몇 명을 꾸려 밤에 남쪽으로 도주하다가 순찰병들과 맞닥뜨리게 되었다. 일행이 당황하여 어쩔 줄 몰라하자 최거윤이 말했다.

"한 걸음이라도 남쪽을 향해 가다 죽을 것이다. 북쪽으로는 단 한 발짝도 물러서지 않을 것이다."

그러고는 위조된 문서를 내밀며 순찰병 우두머리에게 말했다.

"길을 내어주시게. 우린 칙명(勅命)을 받고 가는 길이네."

순찰병 우두머리가 횃불로 문서를 살펴보려는 순간 최거윤은 칼을 뽑아 그의 목을 벴고, 그러자 나머지 순찰병들은 뿔뿔이 흩어져 달아나기에 바빴다. 이후 최거윤 일행은 큰 탈 없이 남쪽으로 탈출할 수 있었다.

최거윤이 바보인 척한 것은 때를 기다리기 위해서였다. 때를 기다리자면 자신의 진면목을 숨겨야 한다. 삼국시대 때 사마의(司馬懿)가 꾀병으로 조상(曹爽)을 속여 죽을죄를 면하고, 제갈량이 보내온 여자 옷을 입고 촉(蜀)나라의 도전을 와해시킨 것 등을 보면 알 수 있듯 때를 기다린다는 것은 매우 중요한 모략이다.

제2차 세계대전 당시 동맹국과 주축국의 군사력 비교는 사람들에게 큰 화젯거리였다. 세계 각지의 신문과 라디오 등의 매체들은 시시각각 원자탄 경쟁에 관한 보도를 실었고, 각국은 치밀하고도 치열한 암투를 벌였다. 미국, 소련, 독일 등은 자신들이 하루라도 먼저 원자탄을 개발해 위용을 과시하려 했다.

1945년 7월 17일 소련과 미국, 영국의 지도자들은 한자리에서 만나 일본에 대한 연합작전, 전쟁 이후의 전략 방안 등에 대해 각자의 견해를 토로했다. 그러던 중 트루먼 대통령은 스탈린에게 미국은 이미 매우 강력한 무기를 만들었다면서 은근히 자신들이 원자탄 개발을 완료했다는 암시를 던졌다. 이때 영국의 총리 처칠은 한쪽에서 스탈린이 어떤 반응을 보일지 궁금해하며 조용히 지켜보고 있었다. 그런데 스탈린은 아무 말도 못 들은 것처럼 얼굴색 하나 바뀌지 않았다. 스탈린의 표정이 너무나 담담하자 트루먼과 처칠은 그가 귀가 먹지 않았다면 말귀를 못 알아들은 것이라고 판단했다. 하지만 스탈린은 트루먼의 말을 분명히 들었을 뿐만 아니라 그 속셈까지 꿰뚫어보고 있었다. 회의를 마친 스탈린이 급히 외교장관 몰로토프를 불러 귀띔했다.

"몰로토프 동무, 우리 일을 좀더 빨리 추진해야겠소."

이후 소련은 원자탄 개발에 심혈을 기울였고, 그 결과 1949년 9월 25일에 첫 원자탄을 터뜨리는 데 성공했다. 미국으로서는 전혀 예상치 못한 일이었고, 당시로서는 전 세계를 뒤흔들 만한 특종 뉴스였다.

트루먼은 원자탄이 공개된 뒤에야 그 당시 스탈린이 못 들은 척 담담했던 표정과 그 속에 감춰진 야심을 이해할 수 있었다. 원자탄 사건으로 큰 망신을 당한 미국은 어떤 코멘트도 못했고, 이후 미국과 소련은 본격적인 핵 경쟁에 돌입했다. 스탈린의 못 들은 척, 아닌 척한 연기는 결국 미래를 염두에 둔 모략이었던 것이다.

# 상식에 얽매이지 않으면
# 절호의 기회가 보인다

> **原文** 皇祐二年, 吳中大饑. 時范仲淹領浙西, 發粟及募民存餉, 爲術甚備. 吳人喜競渡, 好爲佛事. 仲淹乃縱民競渡, 太守日出宴於湖上. 自春至夏, 居民空巷同遊. 又召諸佛寺主守, 諭之曰: "今歲工價至賤, 可以大興土木." 於是諸寺工作並興, 又新倉廒吏舍, 日役千夫. 監司劾奏杭州不恤荒政, 遊宴興作, 傷財勞民. 公乃條奏: "所以如此, 正欲發有餘之財, 以惠貧者, 使功技傭力之人, 皆得仰食於公私, 不致轉徙溝壑耳." 是歲唯杭饑而不害.

송나라 인종(仁宗) 2년, 오중(吳中)에 큰 기근이 닥쳤을 때, 절서(浙西) 지방 정무를 범중엄(范仲淹)이 총괄하고 있었다. 그는 백성들에게 곡식을 나눠주는 한편 일꾼을 모집하고 군량미를 비축하는 등의 일을 처리하는 데 매우 탁월한 방법을 택했다.

당시 오중의 백성들은 뱃놀이 시합을 즐겼는데, 범중엄도 날마다 호숫가에 나가 태수(太守) 등 관원들과 어울리며 술을 마시고 연회를 즐겼다. 백성들이 봄부터 여름까지 뱃놀이 시합 구경을 다니느라 거리가 한산할 지경이었다. 범중엄은 또 사찰에서 주지스님을 모셔다가 말했다.

"올해는 품삯이 매우 쌀 테니 사찰을 확장하기 좋을 것입니다."

그리하여 여러 사찰에서 동시에 절을 수리하고 넓히게 되었다. 또 범중엄의 명에 따라 창고와 관원들의 숙소를 수리하고 새로 짓는 공사도 진행되었는데, 날마다 동원되는 일꾼이 무려 1,000명에 이르렀다.

감사(監司)가 이를 못마땅히 여겨 황제에게 범중엄을 탄핵하는 상소를 올렸다.

'범중엄은 세상이 어지러운 이때 민정을 살피지 않고 흥청망청 놀고 마시기만 하며, 큰 공사를 벌여 백성들을 괴롭히고 있습니다.'

황제가 범중엄을 불러들여 어찌된 일이냐고 묻자 범중엄은 조리정연하게 대답했다.

"신이 행한 조치들은 모두 남아도는 재력을 발굴해 백성들의 이익을 도모하기 위함이었습니다. 능력 있는 사람들로 하여금 관가나 사찰에 가서 일을 해 벌이를 할 수 있게 해준다면 굶어죽을 걱정은 없지 않겠습니까."

그해, 유독 항주에서만 기근으로 인한 큰 인명피해가 없었다.

범중엄은 기질이 뛰어난 정치가로, 재해를 극복하기 위해 그가 행한 방법은 '수혈'이 아니라 '조혈(피를 만들다 - 옮긴이)'이었다. 수백 년 전에 그토록 탁월한 지혜를 가진 인물이 있었던 것이다.

범중엄의 탁월함은 또 가능한 모든 상업적 기회를 포착했다는 데 있다. 비즈니스 경쟁이 치열한 오늘날, 경쟁에서 밀려 도태된 기업들을 보면 기업 내부 문제말고도 상업적 기회를 포착할 줄 몰랐다는 데 더 큰 원인이 있다. 면밀히 관찰하고 몰두하다 보면 상업적 기회는 얼마든지 우리 주위에 널려 있다.

　1984년 이전까지만 해도 올림픽을 개최한 나라들은 한결같이 적자였다. 1976년 캐나다의 몬트리올 올림픽은 10억 달러의 적자를 기록했고, 1980년 소련의 모스크바 올림픽은 적자폭이 90억 달러나 되었다. 1984년 올림픽은 미국 LA에서 개최하게 되었는데, 총연출자는 피터 위베로스였다. 이미 미국 사회가 고도의 상업화 단계에 이르렀다고 판단한 위베로스는 기존의 상식적인 방식에서 벗어나기로 했다.

　그는 '올림픽'이라는 간판 그 자체가 거대한 부를 창조할 수 있다고 생각했다. 많은 기업들이 올림픽을 자기 브랜드를 홍보하는 기회로 여길 것이라고 판단한 위베로스는 TV 중계권료를 비싼 값에 팔았을 뿐만 아니라 광고까지 곁들여 엄청난 수익금을 벌어들였는데 초당 평균 5,000달러를 받았다. 심지어 명성을 날리고 싶어하는 사람들의 심리를 이용해 성화봉송권도 팔았는데 구역을 나누어 1킬로미터당 3,000달러씩 받아서 총 4,500만 달러의 수입을 거두었다. 그렇게 하여 LA 올림픽은 정부의 돈을 한 푼도 쓰지 않았을 뿐더러 오히려 2억5,000만 달러의 흑자를 기록하게 되었다.

　한편, 올림픽 개최지 주변의 100여 킬로미터 안에 있는 부대시설과 여관, 호텔 등에서도 상당한 수익을 챙겼다. 그래서 LA 올림픽이 폐막할 즈음 올림픽위원회에서는 올림픽을 매우 훌륭한 상업수단으로 만든 위베로스에게 특별한 금메달을 수여했다. 오늘날 올림픽뿐만 아니라 거의 모든 스포츠 행사가 상업적인 기회로 활용되고 있는 것은 아마도 위베로스의 공로가 아닐까 싶다.

# 평범함과 게으름도
# 칭찬거리가 된다

> 唐柳大夫玭, 謫授瀘州郡守. 渝州有牟麐秀才, 即都校牟居厚之子, 文朶不高, 執所業謁見. 柳獎飾甚勤, 子弟以為太過. 柳曰:"巴蜀多豪士, 此押衙之子, 獨能好文, 苟不誘進, 渠即退志. 以吾稱譽, 人畢榮之. 由此減三五員草賊, 不亦善乎?"

당나라 때 어사대부(御史大夫) 유빈(柳玭)은 노주(瀘州) 군수로 있었다. 당시 유주에 도교(都校) 모거후(牟居厚)의 아들 모논(牟麐)이라는 수재가 있었는데, 문필은 그리 뛰어나지 않았.

하루는 모논이 자기가 쓴 글을 봐달라며 유빈을 찾아왔다. 글을 읽고 난 유빈이 매우 잘된 글이라며 높이 평가해주었다. 이에 유빈의 제자들이 보잘것없는 글을 과대평가했다며 불평하자 유빈은 이렇게 말했다.

"파촉(巴蜀) 땅은 본래 비적이 들끓는 곳인데, 모거후의 아들이 문필에 뜻을 두고 있다는 것이 가상하지 않느냐. 그래서 그 글을 높이 평가해준 것이니라. 만일 그 아이를 제때에 격려하고 이끌어주지 않는다면 그 아이도 신심을 잃고 십중팔구 도적질이나 일삼을 것이다. 지금 그 아이는 좋은 평가를 받은 것에 힘입어 더욱 열심히 글을 익히려 할 것이고, 그래서 주변 사람들도 그 영향으로 학문에 뜻을 갖게 된다면 그것은 곧 도적 몇 명 더 늘어나는 것을 미연에 방지하는 것이 아니겠느냐."

지극히 평범한 것을 치하해준 유빈의 드넓은 아량이 돋보이는 이야기다. 유빈은 모논의 자질을 높이 평가해준 것이 아니라 그 갸륵한 소행을 긍정해줌으로써 좋은 선례를 남겼는데, 이는 선의의 권모술수라고 할 수 있다.

사람을 다루는 데도 이런 권모술수는 필수 불가결한 요소다.

흔히 사람들은 '게으름' 하면 혐오감부터 앞서는 것 같다. 그런데 나태함이 창조활동의 원동력이 될 수 있을 뿐만 아니라 생산효율을 높일 수도 있다. 유대인 햄리 포터가 바로 이런 '게으름 철학'을 추종했던 사람이다.

캐나다 오타와에서 큰 호텔을 경영하는 햄리 포터는 게으르기로 소문난 사람인데, 무릇 다른 사람을 시켜서 할 수 있는 일은 절대 자기가 손대는 법이 없었다. 호텔에서 날마다 처리해야 하는 일이 산더미 같았지만, 그는 늘 유유자적했다. 연말에 그는 호텔에서 가장 부지런한 사람과 가장 게으른 사람을 각각 열 명씩 선발했는데, 가장 게으른 직원으로 뽑힌 열 명을 자기 사무실로 불러들였다. 그들 모두 어떤 불호령이 떨어질지 몰라 안절부절못한 채 사장실로 들어서는데, 햄리 포터는 오히려 그들을 반겨 맞이했다.

"어서들 오세요. 여러분 모두 최우수 직원으로 추대된 것을 진심으로 축하합니다."

직원들 모두 뭐가 뭔지 몰라 갈피를 못 잡고 어리둥절해하는데, 햄리 포터가 그들을 자리에 앉히며 느긋하게 입을 열었다.

"내가 관찰한 바에 의하면 당신들의 '게으름'은 식기를 한꺼번에 테이블에 날라다놓고, 단숨에 손님방을 깨끗이 청소하고, 뭐든 한꺼번에 맡은 일을 다 마무리하는 데 탁월한 능력을 갖고 있더군요. 단 한 발짝도 더 걷기 싫어하고, 두 번 이상 같은 일을 반복하고 싶어하지 않는다는 것입니다. 그래서 다른 사람들이 볼 때 당신들은 항상 한가해 보이고 게으름을 피우는 것 같지요. 하지만 난 가장 우수한 직원은 항상 제일 게으른 사람이라고 생각합니다. 왜냐하면 그 게으름은 단 한 번의 쓸데없는 동작도 용납하지 않기 때문이죠. 반대로, 소위 부지런한 직원들을 보면 그 부지런함은 대체로 하루 온종일 잠시도 쉴 틈 없이 숨가쁘게 몰아치면서 쓸데없는 동작들에 힘 빼는 일을 대수롭잖게 생각하지요. 한 번이면 될 일을 몇 번이고 되풀이하면서 시간만 낭비한다면 대체 어떻게 효율을 논할 수 있겠습니까?"

인간은 맷돌을 돌리기 싫어서 풍차를 발명했고, 걷기 싫어서 자동차를 발명했다. 게으름에 이력이 튼 사람의 머리에서는 항상 창조적인 불꽃이 튀고 있다.

# 19

# 불행한 환경이
# 노력을 북돋운다

**原文** 李祐爵位卽高, 公卿多請婚其女, 祐皆拒之. 一日大會幕僚, 言將納婿. 衆謂必貴戚名族, 及登宴, 寂然. 酒半, 祐引末座一將, 謂曰: "知君未婚, 敢以小女爲托." 卽席成禮. 他日或請其故, 祐曰: "每見衣冠之家締婚大族, 其子弟習於淫奢, 多不令終. 我以韜鈐致位, 自求其偶, 何必仰高以博虛望?" 聞者以爲卓識.

당나라 대장군 이우(李祐)에게 과년한 딸이 있었는데, 고관대작들이 서로 사돈을 맺고 싶어했지만 모두 거절당했다.

하루는 이우가 술상을 푸짐하게 차려놓고 자기 사윗감을 공개하겠다며 지인들을 초대했다. 다들 그의 사윗감이 대체 어떤 명문가의 자제일까 궁금해하는데, 정작 귀족은 눈에 띄지도 않았다. 그런데 술이 두어 순 돌고 나자 이우가 말석에 앉아 있는 젊은 장수를 불러내더니 말했다.

"내 자네가 아직 혼사가 없는 줄로 알고 있네만, 내 딸을 자네한테 부탁하고 싶은데 자네 생각은 어떤가?"

그러고는 즉석에서 장수의 확답을 받아내어 혼사를 치르게 했다.

며칠 후 사람들이 그 까닭을 묻자 이우는 이렇게 대답했다.

"소위 고관대작과 명문귀족이 연혼(聯婚)하는 것을 많이 보아왔소만, 그 자제들이 음탕하고 사치스런 생활에 물들어 있어서 대부분 좋은 결말을 보지 못하고 말았소. 난 전공을 세워 오늘 이 관직까지 오른 사람이오. 그런 내가 하필 명문귀족과 사돈을 맺을 까닭이 뭐란 말이오?"

그의 말에 사람들 모두 아무 말도 못한 채 고개만 끄덕였다.

예로부터 중국인들은 혼인상대를 고를 때 꼭 가문부터 살펴보는 풍습이 있었다. 그러한 전통적 풍습과 봉건의식에 맞선 이우의 용기에 탄복하지 않을 수 없다. 귀한 가문의 자제일수록 나태하고 호강할 생각뿐이지만, 출신이 천하거나 어려움에 처해본 사람은 역경에서 벗어나기 위해 노력을 게을리 하지 않는다.

"아내를 얻으려면 그 가문이 나보다 못한 집 여자를 얻어라. 집안 배경이 나보다 못한 아내는 근검절약할 것이요, 내 딸이 상대보다 가문이 낮으면 시댁에 가서 모든 일에 조심하고 근엄하게 행할 것이다."

사마광(司馬光)이 남긴 이 말 역시 혼사에서 문벌을 따지는 풍습에 대한 도전이라 할 수 있다.

노예해방운동에 앞장선 링컨은 사생아였을 뿐만 아니라 출신도 비천한데다 추남이었으며, 말투나 행동거지도 촌스럽고 경박스러웠다. 그런 콤플렉스를 지식과 지혜로 바꾸겠다고 결심한 링컨은 필사적으로 자신의 나쁜 습성을 극복해내는 한편으로 많은 책을 읽었다. 촛불과 등불, 심지어 달빛이 반사되는 물빛을 빌려가면서까지 독서에 매진하다 보니 눈은 휑하니 꺼졌지만 결국에는 역대 미국 대통령 중에 가장 존경받는 인물로 남을 수 있었다. 베토벤도 마찬가지였다. 어린 시절부터 청각장애를 앓았던 그는 청력을 완전히 상실한 상태에서 「교향곡 제9장」을 완성해냈다. 그러니 '사람은 스스로를 도와야 한다'는 그의 좌우명이 길이 빛날 수밖에 없다.

이우가 보여준, 젊은이는 어려운 환경에서 성장하는 것이 미래를 위해 더 낫다는 메시지는 오늘날에도 여전히 유효한 명제이다.

# 인간의 잠재능력을 믿어라

> **原文** 魏武帝行役, 失汲道, 軍皆渴. 乃令曰: "前有大梅林, 饒子, 甘酸可以解渴." 士卒聞之, 口皆出水, 乘此得及前源.

위(魏)의 조조가 군사들을 이끌고 행군하다가 물을 보고도 그냥 지나치는 바람에 군사들 모두 갈증에 시달렸다. 이를 안 조조가 말했다.

"좀더 가면 매화나무가 무성한 곳에 이를 것이고, 그 새콤달콤한 매실을 따먹으면 갈증을 덜 수 있을 것이다."

그 말에 군사들 모두 입 안에 군침이 돌아, 멀리 있는 물가까지 갈증을 참고 행군할 수 있었다.

'망매지갈(望梅止渴)'이란 말은 이 이야기에서 비롯되었다. 조조는 인지심리를 교묘하게 이용해 군사들의 갈증을 덜어줄 수 있었다.

사람의 정신적 잠재능력을 활용한다면 기대 이상의 효과를 얻을 수 있다. '개도 막다른 골목에 이르면 담을 뛰어넘는다'는 속담이 있는데 하물며 인간임에랴. 나폴레옹도 이와 비슷한 수법으로 물에 빠진 부하를 구해낸 적이 있다.

하루는 나폴레옹이 말을 몰고 숲 속을 지나다가 어디서 사람 살려달라는 고함소리가 들려 달려가보니, 한 병사가 호수에 빠져 허우적거리고 있었다. 이미 기력이 다한 병사는 점점 더 물 속으로 잠겨들었고, 언덕 위에 있는 병사들은 물에 빠진 병사를 향해 소리만 칠 뿐 속수무책이었다.

나폴레옹이 언덕 위의 병사들에게 물었다.

"저 친구, 수영할 줄 모르는가?"

"수영은 조금 할 줄 알지만, 지금 상태로는 어려울 것 같습니다."

이에 나폴레옹은 두말없이 총을 빼들고는, 물 속의 병사를 향해 소리쳤다.

"나는 지금 프랑스 제1제국 황제로서 너에게 명하노라. 지금 당장 헤엄쳐 나오지 않는다면 총살해버릴 것이다."

그러고는 곧바로 물 속의 병사 바로 앞을 겨냥해 두 방을 쏘았다.

나폴레옹의 불같은 호령에다 코앞에 총탄까지 날아와 물방울을 튀기자 기겁한 병사는 어디서 갑자기 그런 힘이 솟구쳤는지 허겁지겁 언덕을 향해 헤엄치기 시작했다. 그리고 아주 잠깐 사이에 물가로 헤엄쳐 나온 병사가 거친 숨을 몰아쉬며 억울하다는 듯이 따졌다.

"폐하, 실수로 물에 빠져 거의 죽을 지경에 처한 저에게 어찌 총까지 쏠 수 있습니까?"

그러자 나폴레옹이 빙그레 웃으며 말했다.

"자네를 겁주느라 그랬던 것일세. 안 그랬다면 지금쯤 자넨 물귀신이 되어 있을 게 아닌가."

그 말에 병사들 모두 와르르 웃음을 터뜨렸고, 물에 빠졌던 병사는 나폴레옹의 사려 깊은 행동에 거듭 감사를 표했다. 나폴레옹은 그 병사의 잠재능력을 격발함으로써 이미 탈진에 이른 그를 구해낼 수 있었다.

어떤 난관에 봉착했을 때 너무 쉽게 포기하거나 지레 겁먹지 말고 자신의 능력을 믿어야 한다. 인간의 잠재능력은 무궁무진하다.

# 남의 힘과 이름을 빌린다

> **原文** 卓文君卽奔相如, 相如與馳歸成都, 家居徒四壁立. 卓王孫大怒, 不分一錢. 相如與文君謀, 乃複如臨邛, 盡賣其車騎, 置一酒舍沽酒. 而令文君當爐, 身自穿犢鼻褌, 與庸保雜作, 滌器市中. 王孫聞而恥之, 不得已, 分予文君僮百人、錢百萬. 乃複還成都爲富人.

 중국 전한 때의 문인 사마상여(司馬相如)는 대문호로 육조문학(六朝文學)에 큰 영향을 끼쳤고, 『자허부』라는 저서를 남겼다. 그런데 그와 관련된 이야기들 중 널리 알려지진 않았지만 가장 유명한 것이 탁문군(卓文君)과의 연애사건이다.

사마상여가 고향에서 곤궁에 처해 있을 때였다. 하루는 사천성의 부호 탁왕손(卓王孫)이 사마상여를 초대했는데, 그 자리에서 그는 탁왕손의 딸인 탁문군을 보고 연정을 품게 되어 함께 애정행각을 벌였다. 하지만 그들이 인사차 찾아갔을 때, 탁왕손은 몹시 화를 내며 땡전 한 푼 내주지 않았다. 하는 수 없이 두 사람은 다시 임공(臨邛)으로 돌아가 자신들의 유일한 재산인 말과 마차를 처분하여 선술집을 차렸다. 탁문군이 손님들에게 술을 팔고, 사마상여도 앞치마를 두르고 술시중과 설거지를 마다하지 않았다. 얼마 후 그 소식을 전해들은 탁왕손은 그들에게 어린 노복 100명과 100만 냥을 보내주었다. 덕분에 사마상여와 탁문군은 성도로 가서 부자 행세를 하며 살 수 있었다.

사마상여는 탁왕손과 같은 부호들이 무엇보다도 체면을 중시한다는 점을 알고 탁문군에게 술장사를 시켰다. 탁왕손은 자기 체면을 차리기 위해 부득불 도와줄 수밖에 없었고, 사마상여는 장인에게 구걸하지 않고도 원조를 받아낼 수 있었다. 하지만 이것은 공명정대한 방법이 아니므로 극찬할 바가 못 된다. 이와 비슷한 상황에서 사마상여보다 훨씬 더 현명한 방법을 찾아낸 미국의 화장품 왕 존슨에 관한 이야기가 있다.

1950년대 미국의 흑인 화장품시장은 프레이 화장품회사가 독점하고 있었다. 당시 이 회사의 판매원으로 일하고 있던 조지 존슨은 흑인 화장품회사를 차려 독립했는데, 겨우 500달러밖에 되지 않는 자산에다 직원도 세 명뿐이었다. 물론 그는 당장 프레이와 맞선다는 것은 도저히 불가능하다는 사실을 잘 알고 있었다.

일단 존슨은 자신이 갖고 있는 자본과 여력을 모두 쏟아부어 분말 크림을 생산했다. 그런 다음 제품을 들고 프레이 화장품회사의 사장실을 찾아갔다.

"한때 저는 당신의 부하직원이었지만, 지금은 조그만 회사를 꾸려가고 있습니다. 그런데 지난날 사장님의 은혜를 잊지 못해 이렇게 찾아왔습니다. 저희가 이번에 신제품을 만들게 되었는데요, 이번에 신제품을 광고하는 기회를 빌려 프레이 제품도 함께 광고할 생각입니다."

그 말에 프레이의 사장은 반신반의하는 표정으로 한동안 말이 없었다. 존슨이 다시 매우 겸손한 말투로 말했다.

"제품의 품질에는 전혀 문제가 없으니 안심하셔도 됩니다. 한 번의 광고로 저희 제품과 프레이 제품을 똑같이 홍보할 수 있을 뿐더러 저희도 손해볼 게 없고 프레이에게도 득이 될 테니 그야말로 일석이조 아니겠습니까?"

그 말에 일리가 있다고 생각한 프레이의 사장은 흔쾌히 존슨의 제안을 받아들였다.

그로부터 며칠 후, 존슨은 이런 광고를 냈다.

'프레이 화장품을 바른 뒤 존슨의 새 분말크림을 발라보세요. 뜻밖의 효과를 누리실 수 있을 것입니다.'

이 광고에 대해 그의 친구들과 동료들은 도무지 이해할 수 없다는 눈치였다. 그러잖아도 시장을 독점하다시피 하고 있는 프레이를 위해 왜 광고까지 해주느냐고 말이다.

그렇게 모두 의아해하자 존슨이 웃으며 말했다.

"그렇지, 프레이는 분명 지명도가 높은 브랜드야. 그것이야말로 지금 우리가 훨씬 더 유용하게 활용할 수 있는 무형의 자산이 아니겠는가? 지금은 존슨이라는 사람이 누군지 아무도 모르네. 하지만 내가 대통령 곁에 서서 '여기 이분이 대통령입니다. 저는 존슨이라 하고요' 한다면 내 이름이 금세 사람들에게 알려질 것 아닌가. 난 바로 이런 원리로 우리 화장품을 광고한 것일세. 머잖아 우리의 기반이 탄탄해지면 더 이상 남의 이름을 빌릴 필요도 없이 프레이 측과 한판 대결을 벌일 수 있을 것이네."

존슨의 광고 집행은 과연 엄청난 효과를 발휘했다. 신제품이 출시된 지 얼마 지나지 않아 소비자들은 큰 호감을 가졌고, 존슨은 파죽지세로 시장을 확대하는 한편 또 다른 상품들을 만들어냈다. 그뒤 불과 몇 년 만에 존슨은 화장품시장의 거물로 우뚝 섰고, 프레이에서 생산한 많은 제품들을 시장에서 밀어내는 데 성공했다. 그렇게 존슨앤드존슨은 미국 흑인 화장품시장을 석권할 수 있었다.

# 역발상의 즐거움

| 逆發想의 樂 |

항상 똑같은 길로 다니는 사람은 그 길밖에 알지 못하기 때문에 낯선 길로 들어서기를 두려워한다. 하지만 기존의 관습과 상식의 틀에서 과감히 벗어나지 못하면 자기 발전을 기대할 수 없다. 변화와 용기를 성장동력으로 삼아야 더 넓은 무대로 나아갈 수 있고, 더 강력한 경쟁상대와 일전을 벌이는 영광을 누릴 수 있다.

# 하나를 보면
# 또 하나를 알아야 한다

> 原文　紂爲長夜之飮而失日, 問其右, 盡不知也. 使問箕子, 箕子謂其徒曰: "爲天下主, 而一國皆失日, 天下共危矣! 一國皆不知, 而我獨知之, 吾其危矣!" 辭以醉而不知.

　　은(殷)나라 주왕(紂王)이 밤낮 없이 주색에 빠져 있다 보니 시간이 어떻게 흘러가는지도 몰랐다. 신하들에게 물어봐도 누구 하나 현재 시간을 알지 못했다. 주왕이 기자(箕子)에게 신하를 보내 시간을 알아오라고 하자, 기자가 자기 제자들에게 말했다.
　　"한 나라의 군주가 시일조차 잊고 있으니, 이는 세상 사람들 모두 위험해질 징조다! 세상 사람들 모두 시일을 모르고 있는데, 나 혼자만 알고 있다면 나 또한 위험해질 것인즉!"
　　그래서 기자는 술에 취한 척하며 자기도 시일을 모른다고 했다.

　　무도(無道)한 임금이 집정하는 무도한 세상을 '천취(天醉)'라고 한다. 하늘까지 취했는데 기자 혼자서 깨어 있을 이유가 없는 것이다.

기자에 비하면 굴원(屈原)은 너무도 강직한 사람이다. 굴원은 "세상 사람들 모두 취해 있어도 나 혼자만은 깨어 있노라"고 말했다. 기자와는 상반되는 성품인 것이다. 그러나 주왕이 시일을 잊고 사는 것을 보고 곧 나라가 망하리라 내다보았다는 점에서 기자 역시 사려 깊은 인물임에 틀림없다.

창조적인 사유는 높은 차원의 사유방식이며, 두뇌 발달의 고급한 표현 형태이다. 최근 들어 사람들은 오른쪽 두뇌 계발의 중요성을 깨닫고 있다. 지금껏 소홀히 해왔던 오른쪽 두뇌야말로 지능계발의 처녀지인 셈이다. 그리고 오른쪽 두뇌의 잠재력을 계발하고 창의력을 제고하는 방법들 중 가장 보편적인 것이 바로 연상(聯想)이다.

미국의 한 저명한 심리학자가 말했다.

"비즈니스의 성공 여부는 창조적인 사유능력에 달려 있다."

미국의 여러 대학 심리학계에 널리 알려져 있고 전문가와 학자들이 흔히 말하는 실례로, 두 전문가가 고양이를 사는 이야기가 있다. 이는 창조적인 사유능력 계발의 의의를 가장 잘 보여주고 있다.

한 엔지니어와 논리학자는 절친한 친구였는데, 두 사람은 함께 이집트에 가서 피라미드를 구경하기로 했다. 이집트에 도착한 어느 날, 논리학자는 호텔 방에서 평소처럼 여행일지를 쓰고 있었다. 그래서 엔지니어 혼자서 거리 구경을 나갔는데, 한 노파가 고양이를 판다는 소리를 듣고 발걸음을 멈추었다.

엔지니어가 소리나는 쪽으로 가보니 노파가 판다는 고양이는 검정색 인형이었는데, 가격이 500달러라고 쓰여 있었다. 왜 그렇게 비싸냐고 묻자, 노파는 대대로 물려받은 가보(家寶)인데 손자의 약값을 마련하려고 갑자기 처분하게 되었다는 것이었다. 엔지니어가 그 고양이를 들어보니 아주 묵직했는데, 무쇠로 만들어진 것 같았다. 그런데 놀랍게도 그 고양이의 눈알이 진주였다.

엔지니어는 즉시 노파에게 흥정을 붙였다.

"300달러 드릴 테니 두 눈알만 뽑아주지 않겠습니까?"

노파가 잠시 셈을 해보더니 그것도 괜찮다 싶은지 흔쾌히 그러자 했다. 엔지니어가 흐뭇해하며 호텔로 돌아가 논리학자 친구에게 자랑했다.

"내가 오늘 300달러에 큰 진주를 두 알이나 샀어!"

논리학자가 그 진주를 유심히 살펴보니, 적어도 수천 달러는 받을 수 있는 것이었다. 엔지니어에게 자초지종을 들은 다음 논리학자는 그 노파가 어디에 있느냐고 물었다.

"아까 내가 올 때까지는 그 자리에 앉아 있더군. 그 눈알 없는 고양이를 마저 팔려고 말이야."

논리학자는 그 즉시 노파를 찾아가 200달러를 주고 눈알 없는 고양이를 사왔다. 그러자 엔지니어가 비아냥거리며 말했다.

"참나, 눈알도 없는 무쇠 고양이를 200달러나 주고 사오다니!"

그러나 논리학자는 아무런 대꾸도 없이 그 고양이를 유심히 뜯어보다가 작은 칼로 고양이의 발가락을 살살 긁어보았다. 그러자 검은 칠 속에서 누런 황금빛이 비치는 것이었다. 논리학자가 몸을 벌떡 일으키며 외쳤다.

"내 짐작이 맞았어. 이건 순금으로 만든 고양이라고!"

그 고양이의 원주인은 황금의 정체가 드러날까봐 고양이 인형 바깥에 검은 칠을 해서 무쇠처럼 보이게 했던 것이다. 엔지니어는 속으로만 탄식할 수밖에 없었다.

이번엔 논리학자가 엔지니어 친구를 돌아보며 조롱하는 투로 말했다.

"자넨 매우 똑똑하지만, 예술적 사고력은 나보다 못한 것 같군. 사물을 전체적으로 분석하고 깊이 사고할 줄 모른단 말이지. 한번 생각해보게나. 고양이 눈알이 진주인데, 그 몸뚱이가 어찌 무쇠일 수 있단 말인가?"

이 이야기를 통해 우리는 창의력 없는 사고방식이 얼마나 큰 손실을 입히는지 알 수 있을 뿐더러 개인과 회사의 발전에도 엄청난 영향을 끼친다는 사실을 알 수 있다.

# 나무만 보지 말고
# 숲도 보라

陵州有鹽井, 深五十丈, 皆石作底, 用柏木爲幹, 上出井口, 垂縆而下, 方能得水. 歲久, 幹摧敗, 欲易之, 而陰氣騰上, 入者輒死. 唯天雨則氣隨以下, 稍能施工, 晴則亟止. 佐官陵州, 教工人用木盤貯水, 穴隙灑之, 如雨滴然, 謂之水盤. 如是累月, 井幹一新, 利複其舊.

  능주(陵州)에 그 깊이가 50장(丈)에 이르고 밑바닥은 모두 돌이며 자작나무로 벽을 세운 소금우물이 있었는데, 소금물을 얻으려면 사람이 직접 밧줄을 타고 내려가야 했다. 시간이 오래 지나다 보니 벽으로 세운 자작나무가 썩어서 새로 갈아야 했는데, 우물 안의 음기(陰氣)가 상승하여 사람이 내려가면 질식해 죽을 지경이었다. 비가 내릴 때라야 겨우 음기가 가라앉아 그럭저럭 공사를 할 수 있었지만, 비만 그치면 곧바로 공사를 중단해야 했다.

  이에 능주 부사 양좌(楊佐)는 좋은 방법을 생각해냈다. 그는 인부들을 시켜 커다란 나무쟁반에 물을 담아 들게 하고는, 그 나무쟁반에 난 구멍과 틈새로 물이 우물 안으로 흘러들게 했다. 그렇게 하자 정말 비가 내리는 것 같아서 사람들은 그 쟁반을 '물 쟁반'이라 불렀다. 그렇게 공사를 시작한 지 한 달 만에 우물 벽 전체를 새 자작나무로 바꿀 수 있었고, 백성들은 예전처럼 편리하게 사용할 수 있었다.

양좌는 힘든 상황을 유리한 조건으로 뒤바꿀 줄 아는 창조적인 지혜를 가졌다. 돌발사태로 위기에 놓이거나 손해를 입게 되는 경우, 원망만 하며 망연자실하지 말고 새로운 시각으로 연구하고 기회를 포착할 줄 알아야 한다.

하락세를 보이던 미국 경제는 9·11테러로 인해 설상가상 벼랑으로 치달았다. 게다가 2003년에 이라크 전쟁까지 치르다 보니 세계적인 유가 폭등은 엎친 데 덮친 격이 되었다. 이는 중국 경제에도 큰 충격이었다. 중국의 가장 큰 교역국인 미국 경제가 추락한다는 것은 중국의 대외무역이 위기에 이르렀음을 의미하는 것이었다.

이런 와중에도 왕중안(王仲安)은 더욱 바쁘게 해외출장을 다녔으며, 미국 측 파트너들과의 연락이 더욱 빈번해지고 무역 실적도 크게 늘어났다.

9·11테러에서 2003년 이라크 전쟁에 이르기까지, 경제학자와 기업들 모두 대미무역을 등한시하는 상황에서 왕중안은 그 표면적인 위기의 내면에 숨어 있는 중미무역의 비즈니스 기회를 포착했던 것이다.

왕중안이 분석한 바에 따르면, 미국 경제가 거듭되는 돌발사태의 충격으로 하락세인 건 분명하지만 오히려 그것은 미국과의 무역을 더욱 활성화시킬 수 있는 요소라는 것이었다. 그 이유를 살펴보면 양국의 무역거래를 살펴볼 때, 미국이 중국에 수출하는 것은 대부분 첨

단과학기술 제품인 데 반해 중국이 미국에 수출하는 것은 가공농산품이나 경공업 제품, 의류와 같은 일용품 위주였다. 또한 중국에서 수출하는 품목 중 대다수가 미국에서는 저렴한 상품군에 속한다는 것이다. 미국 경제가 하락세를 보임에 따라 사람들의 수입이 줄어들고 주식시장도 불안하다 보니 보통사람들의 소비심리가 위축되어 씀씀이가 줄어들 수밖에 없을 것이고, 저렴한 중국산 제품이 더욱 환영받을 것이 분명했다! 그래서 왕중안은 모두가 잔뜩 움츠리고 있을 때 과감하게 밀고 나가 큼직큼직한 거래들을 성사시켰다.

위기에 대처할 때 눈에 보이는 현상에 그치지 않고 그 내면에 숨어 있는 기회를 포착할 수 있는 사람이야말로 진정한 프로라 할 수 있다. 큰 상인과 작은 상인, 어리석은 자와 현명한 자의 차이가 여기에 있다.

# 대중의 심리를 주목하라

> **原文** 王丞相善於國事, 初渡江, 帑藏空竭, 唯有練數千端, 丞相與朝賢共制練布單衣. 一時士人翕然竟服, 練遂踊貴, 乃令主者賣之, 每端至一金.

왕도(王導)는 국사를 잘 다루기로 이름난 진(晉)의 승상이었다. 진나라가 단숨에 양자강을 넘어 제후국을 점령했을 때 국고는 텅 비었고 흰 비단 수천 필만 남아 있었다. 이에 왕도는 여러 대신들과 함께 흰 비단으로 옷을 만들어 입고 다녔다. 그러자 선비와 백성들 사이에서도 흰 비단으로 옷을 만들어 입는 게 유행했는데, 그 바람에 비단 값이 껑충 뛰었다. 그제야 때가 되었다고 판단한 왕도는 나라창고를 열어 비단을 내다 팔았는데, 한 필에 황금 열 냥까지 받았다.

왕도는 사람들이 유명인을 잘 따르는 심리를 이용해 나라 재정의 어려움을 해결했다. 오늘날의 비즈니스에서도 이와 비슷한 방식으로 성공의 기회를 포착한 예가 아주 많다.
9·11테러 이후, 미국 코네티컷 주의 한 장난감회사에서는 미국인

들이 9·11테러의 배후인물로 알려진 빈 라덴을 증오하는 심리를 이용해 '빈 라덴 인형'을 만들어냈다. 터번을 쓴 인형의 머리를 때리면 영어로 "살려달라"고 애걸복걸하는 장난감이었는데, 수많은 사람들이 분풀이 삼아 구매했다.

이어 그 회사에서는 2003년 이라크 전쟁이 끝나자 '사하브 인형'을 만들어냈다. 크기가 25센티미터인 이 인형은 전 이라크 대변인인 사하브를 본떠 만든 것이었다. 유니폼을 입고 남색 군모를 삐딱하게 쓴 인형의 등을 누르면 "단 한 명의 미국놈이라도 함부로 바그다드에 들어왔다간 살아서 나가지 못할 것이다"라는 사하브의 목소리가 나오는데, 그것이 너무나 우스꽝스러웠다. 값이 36달러나 되었지만 인형을 사가려는 사람들이 줄을 이었다. 장난감회사가 큰돈을 벌 수 있었던 건 말할 필요도 없다.

기회는 어디에든 있다. 하지만 그것을 발견하고 효과적으로 이용해 성공을 거두기란 쉽지 않다.

# 원칙을 지키고 남을 배려한다

**原文** 陶侃母湛氏, 豫章新淦人. 初侃父聘為妾, 生侃, 而陶氏貧賤, 湛每紡績貲給之, 使結結勝己. 侃少為潯陽縣吏, 嘗監魚梁, 以一封鮓遺母. 湛還鮓, 以書責侃曰: "爾為吏, 以官物遺我, 非唯不能益我, 乃以增吾憂矣."

도간(陶侃)의 생모 담씨(湛氏)는 예장(豫章) 신감(新淦) 사람으로, 첩으로 들어와 도간을 낳았는데 당시 도씨네 살림살이가 말이 아니었다. 담씨는 천을 짜 생계를 꾸리면서도 도간에게는 자기보다 나은 친구들을 사귀라고 했다.

어느덧 도간이 자라 맨 처음으로 순양(潯陽) 현리(縣吏)를 맡았는데, 어부들을 관리하는 자리였으므로 어머니께 절인 물고기 한 단지를 보냈다. 그런데 담씨는 그것을 아들에게 돌려보내면서 편지로 꾸짖었다.

'일개 현리로 사사로이 관아의 물건을 빼돌린다면 내게 보탬은 고사하고 오히려 걱정만 늘게 될 것이니라.'

도간이 진(晉)나라의 명장으로 이름을 떨치기까지는 그 어머니의 공이 컸다. 요즘 세상의 탐관오리들이 담씨의 강직함을 알게 된다면 무슨 생각을 할까 궁금해진다.

　도간의 어머니 담씨나 맹자의 어머니는 역사에 이름을 남길 만한 훌륭한 어머니이다. 그런 어머니가 있었기에 그 아들도 강직하고 쓸모 있는 인재가 되었던 것이다.

　훌륭한 인재가 되려면 먼저 성실하고 신용을 지킬 줄 알아야 하며 남을 배려할 줄 알아야 한다.

　중일전쟁 때 중경에 정박하고 있던 미국 해군 함정 타투이라호에 라이더 소위가 타고 있었다. 하루는 배 위에서 제비뽑기 같은 '물건을 보여주지 않는 경매'가 열렸다. 경매를 시작한 사람은 장난기가 심하기로 소문난 장사치였다. 그가 맨 처음 밀봉한 나무상자를 경매에 붙인다고 하자 사람들은 그 안에 돌덩이가 가득 차 있을 거라 짐작하고 아무런 관심도 보이지 않았다. 바로 이때 라이더가 손을 번쩍 들고 '30달러'를 외쳤고, 상인은 기다렸던 듯이 30달러에 낙찰되었다고 선포했다.

　그런데 나무상자를 열어보니 위스키가 두 박스나 들어 있었다. 그 당시 위스키는 중경에서 매우 구하기 힘든 술이었다. 뒤늦게 사람들이 우르르 몰려들더니 위스키 한 병을 30달러에 팔라고 아우성이었다. 그러나 라이더는 얼마 후 자신이 전근할 때 쓸 거라며 거절했다.

　그 즈음 소설가 헤밍웨이도 중경에 머물고 있었는데, 그 경매 소문을 듣고 술 생각이 간절했던 그는 타투이라호로 직접 찾아와 라이더에게 부탁했다.

　"당신한테 귀한 술 두 박스가 있다고 들었는데, 내게 여섯 병만 파시오. 얼마면 되겠소?"

라이더가 팔 수 없다고 하자 헤밍웨이는 호주머니에서 지폐 한 묶음을 꺼내들고 말했다.

"여섯 병만 주시오. 돈은 얼마든지 드릴 테니."

라이더가 한참 고민하는 듯하더니 말했다.

"그럼 이렇게 합시다. 위스키 여섯 병을 드릴 테니 나에게 소설 창작 지도를 여섯 번 해주시오. 나도 작가가 될 수 있게 말입니다."

헤밍웨이가 시무룩하니 웃으며 말했다.

"이보쇼, 형씨. 난 수년간 노력하고 나서야 이 일을 할 수 있게 된 거요. 거참, 술값치곤 꽤나 비싼데, 좋소! 그렇게 합시다, 뭐!"

라이더는 그제야 만족스러운 듯 위스키 여섯 병을 헤밍웨이에게 건네주었다.

그로부터 5일 동안 헤밍웨이는 약속대로 매일 한 번씩 라이더에게 창작 지도를 해주었다. 위스키 여섯 병으로 미국에서 가장 유명한 작가의 개인지도를 받게 된 라이더는 당연히 더없는 행운이라고 생각했다.

한번은 헤밍웨이가 눈을 슴벅거리며 라이더에게 물었다.

"당신은 정말 머리가 좋은 장사꾼이오. 그동안 혼자서 몇 병 정도는 비웠겠지?"

라이더가 정색을 하며 대답했다.

"단 한 병도 안 건드렸어요. 뒀다가 송별주로 써야 하니까."

그러던 중 헤밍웨이가 예상보다 일찍 중경을 떠나게 되었고, 라이더가 비행장까지 배웅을 나왔다. 헤밍웨이가 미소를 지으며 말했다.

"아직 내가 당신에게 한 번 더 창작 지도를 해줘야 한다는 걸 잊지 않고 있소. 지금 그 여섯 번째 지도를 하도록 하지. 한 사람을 묘사하기에 앞서 먼저 자기 자신을 수양 있는 사람으로 만들어야 하오. 첫째로는 동정심이 있어야 하고, 둘째로는 강한 것에 부드럽게 대처할 줄 알아야 하오. 그리고 절대로 불행한 사람을 비웃지 말아야 하고."

라이더가 물었다.

"그게 소설 쓰는 거랑 무슨 상관이죠?"

헤밍웨이가 한 글자, 한 글자 또박또박 말했다.

"당신 삶에서 가장 중요한 부분이지."

말을 마치고 비행기 쪽으로 걸어가던 헤밍웨이가 갑자기 몸을 돌려 큰 소리로 말했다.

"이보게, 형씨. 당신 송별회 초대장을 돌리기 전에 보관해두고 있는 위스키를 맛 좀 보는 게 좋을 거요! 안녕, 친구!"

무슨 소린지 영문을 알 수 없었던 라이더는 숙소로 돌아오자마자 위스키를 한 병, 한 병 따보았다. 그런데 모두 맹물이었다! 그제야 라이더는 헤밍웨이가 진작부터 이 사실을 알고 있으면서도 말 한마디 하지 않고, 조롱하지도 않고, 끝까지 약속을 지켰다는 사실을 알게 되었다. 그리고 헤밍웨이가 왜 여섯 번째 창작 지도에서 자기에게 수양 있는 사람이 되라고 했는지도 알 수 있었다.

고룡(古龍)의 소설 『절대쌍교(絶代雙驕)』를 보면 악인곡(惡人谷)이라는 계곡에 '손인불이기(損人不利己)'라는 악인이 있는데, 그 종말이 아주 비극적이다. 다른 사람들이 사기를 당하거나 불행해졌을 때, 당신은 어떤 마음가짐을 가질 것인가?

# 나를 알아주는 사람은
# 누구인가?

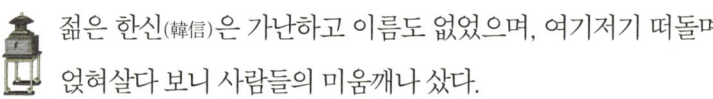

韓信始爲布衣時, 貧無行, 嘗從人寄食, 人多厭之. 嘗就南昌亭長食數月, 亭長妻患之, 乃晨炊蓐食, 食時信往, 不爲具食. 信覺其意, 竟絶去. 信釣於城下, 諸母漂, 有一母見信饑, 飯信, 竟漂數十日. 信喜, 謂漂母曰: "吾必有以重報母!" 母怒曰: "大丈夫不能自食, 吾哀王孫而進食, 豈望報乎!" 信旣貴, 酬以千金.

젊은 한신(韓信)은 가난하고 이름도 없었으며, 여기저기 떠돌며 얹혀살다 보니 사람들의 미움깨나 샀다.

그가 남창(南昌) 정장(亭長) 집에 몇 달째 머물고 있을 때였다. 한신을 눈엣가시처럼 여기던 정장의 아내는 일찌감치 아침을 챙겨먹으면서도 한신에게는 밥을 주지 않았다. 그 속내를 빤히 들여다본 한신은 그 집을 나오고 말았다.

그가 주린 창자를 달래며 강가에서 낚시를 하고 있을 때 마침 강가에는 아낙들이 빨래를 하고 있었다. 그 중 늙수그레한 아낙이 한신이 배고파하는 것을 눈치채고 음식을 갖다주었다. 그후로도 그녀는 거의 매일 빨래를 하러 나왔는데, 그때마다 한신에게 끼니를 날라다주었다. 한신이 고마워하며 그 아낙에게 말했다.

"장차 반드시 이 은혜에 보답할 것입니다!"

그러자 아낙은 상냥하게 웃으며 말했다.

"사내대장부가 끼니도 변변히 챙겨먹지 못하는 게 불쌍해서 이러는 거지, 무슨 보답 같은 걸 바라는 건 아니라오."

훗날 한신은 출세하여 그 아낙에게 천금을 주어 보답했다.

걸출한 영웅 한신도 출세하기 전에는 그 자질을 알아주는 사람이 드물었다. 항우(項羽)가 받아주지 않자 유방을 찾아갔지만 유방 역시 한신을 중용하려 하지 않았다. 만약 소하(蕭何)가 달밤에 한신을 붙잡지 않았다면 유방은 명장 하나 얻을 기회를 놓쳤을 것이고, 한나라의 역사도 고쳐 써야 했을 것이다. 이처럼 철저히 소외되고 처지가 어려울 때 한신을 돌봐준 아낙 역시 소하 못지않은 혜안을 지녔다고 할 수 있다. 한신의 고향인 회음(淮陰)에 가면 '표모사(漂母祠)'라는 글이 있는데 이렇게 적혀 있다.

'세간의 수많은 인물들이 다녀갔겠으나 그 기재를 발견한 사람은 오직 부인뿐이더라.'

늙은 아낙의 현명함은 한신의 자존심을 세워주고 분발하게 해준 원동력이 되었다. 아무리 뛰어난 천재라도 자기 자신을 제대로 알 수는 없다.

인류가 낳은 최고의 물리학자 아인슈타인은 어린 시절 심한 장난꾸러기였다. 어머니가 아무리 타이르고 꾸짖어도 그는 아랑곳하지 않았다.

그가 열여섯 살이 되던 해의 어느 가을날이었다. 친구들과 어울려

낚시를 하러 가려는 아들을 아버지가 불러세웠다. 그러고는 이런 이야기를 들려주었는데, 그것이 아인슈타인의 일생을 완전히 뒤바꿔놓았다.

"어제 난 이웃집 잭 아저씨와 공장 굴뚝을 청소하러 갔단다. 굴뚝에 올라가려면 굴뚝 안쪽에 설치된 사다리를 타야 했는데, 잭 아저씨가 앞에 서고 내가 그 뒤를 따라갔지. 일을 마치고 내려올 때도 잭 아저씨가 먼저 내려오고 난 뒤따라 내려왔는데, 굴뚝에서 나와보니 참 희한한 일이 있었단다. 잭 아저씨는 등이며 얼굴에 온통 검댕이가 묻어 있었는데, 내 옷은 말짱했지. 잭 아저씨를 본 난 내 꼴도 그럴 거라 생각하고 냇물에 가서 한참을 씻었단다. 그런데 잭 아저씨는 굴뚝에서 나오는 내가 말짱하니까 자기도 그럴 거라고 생각했는지 대충 씻는 시늉만 하고 앞장서 집으로 향했지. 그러자 길을 가던 사람들 모두 그 해괴한 몰골에 어디가 모자란 사람인 줄 알고 배를 끌어안고 웃어대지 않겠니?"

그 이야기에 아인슈타인도 한참 동안 깔깔대며 웃었다. 아들의 웃음이 그치기를 기다려 아버지가 타이르듯 말했다.

"세상 어느 누구도 너의 거울이 되어줄 수는 없다. 오로지 너 자신만이 너의 거울이다. 다른 사람을 자기 거울로 삼았다간 흡사 바보가 자신을 천재로 착각하는 꼴이 될 수도 있는 것이지."

그 말에 아인슈타인은 몹시 부끄러워 고개를 떨구었다.

그때부터 아인슈타인은 장난꾸러기 친구들을 멀리하고 수시로 자기 행동을 되돌아보고 심사숙고하여, 마침내 인류 역사에 큰 영향을 끼치는 인물이 되었다.

# 자기 능력을 믿고
# 조급해하지 마라

嵇康從孫登遊三年, 問終不答. 康將別, 曰: "先生竟無言耶?" 登乃曰: "子識火乎? 生而有光, 而不用其光, 果然在於用光; 人生有才, 而不用其才, 果然在於用才. 故用光在乎得薪, 所以保其曜; 用才在乎識物, 所以全其年. 今子才多識寡, 難乎免於今之世矣!" 康不能用, 卒死呂安之難.

혜강(嵇康)이 손등(孫登)을 만나 스승으로 모시며 3년 동안 따라다녔지만, 어떤 질문을 던져도 손등은 침묵만 지킬 뿐 아무것도 가르쳐주지 않았다. 하는 수 없이 작별인사를 하면서 혜강이 마지막으로 물었다.

"스승님, 정말 그렇게도 저한테 하실 말씀이 없으셨습니까?"

손등이 마지못해 입을 열었다.

"자네, 불을 아는가? 불이 타오를 땐 빛을 내게 되지. 그런데 그 불빛을 이용하지 않으면 낭비될 뿐이네. 사람은 누구나 자기 나름의 재능이 있지만, 올바로 써주는 이가 없으면 그 역시 낭비되는 것과 마찬가지지. 한마디로, 불빛이 자기 구실을 하자면 그 불빛을 일으켜줄 땔감이 필요하단 말일세. 또한 사람도 재능을 충분히 발휘하려면 그 재능을 알아주는 이를 만나야 좋은 결과가 뒤따르는 법이지. 지금 자넨 자질이 뛰어나지만 그것을 알아주는 이가 없으니 요즘 같은 세월에 자네 재능을 발휘할 수 없는 것이 안타까울 뿐이네!"

　손등의 예언대로 혜강은 누구에게도 중용되지 못한 채 끝내 친구 여안(呂安)이 일으킨 사건에 말려들어 요절하고 말았다.

　혜강은 위(魏)나라의 시인으로, 죽림칠현(竹林七賢) 가운데 한 사람이었다. 혜강의 요절은 손등의 견해가 적중했음을 증명해준다. 하지만 이런 일은 과거의 암흑기에나 통했던 이야기다. 한치 앞을 내다볼 수 없는 격변의 시대인 현대 사회에서 자기 인격과 결백을 고수하다가는 천리마가 백락(伯樂)을 만나지 못한 것처럼 재능을 갖고도 발휘할 수 없는 궁지에 몰리기 십상이다. 현대 사회에서도 이와 같이 불공평한 현상이 없다고 할 순 없지만, 진정 재능이 있고 노력을 게을리 하지 않는다면 언젠가 빛을 발하게 마련이다.

　미국에 전 재산을 털어도 정장 한 벌 사지 못할 정도로 찢어지게 가난한 청년이 있었다. 그런 상황에서도 청년은 스타가 되겠다는 꿈을 한시도 잊지 않고 있었다.

　당시 할리우드에는 500여 개의 영화사가 있었는데, 청년은 자기가 쓴 시나리오를 들고 야심에 찬 발걸음으로 한 곳, 두 곳을 찾아다니기 시작했다. 그런데 아무도 그를 주목하지 않았다. 그렇다고 이대로 주저앉을 순 없다고 생각한 청년은 이를 악물고 다른 영화사를 계속 찾아갔다.

　그가 349번째 영화사를 방문했을 때였다. 뜻밖에도 사장이 시나리

오를 두고 가라고 했다. 그리고 며칠 후에는 한번 만나자는 연락이 날 아들었다.

　청년의 시나리오를 마음에 들어한 영화사 사장은 그 청년을 주인공으로 영화를 찍기로 계약했다. 그 영화가 바로「록키」였고, 그 청년은 '실베스터 스탤론'으로「록키」와 함께 영화사의 한 페이지를 장식하게 되었다.

## 28

# 언제나
# 진심은 통한다

**原文** 裴寬嘗為潤參軍. 時刺史韋詵為女擇婿, 未得, 會休日登樓, 見有所瘞於後
圃者, 訪其人, 曰: "此裴參軍也. 義不以苞苴污家. 適有人餉鹿脯, 致而去,
不敢自欺, 故瘞之耳." 詵嗟異, 遂妻以女. 婚日, 詵幃其女, 使觀之. 寬瘠而長,
時衣碧, 族人皆笑呼為 "碧鸛". 詵曰: "愛其女, 必以為賢公侯妻, 可貌求人乎?"
寬後歷禮部尚書, 有聲.

당나라 때 배관(裴寬)은 윤주(潤州) 참군(參軍)을 지내고 있었다. 그 무렵 윤주 자사 위선(韋詵)은 오랫동안 사윗감을 물색했지만 마땅한 사람을 찾지 못해 무척 초조해하고 있었다.

그러던 어느 날 위선이 누각에 올라 아래를 굽어보고 있는데, 누군가 뒤뜰에다 뭔가를 파묻고 있었다. 사람을 보내 연유를 알아오라 했더니 한참 만에 돌아온 수하가 말했다.

"배 참군이라고, 너무 청렴한 사람이라 도무지 뇌물 같은 걸 받을 줄 모른답니다. 조금 전에 누가 사슴고기를 갖고 와서 그냥 두고 돌아갔는데, 그걸 가만히 놔둘 수가 없어서 저렇게 뒤뜰에 묻고 있답니다."

그 말에 위선은 놀랍다는 듯 경탄하더니 급기야 배관을 불러 자기 사위가 되어달라고 청했다.

어느덧 혼인날이 되어 배관이 의관정장을 했는데, 구경꾼들은 비쩍 마르고 키가 껑충한 배관이 쪽빛 도포를 걸쳤다 하여 '벽학(碧鶴)'이라는 별명을 붙여주었다.

그러자 위선이 말했다.

"진정 딸아이를 아낀다면 어질고 착한 사람에게 시집보내는 것이 부모의 도리 아니겠소. 어찌 사람을 용모만 보고 판단한단 말이오."

훗날 배관은 예부상서(禮部尙書)까지 올랐는데, 그 명성이 후대에 널리 전해졌다.

위선은 배관이 비록 지위가 낮고 용모도 볼품없었지만 그 마음가짐을 높이 여겨 사위로 삼았다. 사람은 그 마음가짐을 바르게 해야 때를 만나도 빛을 낼 수 있다.

20세기 초, 영국의 농부 플레밍은 평소처럼 밭일을 하고 있었는데 가까운 소택지(沼澤池)에서 비명소리가 들려왔다. 플레밍이 황급히 소리나는 쪽으로 달려가보니 어린아이가 늪에 빠져 허우적거리고 있었다. 그는 앞뒤 가릴 겨를도 없이 늪으로 뛰어들어 아이를 구해냈다.

그런데 그 이튿날, 고급 승용차가 플레밍이 일하는 밭머리에 나타났다. 그러고는 풍채 좋은 귀족이 차에서 내리더니 어제 구해준 아이가 자기 아들이라며 그에게 인사를 해왔다. 이에 그는 당연한 일을 했을 뿐이라며 겸손하게 말했다.

"제 아들 목숨을 구해주셨으니, 후한 사례를 해드리고 싶습니다."

"마땅히 해야 할 일을 했을 뿐인데 사례금이라뇨? 그런 말씀 마십시오."

 농부가 연신 손을 내저으며 사양하는데, 때마침 그의 아들이 나타났다.

 "아드님입니까?"

 "예, 그렇습니다만."

 "그럼 제안 하나 합시다. 댁의 아드님을 저한테 맡겨주십시오. 최상의 교육을 받을 수 있도록 하겠습니다. 선생의 훌륭한 성품을 닮은 아이라면 장차 이 사회를 위해 꼭 쓸모 있는 인재가 될 것입니다."

 농부는 더 이상 사양할 수 없어 그 제안을 받아들였다.

 어느새 세월은 꿈같이 흘러 농부의 아들은 의과대학을 졸업하고 유명한 의사가 되었다.

 그런데 얼마 후 귀족의 아들이 갑작스레 폐렴을 앓게 되었는데 페니실린 주사를 맞고 나았다. 그 귀족의 아들이 바로 제2차 세계대전 당시 영국의 총리 윈스턴 처칠이었다. 그리고 농부의 아들은 페니실린을 발명한 알렉산더 플레밍이었다.

 이렇게 선행을 계기로 맺어진 우연한 인연이 역사에 길이 남을 두 거인을 만들어냈으며, 또 한편으로는 이 두 거인이 세계 역사를 바꿔놓았다고 말할 수도 있다.

# 핵심을 꿰뚫어
# 상대를 제압한다

> 原文
> 南昌祝守以廉能名. 寧府有鶴, 為民犬咋死, 府卒訟之云:"鶴帶金牌, 乃出禦賜!" 祝公判云:"鶴帶金牌, 犬不識字. 禽獸相傷, 豈幹人事!" 竟縱其人. 又兩家牛鬪, 一牛死. 判云:"兩牛相鬪, 一死一生. 死者同享, 生者同耕."

　　남창(南昌)의 축(祝) 지부는 청렴함과 현명함으로 명성이 자자했다. 한번은 영부(寧府)에서 기르던 학 한 마리가 동네 개한테 물려 죽었다. 그러자 '학의 주인'이라는 권세가가 관아를 찾아와 상소했다.

"그 학은 황제께서 하사한 것으로 금패까지 걸고 있었습니다!"

이에 축 지부가 물었다.

"글을 모르는 개가 어찌 금패를 알아볼 수 있었겠는가? 그리고 날짐승과 축생이 싸우든 말든, 그게 사람하고 무슨 상관이란 말이냐?"

그러고는 개 주인을 무죄방면했다.

또 한번은 소 두 마리가 서로 싸우다가 한 마리가 죽자 소 주인들이 관아까지 찾아와 시비를 가려달라고 했는데, 축 지부는 이렇게 판결했다.

"소끼리 싸우다 죽고 살고 하는 건 흔한 일이거늘 웬 소란인가? 죽은 소는 잡아서 그 고기를 두 집에서 고루 나눠 갖고, 산 놈은 두 집에서 함께 부리도록 하라."

축 지부는 판결에서, 특히 학이 개한테 물려 죽은 사건을 판결할 때 권세가의 공갈을 무시해버리고 공정한 판결을 내렸다. 문제의 핵심을 간파하고 틀어쥐는 것이 논쟁을 승리로 이끄는 관건이다. 그 관건을 잘 이용하면 절대 패하지 않는다.

1930년대 중반, 홍콩의 무융(茂隆) 피혁공장은 제품의 질이 좋고 가격도 저렴하여 장사가 잘 되었다. 그러자 영국 상인 윌스는 질투심이 일었다. 뭔가 트집을 잡아 사기를 치기로 마음먹은 윌스는 그 공장을 찾아가 서류가방 3,000개를 주문했다. 그 가격은 당시 돈으로 자그마치 20만 원(위안)에 달했다. 계약서에는 주문한 제품을 한 달 안에 모두 납품하되, 납품 기일이 지나거나 품질에 문제가 생길 경우 공장이 물건값의 50퍼센트를 배상해야 한다고 되어 있었다.

어느새 약속대로 제품을 납품하는 날이 되었다. 그런데 윌스는 엉뚱하게도 서류가방 안쪽에 나무를 재료로 썼다며, 계약서에 표시된 '가죽가방'에 부합되지 않는다는 이유로 배상금을 요구하는 상소를 법원에 제출했다.

이에 법원에서는 윌스의 주장을 받아들여 무융 공장 사장을 사기죄로 판결하려 했다. 그런데 이때 피고 측 변호를 맡고 있던 나문금(羅文錦)이 금시계 하나를 들어 보이며 판사에게 물었다.

"판사님, 이게 무슨 시계인 줄 아시겠습니까?"

판사가 그 시계를 받아보고 나서 말했다.

"이건 영국 런던에서 만든 금시계입니다. 하지만 이번 사건과는 무관한 것입니다."

그러자 나문금이 금시계를 높이 치켜들고 방청객을 향해 말했다.

"보시다시피 이 시계가 금시계라는 건 아무도 부정하지 못할 것입니다. 하지만 금시계라고 그 안의 부속품까지 모두 금이어야 하는 겁니까?"

물론 방청객들은 아니라고 대답했다. 그제야 판사는 자신이 잘못 걸려들었다는 것을 알았지만, 때는 이미 늦었다. 나문금이 판사를 똑바로 쳐다보며 또박또박 말했다.

"금시계 안의 부속품들은 분명 금으로 되어 있지 않지만, 다들 금시계라고 합니다. 그렇다면 무웅 피혁공장이 서류가방 안에 나무 재료를 썼다고 가죽가방이 아니라고 주장하는 원고는 분명 생트집을 잡고 있는 것이 아니겠습니까?"

대답이 궁해진 판사는 곧 피고에게 무죄판결을 내릴 수밖에 없었다.

변호사 나문금은 사건에서 가장 핵심이 되는 사항을 파악하고 상대를 제압해버린 것이다. 이 이야기는 오늘날까지도 법조계에서 자주 회자되는 선례로 남아 있다.

# 30

# 속임수를 마다하면
# 승리와 멀어진다

> **原文** 楚, 漢久相持未決. 項羽謂王曰: "天下洶洶, 徒以我兩人, 願與王挑戰決雌雄, 毋徒罷天下父子 為也!" 漢王笑謝曰: "吾寧鬪智, 不能鬪力!" 項王乃約漢王相與臨廣武間而語. 漢王數羽罪十, 項王大怒, 伏弩射中漢王. 漢王傷胸, 乃捫足曰: "虜中吾指!" 漢王病創臥, 張良強起行勞軍, 以安士卒, 毋令楚乘勝於漢. 漢王出行軍, 病甚, 因馳入成皐.

초(楚)나라와 한(漢)나라 양군이 성고(成皐)에서 오랫동안 접전을 벌여도 승부가 나지 않자, 항우가 한왕(漢王) 유방에게 말했다.

"우리 두 사람 때문에 온 천하가 불안에 떨고 있다. 이럴 것이 아니라 우리 사내답게 1 대 1로 겨루어 승부를 가르는 것이 어떤가?"

유방이 웃으며 말을 받았다.

"난 당신과 지혜를 겨루면 겨뤘지, 미련하게 뚝심을 겨루진 않겠네."

이윽고 두 사람은 임광무간(臨廣武間)에서 만나 대화하기로 했는데, 유방이 항우가 저지른 죄목을 수십 건이나 열거하자 화가 치민 항우는 매복해둔 궁수들에게 활을 쏘라 명했다. 가슴에 화살을 맞은 유방이 몸을 웅크리며 발을 싸쥐고 말했다.

"놈들이 내 발가락을 쏴 맞혔군."

화살을 맞은 유방이 병석에 누워 있는데, 장량(張良)이 찾아와 주군을 염려하며 말했다. 군사들을 안심시키고, 항우가 기회를 틈타 진격해오는 것을 막기 위해서는 친히 군사들 앞에 나가 검열을 해야 한다고 말이다. 유방이 장량의 권유를 뿌리치지 못해 밖으로 나가 군사들을 위로해주었는데, 병세가 악화되어 다시 성고에 들어갔다.

일개 건달 출신인 유방이 한(漢) 제국의 황제로 등극할 수 있었던 것은 결코 우연이 아니다. 이처럼 교묘한 임기응변술을 병법에서는 병불염사(兵不厭詐), 즉 '속임수를 마다하는 군사(軍事)는 없다'고 한다.

전쟁은 잔혹하다. 자칫 사소한 실수나 오판의 대가로 목숨을 내놓아야 한다. 그래서 전장에서 허실(虛實)은 매우 중요하다. 제2차 세계대전 당시, 모략에 관한 일화가 있다.

1941년 11월 초, 영국 제8사단은 독일군이 리비아와 이집트 국경에 구축한 방어선을 뚫기 위해 공격 준비를 하고 있었다. 그 작전에서 보급은 가장 핵심적인 사안이었다. 제8사단은 그 인적 없는 사막에 휘발유와 탄약, 중화기 등의 전쟁물자를 원활하게 보급하기 위해 대형 철제 보급기지를 세웠다.

그리고 독일군의 폭격을 피하기 위해 그곳에서 얼마 떨어지지 않은 곳에 가짜 보급기지를 세웠다. 그런 다음 진짜 보급기지와 가짜 보급기지 사이에 가짜 철길을 가설하고, 그 위에 기차 차량과 유조탱크 등을 줄지어 세워놓고 수시로 위치를 바꿔가며 수송이 빈번한 것처럼 꾸몄다. 또 다른 곳에는 여러 대의 지프차와 장갑차, 탱크 같은 장비를 질서정연하게 세워놓고 그 위치를 자주 바꾸어 활발하게 운송되는 것처럼 보이게 했다. 하지만 그것들 모두 연통을 얹어놓고 밤낮으로 시동을 걸고 있는 것처럼 꾸며놓은 모형에 불과했다. 물론 가끔씩은 진짜 차량이 기지 내에서 움직이기도 했다. 게다가 더욱 신빙성 있게 보이려고 기지 주변에 고사포 연대까지 배치해놓았다.

그러자 과연 가짜 기지 상공을 몇 바퀴 돌던 독일군 정찰기가 그곳을 진짜 보급기지로 알고 폭격기를 동원해 수차례에 걸쳐 폭격을 퍼부었다. 영국군은 그렇게 성공적으로 진짜 보급기지를 엄호하고 보급품 수송을 사수함으로써 독일군을 물리치는 데 결정적인 역할을 했다.

# 반대로 말하여
# 설득하고 홍보한다

**原文** 景公有馬, 其圉人殺之. 公怒, 援戈將自擊之. 晏子曰: "此不知其罪而死. 臣為君數之." 公曰: "諾." 晏子舉戈臨之曰: "汝為我君養馬而殺之, 而罪當死! 汝使吾君以馬之故殺圉人, 而罪又當死! 汝使吾君以馬故 殺圉人, 聞於四鄰諸侯, 而罪又當死!" 公曰: "夫子釋之, 勿傷吾仁也!"
后唐庄宗獵於中牟, 踐蹂民田. 中牟令當馬而諫. 莊宗大怒, 命叱去斬之. 伶人敬新磨, 率諸伶走追其令, 擒至馬前, 數之曰: "汝為縣令, 獨不聞天子好田獵乎? 奈何縱民稼墻, 以供歲賦? 何不飢餓汝民, 空此田地, 待天子馳逐? 汝罪當死! 亟請行刑!" 諸伶復唱和. 於是庄宗大笑, 赦之.

제(齊)나라 경공(景公)이 평소에 자기가 무척이나 아끼던 말이 말몰이꾼의 실수로 죽자 크게 노하여 검을 빼들고 말몰이꾼을 죽이려 했다. 이때 안자(晏子)가 황급히 앞으로 나서며 말했다.

"그냥 죽여버리면 저자는 자신이 무슨 죄로 죽는지도 모를 것이니, 신이 대신 죄명이나 알려주는 것이 어떻겠습니까?"

"그렇긴 하군."

그러자 이번엔 안자가 검을 빼들고 말몰이꾼을 향해 말했다.

"폐하께서 너에게 말을 돌보라 했거늘 죽게 했으니, 그 죄는 죽어

마땅하다! 그리고 폐하로 하여금 말 한 마리 때문에 그 말몰이꾼을 살해하게 했으니, 그 죄는 열 번 죽어 마땅하다! 더욱이 말 한 마리의 죽음으로 인해 말몰이꾼을 죽였다는 나쁜 소문이 제후들 귀에까지 전해지게 되었으니, 그 죄 또한 백 번 죽어 마땅한고로……!"
 제 경공이 안자의 말을 가로막으며 말했다.
 "그만 풀어주도록 하게. 괜히 내 명성만 나빠지게 하지 말고!"

 후당(后唐) 장종(庄宗)이 중모(中牟)에서 사냥을 하느라 백성들의 논밭을 마구 짓밟아놓자 중모 현령(縣令)이 나와 일행을 가로막아 섰다. 이에 크게 노한 장종이 군사들에게 당장 현령을 끌고 가 목을 베라고 명했다. 그 소식을 들은 광대 경신마(敬新磨)가 여러 광대들을 이끌고 현령을 장종 앞에 도로 끌고 와 그 죄목을 열거했다.
 "일개 현령으로서 어찌 천자(天子)가 사냥을 좋아한다는 것도 모르고 백성들더러 이곳에 곡식을 심고 세금을 바치게 했단 말이냐? 왜 백성들로 하여금 굶어죽는 한이 있더라도 이곳 논밭을 비워두고 천자께서 마음대로 사냥할 수 있게 하지 못한단 말이냐? 정말 골백번 죽어 마땅한 죄를 지었구나. 폐하, 어서 영을 내려 저자를 처형하십시오!"
 함께 왔던 광대들도 곡을 붙여 그 말에 동조했다. 장종은 그만 어이가 없어 껄껄 웃으며 현령을 풀어주라 명했다.

 안자와 광대 경신마는 반어법으로 황제를 설득했다. 이처럼 반어법을 교묘하게 활용하면 놀라운 효과를 거둘 수 있다.
 문득 유대인이 경영하는 여행사에서 본 광고 문구가 떠오른다. 어느 관광지역을 홍보하는 문구였는데, 그곳에 가는 여행객들이 각별히 주의해야 할 '10대 위험'에 대한 경구였다.

1. 혀를 깨물지 않도록 조심하십시오. 여기 음식들은 너무 맛있으니까요.
2. 피부를 너무 그을려 벗겨지지 않도록 조심하십시오. 이곳 백사장은 너무 매혹적이니까요.
3. 너무 오래 잠수해 있다가 숨쉬는 걸 잊으시면 곤란합니다. 이곳 바다 밑 세상은 너무 신비로우니까요.
4. 카메라 필름을 적게 준비해오시면 곤란합니다. 카메라에 담을 풍경이 너무 많으니까요.
5. 무리한 등산을 하다가 탈진하지 않도록 조심하십시오. 이곳 산과 들의 풍경에 매료되기 쉬우니까요.
6. 사랑에 너무 깊이 빠질까 우려됩니다. 이곳은 연인들의 천국이니까요.
7. 욕심난다고 닥치는 대로 물건을 샀다가는 가져가기 힘들지도 모릅니다. 이곳의 물가는 너무 싸니까요.
8. 특급호텔이나 여관들 때문에 잘못된 습관이 들면 곤란합니다. 이곳의 봉사태도는 너무 친절하니까요.
9. 자칫 이곳의 모든 이들과 친구가 되기 쉽습니다. 이곳 사람들은 너무 친절하게 손님을 반기니까요.
10. 이곳에 너무 정들다간 집 생각을 못하기 쉽습니다. 이곳만큼 이상적인 생활환경도 없으니까요.

광고가 나가자 관광객이 물밀듯이 몰려들었는데, 모두들 이 '위험'한 곳에서 '공포의 시달림'을 만끽하려고 찾아온 사람들이었다. 반어법을 활용해 좋은 것을 나쁘다고 표현한 광고는 그렇게 뜻밖의 효과를 거둘 수 있었다.

# 관찰하고 분석하면
# 답이 보인다

> **原文** 湖州佐使江琛, 取刺吏裴光書, 割取其字, 合成文理, 詐爲與徐敬業反書, 以告. 差禦使往推之, 款云: "書是光書, 語非光語." 前後三使並不能決. 則天令張楚金劾之, 仍如前款. 楚金憂憑, 仰臥西窓, 日光穿透, 因取反書向日視之, 其書乃是補葺而成. 因喚州官俱集, 索一甕水, 令琛取書投入水中, 字字解散. 琛叩頭伏罪.

　　당나라 때 호주(湖州) 좌사(佐史) 강침(江琛)은 자사 배광(裴光)으로부터 받은 서신에서 글자들을 오려내어 서경업(徐敬業)과 배광이 역모를 도모했다는 고발장을 위조해 조정에 올렸다. 이에 조정에서는 어사를 파견해 사건의 전모를 알아보게 했는데, 어사는 조사 결과 배광의 필체임은 분명하지만 문체는 그의 것이 아니라고 결론 내렸다. 그뒤로 어사 셋을 더 보내보았지만 결과는 모두 마찬가지였다. 이에 측천무후(則天武后)는 장초금(張楚金)까지 보내어 사건의 전모를 확실히 파악하라 지시했다.

　　장초금도 처음에는 앞의 사람들과 그 결과가 다르지 않았다. 뾰족한 방법이 떠오르지 않아 답답한 마음에 그가 멍하니 침대에 누워 있는데, 창 밖에서 햇빛이 비쳐들었다. 그래서 무심코 그 고발장을 비춰 보았더니 오려붙인 흔적이 분명하게 드러났다.

장초금은 당장에 호주의 관원들을 모두 불러들였다. 그리고 물을 한 그릇 떠오게 한 다음 강침에게 그 고발장을 물에 담가보라고 했다. 물에 젖은 고발장의 글자들이 한 조각씩 떨어져나가자 강침은 선선히 머리를 조아려 죄를 시인할 수밖에 없었다.

장초금이 사건을 해결한 것은 우연이 아니라 면밀한 관찰력 덕분이었다. '반점 하나만으로도 표범인 줄 안다'는 속담이 있다. 아무리 큰일도 아주 사소한 일부분을 면밀히 분석하면 통찰할 수 있다는 말이다. 제2차 세계대전 당시, 소련군은 독일군과의 전투에서 사소한 분석을 통해 승리를 거둔 적이 있었다.

1944년 4월, 소련군은 페레코프를 점령하기 위해 맹공을 퍼부었다. 그런데 페레코프는 지세가 험준하여 방어하긴 쉬워도 공격하기는 무척 힘들었다. 독일군은 그 천연의 요새를 이용해 4만 병력으로 소련군의 전면적인 공격을 무력화할 수 있었다. 이에 소련군은 1개 사단을 보충해 다시 한 번 공격을 시도했지만, 그 결과는 마찬가지였다.

모름지기 전쟁에서는 나를 알고 상대를 알아야 승산이 있는 법, 상대 병력의 허실과 배치상태를 파악하는 것이 급선무였다. 그런데 적의 실력을 가늠하려면 최소 1주일 이상의 시간이 필요하고, 그렇다면 요새 하나를 점령하는 데만도 보름이 소요될 것이었다. 소련군 장교들은 어떻게 하면 좀더 빠른 시간 안에 적의 병력과 배치상태를 정확히 파악할 수 있을까 하는 문제에 골몰했다.

4월 6일 저녁, 갑자기 날씨가 변하더니 눈발이 날리기 시작했다. 이튿날 아침, 사단 참모장이 포병사령실로 들어섰을 때 그의 양어깨에는 눈송이가 쌓여 있었다. 눈은 방공호의 실내온도 때문에 그 언저리부터 조금씩 녹기 시작했는데, 그 순간 총사령관의 머릿속에 기발한 생각이 떠올랐다. 기온이 상승하면 참호 안의 눈이 녹을 것이고, 참호 안은 곧 진창이 되어버릴 것이다. 그러면 적군은 진흙을 참호 밖으로 퍼내야 한다. 그 진흙의 분포 상황을 관찰해보면 적군의 방어상태가 일목요연하게 드러날 게 아닌가! 포병사령관은 즉시 적의 진지 상황을 관찰해보라고 명령했다.

　사령관의 판단은 과연 적중했다. 소련군은 채 세 시간도 지나지 않아 독일군의 병력 분포 상황을 파악할 수 있었다. 적의 제1참호 앞은 겨우 몇 군데에 흙을 조금 퍼올린 흔적이 나 있을 뿐 거의 눈으로 덮여 있었고, 제2·3참호 앞은 진흙을 퍼올린 흔적이 역력했다. 적의 주력이 제2·3참호에 집중되어 있음을 증명하는 것이었다. 그리고 애초에 적의 주요 방어요새로 예상했던 몇 곳은 아무런 흔적도 없었는데, 그것들은 눈속임을 위한 위장이었음이 드러났다.

　그렇게 적의 병력 분포 상황을 파악한 소련군은 진격하기 전에 적의 병력이 집중되어 있는 참호를 향해 집중포격을 가했다. 결국 8일간의 치열한 공방 끝에 소련군은 독일군의 방어선을 무너뜨리고 3만 8,000여 명을 생포하는 놀라운 전과를 기록했다.

　사소하고 아주 일상적인 사물의 변화 과정에서 그 연결고리를 찾아내고 문제를 해결하는 것, 그것이 바로 장초금과 소련군 포병사령관의 공통점이었다.

# 긴장감은 삶의 활력소이자
# 성장동력이다

> 原文
> 天順中, 朝廷好寶玩. 中貴言宣德中, 嘗遣太監王三保使西洋, 獲奇珍無算. 帝乃命中貴至兵部, 查王三保至西洋水程. 時劉大夏爲郎, 項尚書公忠令都吏檢故牒, 劉先檢得, 匿之. 都吏檢不得, 復令他吏檢. 項詰都吏曰: "署中牘焉得失?" 劉微笑曰: "昔下西洋, 費錢穀數十萬, 軍民死者亦萬計. 此一時弊政, 牘卽存, 尙宜毁之, 以拔其根, 猶追其有無耶?" 項聳然, 再揖而謝, 指其位曰: "公達國體, 此不久屬公矣!"

 명나라 영종(英宗) 때 조정에는 진귀한 보물을 모으는 것이 유행처럼 번졌다. 그런데 한 권세 높은 태감이 선종(宣宗) 때 삼보태감(三保太監) 정화를 서양에 사자로 보내 숱한 보물을 얻어왔다고 진언하자, 황제는 곧 그 태감을 병부(兵部)에 보내 그 당시 정화가 서양에 갔다온 원정길을 자세히 알아오라고 했다.

때마침 유대하(劉大夏)가 병부 직방사낭중(職方司郎中)으로 있으면서 나라의 문서를 관리하고 있을 무렵이었다. 유대하는 병부상서 항충(項忠)이 도리(都吏)를 직방사로 보내기 직전에 이미 일부 서류를 챙겨서 감춰두었다. 먼저 보낸 도리가 빈손으로 돌아오자 항충은 또 다른

도리를 보냈다. 두 번째 도리 역시 빈손으로 돌아오자 화가 난 항충은 유대하를 찾아가 나라의 공문서를 찾아낼 수 없다니 말이 되느냐고 꾸짖었다.

이에 유대하가 웃으며 말했다.

"당시 정화가 서양으로 가면서 허비한 물자가 수십만에 이르고 병졸과 백성들도 수만 명이 죽었습니다. 이는 당시 나라에 해가 되는 조치였다는 것을 의미합니다. 그 서류들을 지금까지 보관하고 있다 해도 소각하여 그 후환을 미연에 방지해야 옳은데, 이제 와서 그 서류들을 찾아내어 무엇을 한단 말입니까?"

그 말에 항충은 절로 숙연해지며 유대하를 향해 두 번 연신 읍하고 나서 자신의 의자를 가리키며 말했다.

"나라사정을 그토록 헤아릴 줄 아시니 머잖아 이 자리는 낭중이 앉게 될 것이오."

정화가 서양에 다녀온 것이 과연 '해가 되는 행위'였는가의 여부는 미뤄놓더라도, 백성들을 생각하고 군주가 향수와 편안함에 물드는 것을 막기 위해 공문서를 감춘 유대하의 행동은 탄복할 만한 것이다. 그것은 '군주를 속이는 행위'로, 당시에는 목이 날아가는 죄에 해당하는 것이었다.

유대하는 사람이 편안한 삶과 향수에 물들어 있다 보면 생기를 잃게 된다는 이치를 깊이 터득하고 있었다. 하물며 군주가 그런 편안함에 빠진다면 군주 한 사람뿐만 아니라 온 나라 백성들에게 피해가 미칠 것임을 잘 알고 있었기에, 그는 목이 잘릴 위험까지 감수한 것이었다.

❸ 역발상의 즐거움

요즘처럼 경쟁이 치열한 사회환경에 적응하고 항상 활기찬 모습을 유지하려면, 주어진 환경에 자극을 받으면서 끊임없이 활력을 재충전해야 한다. 이를 일컬어 '메기 효과'라고 하는데, 이 말은 노르웨이에서 유래했다.

노르웨이에서 정어리를 전문적으로 어획해 판매하는 어부들의 가장 큰 관심사는 어떻게든 정어리를 산 채로 포구까지 싣고 오는 것이었다. 산 정어리가 죽은 것보다 훨씬 더 비싸기 때문이었다. 그러나 단 한 명을 빼고는 정어리를 산 채로 운반하지 못했다. 그 어부는 자신만의 비결을 누구에게도 가르쳐주지 않았고, 활어조 부근에 아무도 얼씬거리지 못하게 했다.

훗날 그 어부가 죽은 뒤 사람들이 그의 활어조를 열어보았더니, 그 안에는 메기 한 마리가 노닐고 있을 뿐이었다. 그 숱한 정어리들이 죽지 않고 살아 있었던 비결은 다름 아닌 메기 한 마리 덕분이었다. 활어조에 집어넣은 메기는 낯선 환경이다 보니 여기저기 쏘다니게 되고, 생각지도 못한 '다른 족속'의 출현에 극도로 긴장한 정어리들 역시 쉴새없이 움직여야 했기 때문에 산 채로 포구까지 올 수 있었던 것이다.

메기 한 마리가 이처럼 신기한 작용을 한 것이다. 이는 요즘 많은 기업들이 앞다퉈 채택하는 방법이기도 하다. 일본 미사와(三澤) 그룹의 회장 미사와 치요지(三澤千代治)도 이 이론을 적용하여 직원들을 이끌었다.

그는 한 회사에서 임직원들을 오랫동안 고정적으로 쓰다 보면 생기와 활력을 잃게 되어 나태해질 가능성이 높다고 생각했다. 그래서 가끔 외부로부터 '메기'를 청해 긴장된 분위기를 조성했는데, 뜻밖의 '메기' 출현에 회사는 금세 생기를 띠게 되었다.

  조사 결과 그는 대부분의 기업 직원들이 세 가지 부류로 구성되어 있다는 사실을 발견했다. 첫째 회사에 없어서는 안 되는 인재, 둘째 회사 업무를 자기 일처럼 생각하고 열심히 근무하는 사람, 셋째 하루 종일 하는 일 없이 떠돌아다니는 무용지물들이었다. 미사와는 세 번째 부류에 해당하는 직원들을 줄이고 첫째와 둘째 부류를 늘리기 위해 '메기 효과'를 적용했다. '중도고용' 방식으로 능력 있고 생기 넘치는 젊은 인재들을 발탁했으며, 의도적으로 간부급의 '거물 메기'를 초빙해 회사 내부의 '정어리들'로 하여금 정신을 바짝 차리지 않으면 안 되게 만들었다. 그 덕분에 회사는 끊임없이 생기와 활력을 유지할 수 있었다.

# 훗날의 이익을
# 먼저 생각하라

原文 劉晏於揚州置場造船艘, 給千縭. 或言所用實不及半, 請損之. 晏曰:"不然, 論大計者不可惜小費, 凡事必為永久之慮. 今始置船場, 執事者至多, 當先使之私用無窘, 則官物堅完矣. 若遽與之屑屑較計, 安能久行乎? 異日必有減之者, 減半以下猶可也, 過此則不能運矣!" 後五十年, 有司果減其半. 及鹹通中, 有司計費而給之, 無複羨餘, 船益脆薄易壞, 漕運遂廢.

　　당나라 때 나라 재정을 맡은 유안(劉晏)이 양주(揚州)에 선박공장을 세웠는데, 배 한 척을 만드는 데 1,000냥이 들었다. 사람들이 실제 비용은 그 절반밖에 들지 않는다는 둥 그것을 둘러싼 의견이 분분하자 유안이 말했다.

　　"그 비용을 절감할 수는 없습니다. 큰일을 할 때엔 작은 비용에 인색해서는 안 됩니다. 먼 앞날을 내다보고 이익을 생각해야죠. 선박공장이 아직은 초창기라 관리 인원이 많고 그들에게 인건비도 넉넉히 지급해야 견고하고 보기 좋은 배를 만들어낼 수 있습니다. 그깟 비용 정도를 가지고 옴니암니 따지다 보면 어찌 이 공사를 계속 진행할 수 있겠습니까? 장차 비용을 아끼면서 조금씩 줄여나가면 모를까 갑자기 절반 이상을 줄여버린다면 배를 만들어낸다 해도 그 배로 항해할 수는 없을 것입니다!"

그로부터 50년 후, 과연 그 비용의 절반 정도를 줄일 수 있었다. 그리고 당 의종(懿宗) 때에는 또다시 실제 경비에만 맞춰 아무런 여지도 없게 경비를 지불했는데, 그렇게 만들어낸 선박은 너무 가볍고 쉽게 파손되어 단 한 척도 바다에 띄울 수 없었다.

'사소한 것들에 밑지고 큰 이익을 보라'는 말을 여실히 입증해 주는 이야기다. 일시적으로는 밑지는 것 같지만 대신에 오래도록 이익을 얻을 수 있는 것이다. 이 이치를 터득한 기업가만이 온전한 발전을 기할 수 있다.

일본 기업가 마쓰시타 고노스케(松下幸之助)가 창설한 파나소닉 전자는 누구나 알고 있는 유명 기업이다. 파나소닉은 창립 초창기에 개량 코드와 소켓을 주요 생산품으로 삼았다.

1927년, 파나소닉은 거의 모든 자금을 건전지를 사용하는 '내셔널' 램프 생산에 쏟아부었다. 제품은 가정용으로 사용하기 편리하기 때문에 출시하기가 무섭게 속속 팔려나갔다. 그런데 얼마 후 일본에 불황이 닥치면서 파나소닉이 전 자본을 쏟아부어 생산한 제품의 판로가 막히게 되었다.

이런 와중에도 파나소닉은 당황하지 않고 냉정하게 시장 흐름을 파악한 뒤, '내셔널' 램프 1만 개를 무상으로 제공하는 판촉활동을 계획했다. 그런데 이 램프는 꼭 건전지를 사용해야 한다는 것이 가장 큰 걸림돌이었다. 이에 마쓰시타 고노스케는 오카다(岡田) 건전지회사 총수를 찾아가 무상으로 건전지 1만 개를 제공해달라고 제안했다. 그 엉뚱하고 무례한 요구에 오카다 건전지회사 총수는 적잖이 놀란 표정만 짓고 있었다.

마쓰시타 고노스케가 말했다.

"저도 큰맘먹고 이렇게 찾아온 것입니다. 지금으로선 이 방법이 유일한 해결책이기 때문입니다. 일단 우리 상품의 판로가 열리면 협조해주신 보답으로 1년 안에 귀사의 건전지 20만 개를 팔아드리겠다고 약속하겠습니다."

자신만만해하는 마쓰시타 고노스케의 모습에 감명을 받은 총수는 마침내 그 제안을 받아들였다.

결과는 마쓰시타 고노스케의 예상대로였다. '내셔널' 램프 1만 개가 무상 공급되자 전국 각지에서 주문서가 날아들었는데, 건전지도 예상보다 두 배나 많은 40만 개가 판매되었다. 그때부터 '내셔널'이라는 세 글자는 건전지 램프의 대명사가 되었다.

마쓰시타 고노스케의 경영전략과 유안의 조선(造船) 이야기에는 비슷한 점이 있다. 두 사람 모두 눈앞의 이익을 포기했기에 오랫동안 이익을 얻을 수 있었다. 눈앞의 이익만 바라는 짧은 안목으로는 절대 큰일을 해낼 수 없는 법, '아이만 부둥켜안고 있다간 늑대를 잡을 수 없다'는 속담이 가슴에 와닿는다.

# 모략의 힘

| 謀略의 力 |

세상은 앞서나가는 사람에게는 무한한 기회의 공간이지만, 이리저리 밀려다니는 사람에게는 혼돈과 좌절만 안겨준다. 승패의 현장은 교활하고 냉혹하다. 어떻게든 살아남아 승리해야 그 기쁨을 만끽할 수 있다. 승패가 이미 기울어진 상황에서 상대를 비난하고 자기변명을 해봤자 아무도 귀기울여주지 않는다. 이러한 현실을 마음속 깊이 깨달아야 자기 목표를 이룰 수 있다.

# 상대방의 요구를 들어주고
# 급소를 찌른다

**原文** 姚崇與張說同爲相, 而相衝頗深. 崇病, 戒諸子曰: "張丞相與吾不協, 然其人素侈, 尤好服玩, 吾身沒後, 當來弔, 汝具陳吾生平服玩, 寶帶重器, 羅列帳前. 張若不顧, 汝曹無類矣. 若顧此, 便錄致之. 仍以神道碑爲請, 卽獲其文, 卽時錄進, 先礱石以待, 至便鐫刻進禦. 張丞相見事常遲於我, 數日必後悔, 若征碑文, 當告以上聞, 且引視鐫石." 崇沒, 說果至, 目其服玩者三四. 崇家悉如崇戒. 及文成, 敍致該祥, 時謂極筆. 數日, 果遣使取本, 以爲辭未周密, 欲加刪改. 姚氏諸子引使者視碑, 乃告以奏禦. 使者複, 說亦悔恨, 撫膺曰: "死姚崇能算生張說, 吾今日方知才之不及."

요숭(姚崇)과 장설(張說)이 함께 승상직을 수행하는데, 둘 사이에 깊은 알력이 있어 서로를 소 닭 보듯 했다.

그러던 어느 날 요숭이 중병을 앓아 자리에 눕게 되었는데, 자신의 죽음이 눈앞에 와 있음을 직감한 그가 아들들을 불러놓고 당부했다.

"장 승상이 나와 갈등의 골이 깊다는 것은 너희도 잘 알고 있을 것이다. 그런데 그 사람은 사치와 향락을 즐기고, 장식품과 골동품 따위를 좋아하느니라. 내가 죽으면 그도 조문을 올 것인즉, 평소 내가 아끼던 값진 물품들을 모두 꺼내 휘장 앞에 진열해놓도록 하거라. 그 사람이 그것들을 보고도 아무런 관심이 없는 눈치라면 너희의 처지가 위태로워질 것이다. 반대로 그것들에 관심을 보인다면 너희는 일일이 적어두었다가 선물로 주고, 나를 위해 '신도비(神道碑)'의 비문을 써달라고 부탁하거라. 그래서 비문을 써주면 즉시 그 내용을 적어 황제께 전하고, 사전에 비석 세울 돌을 준비해두었다가 비문을 받자마자 글을 새겨넣도록 하거라. 장 승상은 항상 나보다 생각이 한 박자씩 늦기 때문에 며칠 지나지 않아 곧 후회하면서 그 비문을 돌려달라 할 것이니, 그때는 이미 폐하께서 보셨다 이르고 비문을 새겨놓은 비석까지 보여주면 별탈 없을 것이니라."

요숭이 죽자 조문하러 온 장설은 시종 휘장 앞에 놓인 장식품과 골동품에서 눈을 떼지 못했다. 요숭의 아들들이 아버지의 유언대로 그것들을 장설에게 선물하자 장설은 흔쾌히 비문을 써주었다. 그 내용은 아주 상세하고 구체적이어서 '절필(絶筆)'이라 할 수 있었다. 그런데 요숭의 예언대로 장설은 며칠 후 사람을 보내 그 비문이 상세하지 못하여 수정하고 다듬어야겠다며 돌려달라고 했다. 요숭의 아들들이 글을 새겨 세운 비석을 보여주며 이미 황제께도 비문을 올렸다고 말하자 심부름꾼은 어쩔 수 없이 빈손으로 돌아갔는데, 그 말을 전해들은 장설은 가슴을 치며 한탄했다.

"죽은 요숭이 살아 있는 장설의 뺨을 치는구나. 내 재능이 요숭에 미치지 못함을 이제야 알겠구나!"

 문제의 핵심인 급소를 찔러야 그 문제를 해결하기 쉽다. 요숭의 유언은 전형적인 사례이다. 요숭은 장설의 관심사를 이용해 그로 하여금 그럴듯한 비문을 쓰게 했을 뿐만 아니라 유족과 후손의 안전까지 지켜낼 수 있었다.

여기, 중국의 군인이자 정치가로 유명한 풍옥상(馮玉祥)에 관한 이야기도 있다.

1919년 봄, 프랑스 파리에서 한심하기 짝이 없는 비보가 날아들었다. 유럽의 열강들이 중국의 주권을 무시한 채 패전국 독일은 중국 산동성의 모든 이권을 아무 조건 없이 일본에 양도한다는 결정을 내려버린 것이었다. 그 소식은 5·4혁명의 도화선이 되었고, 반일정서가 전 대륙으로 퍼져나가는 계기가 되었다.

상서(湘西) 중진(重鎭) 상덕(常德)에도 그 불꽃이 튀어 분노한 학생들이 거리로 뛰쳐나와 평소 악명이 드높던 일본 상점 몇 곳을 부숴버렸다. 그러자 화가 난 상덕 일본인협회 회장 다카하시 신지(高橋新二)가 상인 몇 명을 이끌고 호남성 도독(督軍) 장경요(張敬堯)를 찾아왔다.

장경요는 그들에게 거만하게 굴 수도 없고, 또 그들 편을 들었다간 자기에게도 해가 미칠 것 같아서 상덕진의 수사(守使) 풍옥상을 찾아가보라고 했다. 이에 다카하시는 그 즉시 풍옥상을 찾아가 거만한 태도로 자신들의 요구사항을 전했다. 그것은 폭동으로 인한 모든 손실을 배상할 것, 범인들을 체포하여 처벌할 것, 정식으로 사과할 것, 이후 다시는 똑같은 일이 발생하지 않도록 보장할 것 등이었다.

다카하시의 말을 듣고 난 풍옥상이 아주 태연하게 말했다.

"제 소임은 당신들의 재산상의 안전을 보장하고, 일상생활과 영리활동이 원활하도록 협조하는 것입니다. 하지만 우리 부대는 이곳에 오랫동안 머물 수 없으므로 항상 당신들의 신변만 지키고 있을 수도 없는 노릇입니다. 이 문제를 근본적으로 해결하려면 이곳 상덕 시민들과의 관계를 개선하는 길뿐입니다. 이대로는 지금 당신들이 제기한 네 가지 요구사항을 절대 실현할 수 없습니다. 하지만 제게 좋은 방법이 있긴 한데…….”

풍옥상의 말을 듣고 있던 다카하시가 불쾌함이 가득한 표정으로 어서 말해보라고 했다.

“방법이라면, 우선 각 상점이 지금까지의 영업방식이 부당했음을 사과하고, 향후 시민들을 만족시키도록 개선하겠다는 내용의 성명서와, 이번 사건으로 인한 손실은 감수할 테니 앞으로 다시는 폭력행위가 없기를 바란다는…….”

듣다 못한 다카하시가 버럭 소리를 질렀다.

“이것 보시오, 수사양반! 당신은 지금 폭도들을 두둔하겠다는 거요?”

그러나 풍옥상은 여전히 미소를 지은 채 차분하게 말했다.

“누구를 편드는 것이 아니라 당신들을 위해서 하는 소립니다만, 그럴 수 없다면 좋습니다. 오늘 저녁부터라도 병사들을 보내 상점 주변에 보초를 세우도록 하죠. 그리고 나머지 세 가지 요구사항은 다음 번에 얘기하도록 합시다.”

그쯤에서 다카하시 일행은 돌아설 수밖에 없었다. 그리고 불과 30분도 지나지 않아 일본 상점 입구마다 실탄을 장전한 보초병이 두 명씩 배치되었는데, 모두 풍옥상이 직접 선발한 병사들로 아주 책임감 있게 임무를 수행하고 있었다. 상점 앞을 오가는 사람들은 보초병이 꼬치꼬치 캐묻는 질문에 대답해야 했고, 상점으로 들어가 물건을 사려면 전신수색을 받아야 했다.

처음 며칠 동안 일본 상인들은 풍옥상의 특별 배려에 아주 흡족해했다. 그런데 1주일이 지나자 그들은 안달이 나기 시작했다. 보초병이 가게 입구를 지키면서부터 손님 낯짝도 보기 힘들어져 파리만 날려야 했던 것이다. 이대로는 장사를 망쳐먹고 말 노릇이었다. 상인들은 다시 다카하시를 앞세우고 풍옥상을 찾아가 보초병을 철수시켜달라고 요구했다. 하지만 풍옥상은 단번에 거절했다.

"그건 안 됩니다! 당신들은 지난번에 신변안전을 보장해달라면서 내 제안 따위는 생각조차 해보지 않았습니다. 그래서 나도 이 방법을 택할 수밖에 없었고요. 보초병이 철수한 뒤에 또다시 그런 사건이 발생하면 날더러 어떻게 그 책임을 감당하라는 겁니까?"

다급해진 다카하시가 연신 머리를 조아리며 말했다.

"수사나리, 제발 사정 좀 봐주십시오. 그동안 정말 노고가 많으셨습니다. 지난번에 우리가 제기한 네 가지 사항은 모두 철회하고 앞으로 시민들과의 관계도 개선해나갈 테니, 제발 이제 그만 보초병을 철수시켜주십시오."

풍옥상은 당장이라도 웃음이 터져나올 것 같았지만 짐짓 엄숙한 목소리로 말했다.

"정 그렇다면 좋습니다. 철수시키도록 하죠."

그 말에 다카하시는 비로소 이마에 밴 땀을 훔치며 안도의 한숨을 내쉬었다. 철저하게 패배한 것이었다.

# 침착하게 대응하면
# 남다른 창의력이 샘솟는다

> 原文 張愷, 鄞縣人, 宣德三年, 以監生爲江陵令. 時征交趾大軍過, 總督日晡立取火爐及架數百. 愷即命木工以方漆桌鋸半脚, 鑿其中, 以鐵鍋實之. 已又取馬槽千餘, 即取針工各戶婦人, 以棉布縫成槽, 槽口綴以繩, 用木椿張其四角, 飼馬食過便收卷, 前路足用, 遂以爲法.

　　은현(鄞縣) 출신인 장개(張愷)는 명 선종(宣宗) 때 감생(監生)의 자격으로 강릉(江陵) 현령이 되었다. 하루는 교지(交趾)로 원정 가는 군사들이 강릉을 지나게 되었는데, 총독(總督)이 장개에게 단 하루 만에 화로 수백 개와, 그 화로를 걸어놓을 틀을 만들어오라고 명령했다. 장개는 곧 목수들을 동원해 상다리를 반쯤 켜버리고 상 한복판에 구멍을 판 다음 가마솥을 걸어서 가져갔다.
　　그러자 총독이 이번에는 말을 먹일 구유 1,000개를 만들어오라고 했다. 이에 장개는 바느질할 줄 아는 여인들을 동원해 천으로 주머니를 만들고 그 아가리에 끈을 꿰매게 한 다음 나무토막으로 네 귀퉁이를 벌리게 만들었는데, 말을 먹인 다음에는 둘둘 말아서 휴대하기가 편리했다. 그뒤로 군사들은 원정 때면 그 방법을 썼다.

장개는 다급한 상황에서도 침착함을 잃지 않고 묘안을 떠올렸다. 일상생활에서도 마찬가지다. 예상치도 못했던 상황이 벌어질 때 기발한 방법을 떠올리는 경우가 많다. 그것은 다급한 상황에 놓이면 뇌세포 속에 숨어 있는 잠재능력이 기대 이상으로 발휘되고, 그래서 머리회전이 평소보다 훨씬 빨라지기 때문이다. 그렇다면 틀에 박힌 사고방식을 각도만 살짝 바꿔줘도 새로운 발상이 가능하지 않을까?

1983년 CC TV(중국중앙방송)의 명절 오락 프로그램 중에 마계(馬季)가 출연한 「허풍」이라는 코미디 코너가 있었는데, 가짜 광고 '우주표' 담배를 풍자하는 내용이었다. 이 코미디는 애초부터 마계가 창작하고 출연한 것인데, 이 프로그램을 시청한 흑룡강성의 한 담배회사 공장장은 기발한 발상을 하게 되었다. 곧 질 좋은 담배를 개발한 다음 '우주표'라고 이름지었던 것이다.

그 담배는 출시되자마자 애연가들의 관심을 불러일으켰고 불타나게 팔려나갔다. 담배회사에서는 또 마계를 초청해 제자(題字)를 쓰게 했고, 회사 간부들은 수차례에 걸쳐 남쪽 운남 지역으로 가서 좋은 원료를 찾고 우수한 인재들을 모아 '우주표' 담배의 품질을 향상시킴으로써 판매 실적을 크게 늘릴 수 있었다.

'우주표' 담배의 성공 역시 공장장이 생각의 각도를 달리하여 독특한 아이디어를 구상해낸 덕분이었다.

# 37

# 이 세상에
# 해결하지 못할 문제는 없다

**原文** 蘇州至崑山縣凡七十裏, 皆淺水無陸途, 民頗病涉, 久欲為長堤, 而澤國艱 於取土. 嘉祐中人獻計, 就水中以蘧蒢芻稿為牆, 在兩行, 相去三尺. 去牆六 丈, 又為一牆, 亦如此. 漉水中淤泥實蘧蒢中, 後幹則以水車汱去兩牆間之舊水, 牆間六尺皆土, 留其半以為堤腳, 掘其半為渠, 取土以為堤, 每三四裏則為一橋, 以通南北之水. 不日堤成, 遂為水利(今崑山塘堤).

 소주(蘇州)에서 곤산(崑山)까지는 70리 길인데 육로가 없어서 사람들의 왕래가 매우 드물었다. 조정에서는 진작부터 제방을 쌓아 길을 내려고 했지만, 워낙 물이 많은 고장이라 흙을 구하기가 쉽지 않았다.

그런데 송나라 인종(仁宗) 때 누군가가 그 해결책을 찾아냈다. 먼저 대나무와 갈대를 엮어 3자(尺) 넓이로 펴고 양쪽에 건초(乾草)로 벽을 쌓는다. 그런 다음 6장(丈) 간격으로 똑같은 벽을 나란히 쌓아서 물 속에서 진흙을 파내어 그 위에 널어놓고 수차(水車)로 물을 빼내면 6자 넓이에 흙이 쌓이게 된다. 그 절반은 제방을 쌓는 기초로 남겨두고 나머지는 도랑을 만든다. 파낸 흙으로 제방을 쌓은 뒤 3~4리 간격으로

다리를 하나씩 만들면 사람들이 무난히 걸어다닐 수 있을 것이다.

그에 따라 곧 제방공사가 시작되었는데, 지금까지도 끄떡없이 남아 있다. 현재 소주에 있는 누문당(婁門塘)이 바로 그때 쌓은 제방이다.

 매우 어려워 보이는 문제도 깊이 고민하다 보면 탁월한 해결책을 찾을 수 있다. 일본에서 명성이 높은 재단인 고바야시(小林) 가족의 성공사도 좋은 사례이다.

고바야시 이치조(小林一三)는 철로를 경영하는 일본의 기업가였다. 1907년, 고바야시는 34세의 나이로 이와 기요히라(岩下淸平)가 설립한 미노(箕面)의 아리마센(有馬線, 훗날의 한신 전철 - 옮긴이)의 사장이 되었다.

회사라고는 해도 지방 소도시의 철도회사에 불과한데다 주민과 유동인구가 많지 않아 승객 수도 매우 적었다. 승객이 적다는 것은 회사 경영에 큰 걸림돌이었다. 이런 곤경에서 벗어나려면 두 가지 방법밖에 없었다. 하나는 승객 수를 늘리는 것이고, 다른 하나는 요금을 올리는 것이었다. 그런데 요금을 올리면 얼마 되지 않는 승객마저 놓쳐버릴 가능성이 높았다. 어떻게든 더 많은 승객을 끌어들이는 것이 유일한 해결책이었다. 고바야시는 먼저 철도 주변에 새로운 주거지역이 들어서는 것이야말로 최선의 방법이라고 생각했다.

고바야시는 철도 주변에 거액을 투자해 대규모 아파트단지를 조성한 다음 저렴하게 임대하거나 장기분할방식으로 부동산 회사와 집 없는 서민들에게 아파트를 매매했다. 그런 개발활동은 회사의 사업 분야를 확장시켰을 뿐만 아니라 철도 주변 지역의 인구를 증가시켜 철도 이용객을 크게 늘리는 효과를 거두었다.

그리고 주변에 관광지구를 만들어 다른 지역 사람들의 방문도 부쩍 늘어났다. 1910년 11월, 미노 공원에 동물원을 만들었고 이듬해에는 다카라즈카(寶塚)에 온천단지를 꾸몄다. 얼마 후에는 그 온천단지에 대형 박람회장을 설립했으며, 1913년에는 소녀합창단을 꾸렸고, 잇따라 극장과 동물원, 식물원 같은 위락시설을 갖춰 관광지로 발돋움시켰다. 특히 소녀합창단을 가극단 규모로 확대해 활발한 공연 활동을 펼치게 했는데, 사회 각계로부터 호평을 받아 1918년 한 해의 공연 관람객이 무려 43만 명에 이르렀다. 그렇게 철도 승객은 나날이 늘어갔고, 해마다 많은 수익을 올릴 수 있었다.

이러한 고바야시의 독특한 경영방식은 훗날 일본 기업들에 모범이 되었다. 세이부 그룹의 도시마엔(豊島園) 유원지와 세이부엔(西武園) 유원지, 유네스코 마을, 도코로자와(所澤) 시의 세이부 라이온스 돔구장 등은 모두 고바야시의 경영방식을 모방한 것이다. 오락시설이나 교육시설, 철로 주변 지역의 주택단지 개발은 오늘날까지도 철도 경영에서 가장 효과적인 방법으로 활용되고 있다.

우리는 곧잘 '일은 사람 하기 나름'이라는 말을 한다. 하지만 사람들은 어려움에 부딪혔을 때, 소주의 제방 쌓기나 고바야시처럼 어떻게든 발상의 전환을 통해 문제를 해결할 생각은 하지 않고 팔자타령이나 하다가 의욕을 잃고, 그도 아니면 운이나 바라는 소극적인 자세를 취하기 일쑤다.

기회란 하늘에서 뚝 떨어지지 않는다. 자기 스스로 붙잡고 찾아야 한다. 기적은 항상 연구하고 노력하는 사람을 편애한다는 사실을 잊지 마라.

# 38

# 역경을 기회로
# 만들 수 있는가?

> **原文**
> 李允則再守長沙. 湖湘之地, 下田藝稻穀, 高田水力不及, 一委之蓁莽. 允則一日出令曰: "將來並納粟米稈草." 湖民購之襄州, 第一鬪一束, 至湘中為錢一千. 自爾竟以田藝粟, 至今湖南無荒田, 粟米妙天下焉.

　북송 때 이윤칙(李允則)은 장사(長沙) 지부로 있었다. 관할지역인 동정(洞庭)·상강(湘江) 일대 주민들은 지형이 낮은 곳에서만 벼농사를 짓고, 높은 지대는 물을 댈 수 없다면서 묵혀두었다. 이런 상황을 보고 어느 날 이윤칙이 영을 내렸다.

　"앞으로는 지형이 낮은 땅이든 높은 땅이든 모두 좁쌀과 건초를 바쳐야 한다."

　그래서 백성들은 양주(襄州)에서 좁쌀과 건초를 사다가 세금을 낼 수밖에 없었는데, 좁쌀과 건초를 상중(湘中) 지방에 가져가면 한 되에 1,000전(錢)까지 받을 수 있었다. 이에 동정·상강의 주민들은 서로 앞다퉈 지형이 높은 곳을 밭으로 개간하고, 가뭄에 강한 곡식을 심기 시작했다.

　오늘날 호남 지역에 가면 묵히는 땅은 찾아볼 수 없으며, 좁쌀 생산량도 중국에서 제일 많다.

어려움에 부딪혔을 때 그 해결방식은 여러 가지가 있다. 그런데 어떤 방식이든 간에 불리한 조건을 유리한 조건으로 바꿀 수 있어야 한다. 이윤칙이 활용한 방식은 지렛대의 원리를 적용한 것이라 할 수 있다. 일본에도 이 원리를 잘 이용한 사례가 있다.

1970년부터 1979년 사이에 세계적인 석유파동이 세 차례나 불어 닥쳤다. 석유 한 드럼 가격이 1.8달러에서 32달러로 껑충 뛰었던 것이다. 거듭되는 유가 폭등으로 서구의 수많은 자동차 생산업체들이 전례 없는 경영난을 겪게 되었고, 기업들마다 별의별 방법을 총동원했지만 속수무책이었다.

그런데 똑같은 상황에서 일본의 기업가들은 위기를 전화위복의 기회로 삼아 국가 경제를 향상시켰다. 그들은 산유국과 시비를 벌이는 대신에 유가 폭등으로 위축된 소비자의 심리를 읽고 에너지를 획기적으로 절약할 수 있는 상품 개발에 주력해 기름 소모량이 적은 소형 자동차를 생산해냈다.

소형차는 연비가 높을 뿐만 아니라 수입차와 비교조차 되지 않을 정도로 값이 저렴했기 때문에 출시되자마자 선풍적인 인기를 끌었다. 또한 대규모 해외수출에도 성공함으로써 막대한 부를 창출했다.

이 두 이야기는 불리한 조건을 유리한 조건으로 바꾼 전형적인 성공 사례이다. 이처럼 역경 속에서 또 다른 기회를 찾아내고 행동할 줄 아는 사람이라면 그 어떤 시련도 극복할 수 있다.

# 39

# 복잡할수록
# 단순하고 재빠르게!

> 原文
> 蔡京在洛, 有某氏嫁兩家, 各有子. 後二子皆顯達, 爭迎養其母, 成訟. 執政不能決, 持以白京. 京曰: "何難? 第問母所欲." 遂一言而定.

채경(蔡京)이 낙양(洛陽) 집정관으로 있을 때였다. 한 여자가 시집을 두 번 가서 각각 아들을 하나씩 낳았는데, 훗날 두 아들 모두 출세하여 어머니를 서로 모시겠다고 다투다가 소송까지 벌이게 되었다. 그 소송을 접수한 관원은 어찌할 바를 몰라 채경을 찾아갔다.

그런데 전후사정을 듣고 난 채경은 그다지 심각한 일도 아니라는 듯이 말했다.

"뭐 어려울 것도 없는 일이잖소. 그 어머니의 의향을 물어보고 그대로 행하면 될 것이네."

그렇게 채경의 말 한마디로 소송은 별탈 없이 마무리되었다.

북송 말기에 재상을 지낸 채경은 경제에 밝고 통솔력이 뛰어났지만, 지조 없이 권력에 영합한 책략가이자 중국 역사에 악명 높은 간신으로 기록되어 있다. 그럼에도 그의 처세술만큼은 탁월하다고 평가받는다. 『지낭』에만 그의 이야기가 몇 개나 수록되어 있을 정도이다.

채경은 복잡한 문제를 매우 간단하게 푸는 데 탁월했다. 간단한 것과 복잡한 것, 이 둘은 서로 대립되기도 하고 서로 뒤바뀔 수도 있는 모순 개념이다.

미국 디트로이트에 있는 한 대형 기계 생산업체에서 기계 고장으로 시스템이 멈춰버렸다. 공장 안의 모든 기술자들이 문제를 해결하려고 전전긍긍했지만 속수무책이었다. 이에 공장장은 안절부절못하고 있었다. 작업 중단 시간이 길어져서 제시간에 발주 물량을 납품하지 못할 경우 거액의 손해배상을 해야 하는 형편이었다.

다들 초조해하고 있을 때, 한 사람이 말했다.

"마이크를 불러오면 어떨까요?"

"마이크? 그래, 그래! 어서 가서 마이크를 불러와!"

공장장이 이마를 탁 치며 비로소 조금은 안심하는 듯했다.

마이크는 이미 퇴직한 기술자였는데, 기계에 관한 한 누구보다도 경험이 풍부하고 실력이 빼어난 사람이었다.

얼마 후, 마이크가 기계 주변을 에돌며 유심히 살펴보고 귀기울여 소리도 들어보더니 공장장에게 말했다.

"무슨 고장인지 알 만하군요. 10만 달러를 주시면 고쳐드리죠."

"10만 달러라고?"

공장장은 엄청난 수리비에 입을 다물지 못했지만, 그렇다고 수리를 미루자니 더 큰 손해를 볼 게 뻔하므로 어쩔 수 없이 지불을 약속했다.

마이크가 기계의 한 표면에 분필로 작은 동그라미를 그리고 나서 말했다.

"이 부위에서 고장이 난 겁니다."

공장장이 다짐을 받듯이 물었다.

"확신하나?"

"그럼요."

마이크가 여유만만하게 고개를 끄덕였다.

그로부터 불과 몇 분 후, 동그라미 하나 그리는 데 10만 달러를 지불하게 된 공장장은 머리를 쥐어뜯고 싶었다.

"마이크, 겨우 요만한 동그라미 하나 그리는 데 10만 달러라는 거야?"

마이크가 말해주었다.

"그래요, 요 동그라미 하나 그리는 데는 기껏해야 1달러나 받으면 잘 받는 거겠죠. 하지만 그 동그라미를 어디에다 그려야 하느냐는 것은 9만 9,999달러 값어치를 한다고 볼 수 있죠."

공장장은 더 이상 대꾸할 말을 찾지 못했고, 기계를 뜯어보니 과연 마이크가 동그라미를 그린 곳에 고장이 나 있었다.

이 두 이야기에서, 문제를 해결하는 데 가장 중요한 점은 복잡한 사물의 외피를 꿰뚫고 간단하면서 빠른 해결책을 찾아내는 능력임을 알 수 있다.

# 승패의 현장은
# 교활하고 냉혹하다

> 原文  趙廣漢為潁川太守. 先是, 潁川豪傑大姓, 相與為婚姻, 吏俗朋黨, 廣漢患之, 察其中可用者, 受記. 出有案問, 既得罪名, 行法罰之. 廣漢故漏泄其語, 令相怨咎; 又教吏為檢筒, 及得投書, 削其主名, 而托以為豪傑大姓子弟所言. 其後強宗大族家家仇怨, 奸黨散落, 風俗大改.

 조광한(趙廣漢)이 영천(潁川) 태수로 부임하기 전에, 그 지역의 부호와 세력가들은 자기들끼리 혼인관계를 맺어 세력을 확장하고 관리들과 결탁해 파벌을 만들었다. 그에 대처하기 위해 조광한은 믿을 만한 사람 몇몇을 골라 부호 세력의 범죄행각을 낱낱이 조사해 오게 했다.

그런 다음 조광한은 조사한 바를 하나하나 심사하고 범행 정도에 따라 처벌하면서 그 내용이 새어나가게 했다. 그리고 많은 사람들 앞에다 검거 현황판을 내걸고 검거자가 추가되면 그 이름을 지워버리면서, 다른 부호의 자제가 신고한 것처럼 꾸몄다.

이쯤 되자 부호들은 서로를 원수처럼 대했고, 따라서 파벌은 차츰 힘을 잃어갔으며 혼인을 맺는 풍조도 사라지게 되었다.

조광한은 이간 수법으로 파벌을 무력화시켰다. 이를 병법에서는 '이간계(離間計)'라고 한다.

'이간'이라 하면 사람들은 비열한 수법이라고 생각하기 쉽다. 하지만 그것은 잘못된 생각이다. 성인군자를 대하는 데는 솔직하고 꾸밈이 없어야 하지만, 무릇 소인배를 대할 때는 상대방의 방식대로 대처하는 것이 가장 좋은 방법이다. 제2차 세계대전이 끝나갈 무렵, 연합군이 가짜 편지 한 장으로 1만여 명의 목숨을 구한 이야기가 있다.

1944년 가을, 기세가 등등하던 독일군은 점차 쇠퇴의 길로 접어들고 있었다. 연합군이 독일 국경까지 밀고 들어올 무렵, 독일 육군 상장(上將) 데카스터는 1만 병력으로 페르시아 전선의 몬트리올 요새를 사수하라는 명령을 받았다. 당시 히틀러는 데카스터가 투항하지 못하도록 그의 아내를 인질로 붙잡아두었다.

데카스터는 연합군의 맹렬한 공격에 맞서 온힘을 다해 저항했지만 얼마 지나지 않아 더 이상 버틸 수 없는 지경에 이르렀다. 대세는 기울었지만 인질로 붙잡힌 아내 때문에 투항할 수도 없었다. 절망한 그는 아내를 살리기 위해 자살을 시도했다.

그런데 때마침 아내의 유서가 도착했다. 편지에서 아내는 자신이 암에 걸린 사실을 진작부터 알고 있었지만 이제야 알리게 되어 미안하다면서, 그가 독일을 떠난 뒤부터 병세가 악화되어 부담을 주지 않기 위해 이미 다량의 수면제를 준비해놓았다고 했다.

편지를 읽고 난 데카스터는 한층 비통해진 마음에 권총을 빼들었다. 선선히 아내의 뒤를 따를 셈이었다. 그런데 그 순간, 자기 휘하의 병사들이 떠올랐다. 자기가 이대로 죽어버린다면 히틀러가 자신을 감시하기 위해 파견한 참모장 프레이가 전멸할 때까지 막무가내로 저항할 게 뻔했다. 아내는 이미 저 세상 사람이 되었다. 그런데 1만 명의 병사들이 생죽음을 당하게 할 수는 없었다. 그날 저녁, 데카스터는 병사들을 이끌고 투항했다.

그런데 데카스터가 포로수용소에 들어서니 사랑하는 아내가 지프차를 타고 나타나지 않는가! 알고 보니 아내는 암에 걸린 것도 아니었고, 자살하려고 수면제를 복용한 적도 없었다. 연합군에서 아내를 빼돌리는 조치를 취했고, 아내의 유서 또한 연합군의 이간계였던 것이다. 결국 편지 한 통이 데카스터와 병사 1만 명의 목숨을 구해낸 것이었다.

# 조건 없는 사랑이
# 세상을 아름답게 수놓는다

> **原文** 賊有殺耕牛逃亡者, 公許自首. 拘其妻, 十日不出, 釋之; 再拘其母, 一宿而來. 公斷曰: "拘母十夜, 留妻一宿, 倚門之望何疏! 結髮之情何厚!" 就市斬之. 於是首身者繼至, 並遣歸業.

장영(張詠)이 익주(益州) 지부로 있을 때, 무릇 밭 가는 소를 죽이고 도망간 도둑은 자수하기만 하면 그 죄를 묻지 않겠다는 공고문을 써 붙였다. 때마침 한 사람이 소를 죽이고 달아났는데, 장영은 범인의 어머니를 구금했다. 열흘이 지나도록 소도둑이 나타나지 않자 장영은 어머니를 풀어주고 범인의 아내를 구금했다. 그러자 그날 밤 소도둑이 찾아와 자수를 청했다. 장영이 화가 나서 말했다.

"네 어미를 열흘이나 구금했을 때는 코빼기도 안 비치더니, 여편네를 구금하니 불같이 찾아와? 어찌 이제나저제나 자식이 돌아오기만을 학수고대하는 노모 걱정은 하지 않고, 아내라 하니 오금을 못 쓸 수 있단 말이냐?"

그러고는 그 불효자식을 당장 길거리로 끌고 나가 참수하라 명했다. 그뒤로 과거에 소도둑질을 한 적이 있는 사람들이 몰려와 자수했는데, 장영은 집으로 돌아가 농사나 착실히 지으라며 그들을 모두 풀어주었다.

예로부터 중국 사람들은 효를 입신지본(立身之本)이요, 입국지본(立國之本)이라 말할 정도로 중히 여겼다. 또 한 문제(文帝), 강희제(康熙帝) 등 여러 황제들이 이효치국(以孝治國)을 주장했다. 때문에 그 당시 장영의 판결은 많은 지지를 받았다. 이는 고대 중국에서 '100가지 선행은 효에서 시작된다' 는 이념을 입증해주는 사례라 할 수 있다.

이러한 효와 비견되는 것이 부모의 자식 사랑이다. 이는 인류의 가장 위대하고 헌신적인 사랑이다.

어느 여름날 저녁이었다. 공터에서 열 살쯤 되어 보이는 사내아이가 저만치 세워놓은 유리병을 향해 새총을 쏘고 있는데, 그 뒤에는 아이의 엄마로 보이는 여인이 잔디밭에 앉아 돌을 주워섬기고 있었다. 아이가 쏜 돌은 유리병에서 1미터쯤 벗어나서 떨어지기도 하고, 너무 높거나 너무 낮게 날아가 떨어졌다. 그런데도 여인은 줄곧 미소 띤 얼굴로 아이에게 돌을 모아주고 있었다. 아이도 무척이나 신중하게, 숨을 가다듬어 한참을 조준하고 나서야 한 발씩 쏘았다.

어느새 그들 모자 주위로 몇 명의 구경꾼이 몰려와 있었다. 그 중 한 사람이 보기가 딱했는지 그 여인에게 말을 걸었다.

"제가 좀 가르쳐줄까요?"

그 말에 사내아이가 동작을 멈추었는데, 시선은 여전히 유리병 쪽을 향하고 있었다.

여인이 웃으며 말했다.

"감사합니다만, 사양하겠습니다……."

여인이 잠시 주저하는 듯하더니 아이를 바라보며 낮은 목소리로 말했다.

"저 아이는 지금 아무것도 볼 수 없답니다."

구경꾼이 흠칫하더니 한참 만에야 겨우 혼잣말처럼 말했다.

"오…… 미안합니다. 그런데 왜?"

여인이 매우 평온한 말투로 대답했다.

"다른 아이들도 다 그렇게 하니까요."

"예, 하지만…… 어떻게 쏘아 맞힐 수가?"

"언젠가 꼭 맞힐 수 있을 거라고 말해줬어요. 그때까지 견딜 수 있는지가 문제겠죠."

구경꾼은 더 이상 할말을 잃고 침묵을 지켰다.

한참 후, 아이는 힘이 빠졌는지 새총 쏘는 동작이 점점 느려졌다. 여인은 아무 말도 하지 않고 여전히 미소를 지으며 규칙적으로 아이 손에 돌을 쥐어줄 뿐이었다.

아이는 어느 정도 감을 잡았는지 한 발씩 쏘고는 한쪽으로 옮겨 서기도 하고, 약간씩 방향을 돌리기도 했다. 이젠 유리병의 위치를 알고 있는 듯했다.

살랑살랑 밤바람이 불어오고, 귀뚜라미 울음소리가 들리고, 밤하늘에 별이 하나둘 보이기 시작했다. 하지만 고무줄을 당겼다 놓는 소리와, 돌이 땅바닥에 떨어지는 소리는 그칠 줄 몰랐다. 아이에겐 낮과 밤이 따로 없었기 때문이다.

짙은 어둠의 장막이 드리웠고, 이젠 유리병의 형체마저 구별할 수 없게 되었다.

"오늘 안에 맞히긴 글렀군."

누군가가 탄식 같은 소리를 내뱉고 돌아섰다. 그런데 그가 몇 발짝 밖에 옮기지 못했을 때, 갑자기 "쨍그랑!" 하는 파열음이 들려왔다. 아마도 그 소리는 세상에서 가장 듣기 좋은 소리였을 것이다.

아무런 조건 없는 사랑은 인류의 존재와 세상을 아름답게 보이게 하는 가장 근원적인 힘이다. 확고한 목표가 있고, 사랑으로 그것을 이끌어준다면 무슨 일인들 해내지 못할까!

# 보통사람들과 다른 눈으로 문제를 주시하라

**原文** 天後時, 嘗賜太平公主細寶物兩食盒, 所值黃金百鎰. 公主納之藏中, 歲餘盡爲盜所得. 公主言之天後, 大怒, 召洛州長史, 謂曰: "三日不得盜, 罪死." 長史懼, 謂二縣主盜官曰: "兩日不得賊, 死." 尉謂吏卒遊徼曰: "一日必擒之, 擒不得, 先死." 吏座遊徼懼, 計無所出, 衢中遇湖州別駕蘇無名, 素知其能, 相與請之至縣. 尉降階問計, 無名曰: "請與君求對玉階乃言之." 於是天後問曰: "卿何計得賊?" 無名曰: "若委臣取賊, 無拘日月, 且寬府縣令不追求, 仍以兩縣擒盜吏卒, 盡以付臣, 爲陛下取之, 亦不出數日耳." 天後許之. 無名戒吏卒緩至月餘, 值寒食, 無名盡召吏卒約曰: "十人、五人爲侶, 於東門、北門伺之, 見有胡人與黨十餘, 皆衣喪服相隨, 出赴北邙者, 可躡之而報." 吏卒伺之, 果得, 馳白無名曰: "胡至一新塚設奠, 哭而不衰, 即徹奠, 即巡行塚傍, 相視而笑." 無名喜曰: "得之矣." 因使吏卒盡執諸胡而發其塚, 剖棺視之, 棺中盡寶物也. 奏之, 天後問無名: "卿何才智過人, 而得此盜?" 對曰: "臣非有他計, 但識盜耳. 當臣到都之日, 即此胡出葬之時, 臣見即知是偸, 但不知其葬物處. 今寒食節拜掃, 計必出城, 尋其所之, 足知其墓. 設奠而哭不哀, 則所葬非人也, 巡塚相視而笑, 喜墓無損也. 向若陛下迫促府縣擒賊, 賊計急, 必取之而逃, 今者更不追求, 自然意緩, 故未將出." 天後曰: "善." 贈金帛, 加秩二等.

측천무후가 나라를 다스리고 있을 때 태평공주에게 보물함 두 개를 선물했는데, 그 값어치가 상당했다. 태평공주가 그 보물함을 궤 속에 간직해두었다가 연말에 궤를 열어보았는데, 보물함이 감쪽같이 사라지고 없었다. 공주가 그 일을 알리자 측천은 크게 노하여 낙주(洛州) 장사(長史)를 불러놓고 엄명을 내렸다.

"사흘 안에 도둑을 잡지 못하면 네 목부터 벨 것이다."

잔뜩 겁을 집어먹은 장사는 두 명의 포도관(捕盜官)을 불러 명했다.

"이틀 안에 도둑을 붙잡지 못하면 너희 목을 벨 것이다."

그러자 포도관들은 또 부하들을 불러놓고 명했다.

"오늘 안으로 도둑놈을 잡아들이렷다. 그러지 않으면 너희를 먼저 처형할 것인즉!"

부하들은 발등에 불이 떨어졌지만 어찌해볼 엄두가 나지 않았.

마침 그 부하들 중 한 명이 길에서 호주(湖州) 별가(別架)라 불리는 소무명(蘇無名)을 만났는데, 진작부터 지략이 뛰어난 사람이라는 소문을 들어온 터라 그를 현청으로 청했다. 포도관이 예의를 갖춰 소무명을 반겨 맞으며, 무슨 좋은 방법이 없느냐고 묻자 그가 대답했다.

"황궁에 가야 얘기할 수 있습니다만……."

그가 황궁으로 들자 측천이 물었다.

"그래, 도둑을 잡을 묘안이 있느냐?"

"도둑을 잡으려면 미리부터 기한을 두지 마시고, 현청의 관원들에게도 도둑을 잡는답시고 설불리 헤집고 다니지 않게끔 해두셔야 합니다. 그리고 두 현의 포도관과 그 수하들 모두 소인의 지시에 따르도록 해주신다면 그리 오래지 않아 붙잡을 수 있을 것입니다."

그러자 측천은 군말 없이 그의 요구를 들어주었다.

소무명은 포도관과 그 수하들에게 도둑 체포 기한을 한 달쯤 미룰 수 있다고 말해놓고, 한식절(寒食節)이 되어서야 관원과 병졸들을 불러놓고 지시했다.

"열 사람이 한 패, 다섯이 한 조를 이뤄 각각 동문과 북문에 대기하고 있다가 호인(胡人)들이나, 상복을 입고 10여 명씩 무리를 지어 성문을 나가 북망산 쪽으로 가는 사람들이 있으면 그 뒤를 밟아 살펴보다가 돌아와 상황을 알리도록 하라."

관원과 병졸들이 성문을 지키고 있는데, 과연 성문을 빠져나가는 호인들이 보이기에 그 뒤를 밟아 상황을 살펴보고 돌아와 보고했다.

"호인들이 새로 만든 무덤에 가서 제를 지냈는데, 슬피 울지도 않고 제사가 끝난 다음에는 무덤을 빙빙 에돌면서 서로 마주 보고 시물시물 웃기도 하더군요."

그 보고를 들은 소무명이 자리에서 벌떡 일어나며 말했다.

"옳거니, 보물을 찾았어!"

그는 곧 호인들을 모두 잡아 가두고 그 무덤을 파헤치라고 명했다. 관 뚜껑을 열어보니 과연 그 안에 보물이 가득 들어 있었다.

나중에 소무명이 측천무후를 배알하고 사건을 마무리지었다고 말하자 측천이 물었다.

"그대는 무슨 수로 도둑놈을 모두 잡아들일 수 있었는가?"

"신도 별달리 뾰족한 방도는 없었습니다. 다만 그자들을 식별할 줄 알았을 따름입니다. 신이 경성에 들어오던 날 마침 장례를 치르러 가는 호인들과 맞닥뜨렸는데, 첫눈에 도둑놈들이라는 걸 알아봤지만 그 물건들을 어디다 감추었는지 몰라서 섣불리 건드릴 수 없었습니다. 그런데 한식절엔 분명 그리로 갈 것이라 예상되어 그 뒤를 추적해

보면 틀림없이 보물을 감춰둔 곳을 알아낼 수 있으리라 생각했습니다. 호인들이 제를 지낸답시고 무덤에 가서는 슬피 울지도 않았다는 것은 그곳에 묻혀 있는 것이 시신이 아니라는 것을 말합니다. 그리고 무덤을 에돌면서 서로 마주 보고 히죽거렸다는 것은 그 무덤이 훼손되지 않았기에 안심한다는 것을 말합니다. 애초에 폐하께서 현청의 포도관들을 독촉해 도둑놈을 잡는다고 떠들썩했다면 놈들은 벌써 보물을 챙겨서 멀리 달아났을 것입니다. 하지만 그런 내색을 하지 않고 있으니 놈들도 경계심을 늦추게 된 것이고, 보물을 파낼 생각도 하지 않았던 것입니다."

"그것 참 훌륭하군."

측천이 크게 기뻐하며 소무명에게 금과 비단을 내려주고, 직급을 두 단계 올려주었다.

소무명은 독창적이고 세밀한 관찰력을 갖추고 있었기에 도둑을 붙잡을 수 있었다. 제임스 와트(James Watt) 또한 이러한 천부적 재능이 있었기에 증기기관을 발명하여 전 유럽의 산업혁명을 앞당기는 데 크게 기여했다. 그런데 와트가 살인혐의를 뒤집어쓸 만한 일을 당한 덕분에 증기기관을 발명했다는 사실을 아는 사람은 많지 않다.

한때 와트는 글래스고 대학에서 수학기계공으로 일하면서 조교 노릇을 했다. 그는 늘 맡은 일을 성실히 해냈으므로 교수들의 평가가 좋았다.

그러던 어느 겨울날이었다. 글래스고 대학의 리스트 교수가 자기 집무실로 와트를 부르더니 은밀한 목소리로 말했다.

"와트 선생, 평소에 난 자네의 뛰어난 능력을 매우 부러워하던 터, 한 가지 부탁하고 싶은 일이 있는데…… 누군가가 내가 연구·발명한 기계 설계도안을 감쪽같이 복사해갔소. 그 설계도는 기술적으로 난이도가 무척 높아서 그걸 훔쳐간 사람도 이해하지 못하는 부분이 있을 것이니, 그때 가서……."

때마침 다른 조교가 커피 두 잔을 들고 들어오는 바람에 교수가 말을 중단했다. 커피를 놓고 나간 청년이 이번에는 물주전자를 들고 들어와 난로 위에 얹어놓더니 와트에게 깍듯이 말했다.

"천천히 드십시오."

조교가 나가자 교수는 문께로 다가가 열쇠구멍에 열쇠를 꽂아 돌려놓고는 조심스럽게 말했다.

"이젠 아무도 우리의 대화를 방해하지 못할 것이오. 내 조교까지도 믿을 수 없게 됐으니 참 한심하군!"

자기 자리로 돌아가 앉은 교수는 커피를 마시면서 설계도안을 도둑맞은 경위를 자세하게 얘기해주었다. 와트 역시 커피를 마시면서 교수의 이야기에 귀를 기울이고 있는데, 갑자기 머리가 어지럽고 눈이 가물거렸다.

"이런, 커피에 수면제를 탔구나!"

하지만 때는 이미 늦었다. 의식이 점점 모호해지고, 몸이 자꾸 아래로 처지기만 했다.

얼마나 지났을까. 간신히 혼수상태에서 깨어난 와트는 리스트 교수의 목 언저리에 5센티미터쯤 되는, 나무마개가 달린 침이 꽂혀 있다는 사실을 알게 되었다. 교수는 의자에 등을 기댄 채 죽어 있었다.

깜짝 놀란 와트는 문을 열고 조교를 부르려는 순간 열쇠구멍에 아직도 열쇠가 꽂혀 있음을 발견했다. 창문도 모두 닫혀 있었다. 그 청년이 들어왔다 나간 뒤로 아무도 들어올 수 없었던 것이다. 커피에 수면제를 탄 것은 그 조교가 분명했다. 하지만 그도 다시 들어올 수 없는데, 교수의 목에 꽂혀 있는 독침은 도대체 누구의 소행이란 말인가? 그것을 해명하지 못하면 자신이 살인범으로 몰릴 판국이었다. 와트는 문고리에서 손을 떼고 침착하게 그 독침이 교수의 목에 꽂히기까지의 과정을 추정해보았다……

"역시 그런 것이었군. 참 지독한 수법이네!"

사건의 전모를 파악한 와트는 자기도 모르게 탄식을 흘렸다. 알고 보니 그 독침은 조교가 증기의 원리를 이용해 교수의 목에 꽂히게 만든 것이었다. 조교는 물주전자를 난로 위에 얹어놓기 전에 독침을 꽂아놓은 나무쐐기를 주전자 주둥이에 밀어넣고, 앉아 있는 교수의 목 부위를 향해 주전자 주둥이를 맞춰놓았던 것이다. 물이 끓기 시작하는데 물주전자의 주둥이는 막혀 있다. 증기의 압력이 높아지다가 일정 정도에 도달하면 주둥이를 막은 쐐기가 빠져나가면서 교수의 목에 독침이 꽂히게 된다……. 수증기가 팽창할 때의 압력은 보통 물의 1,800배나 된다. 사전에 조교는 독침이 날아가는 각도와 속도를 몇 번이고 실험해보았을 것이다.

조교가 살인범이 틀림없다고 판단한 와트는 학교 측과 경찰에 신고했다. 조교는 교수가 설계도안을 도둑맞은 일을 추궁할까봐, 또 그 발명의 특허권을 독점하기 위해 음모를 꾸민 것이었다.

그렇게 와트는 총명한 두뇌와 예민한 관찰력으로 큰 화를 모면했을 뿐만 아니라 그 사건에서 아이디어를 얻어 증기기관을 발명해냈다.

기회는 얼마든지 있으며, 언제든 실생활에서 아이디어를 얻을 수 있다. 중요한 것은 그 기회를 발견하고 포착할 수 있느냐이다. 그것이 바로 성공하는 사람과 보통사람의 차이점이다.

## 43

# 현실에 맞지 않는 꿈은
# 포기하는 게 낫다

**原文** 宣曲任氏, 其先爲督道倉吏. 秦之敗也, 豪傑爭取金玉, 任氏獨窖倉粟. 楚漢相距滎陽, 民不得耕種, 米石至萬, 而豪傑金玉盡歸任氏.

한(漢)나라 때 선곡(宣曲) 지방의 임씨(任氏)는 큰 상인이었다. 그의 조상은 독도(督道)의 창고지기였다. 진이 패망하자 권세깨나 부리는 사람들은 모두 금은 장신구 같은 귀한 재물을 차지하기에 혈안이 되어 있었지만 유독 임씨만은 창고의 곡식을 몰래 감추어두었다. 그런데 초패왕 항우와 한왕 유방이 자웅을 겨루느라 형양(滎陽) 일대에서 오랫동안 대치하다 보니 농민들은 농사를 지을 수 없게 되어 쌀 한 말에 1만 전(錢)까지 값이 치솟았다. 이렇게 되자 세도가의 귀한 재물이 고스란히 임씨의 수중으로 굴러 들어오게 되었다.

짤막하고 깊은 뜻은 없어 보여도 매우 재미있는 이야기다. 금은 장신구를 앞다퉈 차지하려고 법석을 떨던 세도가들은 양식을 모아두는 임씨를 보고 어지간히 비웃었을 것이다. 하지만 그렇게 어렵사리 긁어모은 귀중품이 하나둘 임씨의 수중으로 들어갈 때는 얼마나 참담한 표정들이었을까? 임씨는 눈앞의 작은 이익에 현혹되지 않고 다른 사람들이 미처 생각지 못한 부분을 중히 여길 줄 아는 혜안을 갖고 있었다. 물론 이런 혜안을 갖추려면 자신이 처한 현실과 실력이 바탕되어야 한다.

19세기 중반, 미국 캘리포니아 주에 골드러시가 불어닥쳤다. 1848년 1월 새크라멘토에 가까운 아메리칸 강의 지류 강바닥에서 금이 발견되고, 그 주변에서 많은 금이 나오자 수많은 사람들이 이 지역으로 금을 캐러 몰려들었다. 이 소문이 퍼지자 이듬해에는 미국뿐 아니라 유럽, 중남미, 하와이, 중국 등지에서 약 10만 명이 캘리포니아 주로 이주해 왔다.

열일곱 살의 아모르도 소문을 듣고 금을 캐러 가기로 결심했지만, 배표 살 돈도 없는 처지였다. 하는 수 없이 그는 마차를 얻어 타고 노숙을 하며 캘리포니아로 향했다. 그런데 막상 캘리포니아에 도착해 보니 가장 기본적인 채금장비를 살 돈도 없었다. 맨손으로 금을 캔다는 건 말도 안 되는 노릇이었다.

그러나 그는 엄청난 부자가 되었다. 그것도 금을 캐서가 아니라 물장수를 해서 말이다.

광산지대는 땅이 메마르고 기후가 건조하여 물이 무척 귀했다. 그래서 금을 캐러 몰려든 사람들에게 가장 큰 고초가 갈증이었다. 많은 사람들은 금을 캐면서 흔히 이렇게 내뱉었다.

"누가 물 한 병만 갖다준다면 금화 한 닢을 줄 거야."

"난 물 한번 원 없이 마실 수 있다면 금화 두 닢이라도 내놓겠어."

그런 하소연을 듣고 있던 아모르의 머리에 문득 기발한 아이디어가 떠올랐다. 금 캐는 사람들에게 물을 판다면 금을 캐는 것보다 더 많은 돈을 벌 수 있겠다는 생각이었다.

그 즉시 아모르는 금을 찾겠다는 생각을 버리고, 물도랑을 파서 맑은 물을 끌어들이는 작업에 착수했다. 몇 단계에 걸쳐 여과한 도랑물은 시원하고 감미로운 음료수가 되었고, 아모르는 그 물을 나무통이나 물주전자에 담아 사람들에게 팔았다. 그런 아모르를 보면서 사람들은 캘리포니아에 왔으면 금을 캐서 큰돈을 벌 생각을 해야지 그렇게 하찮은 장사를 해서 언제 돈을 벌겠느냐며 비웃었다. 하지만 아모르는 부지런히 물을 날라다 팔았다. 몇 달이 지나자 아모르는 6,000달러를 벌어들였다. 그 당시로서는 엄청난 거금이었다. 많은 사람들이 금을 찾지 못해 주린 창자를 붙잡고 떠돌아다닐 때 아모르는 어느새 작은 부자가 되어 있었다.

아모르의 지혜는 채광 열풍을 냉철하게 직시한 데 있다. 치열한 시장경쟁에서 살아남기 위해 전전긍긍하는 기업인들은 흔히 빠지기 쉬운 매너리즘을 극복해야 한다.

이 두 이야기는 너무 높은 이상만 추구하는 것은 사업을 해나가는 데 오히려 장애가 될 수 있음을 보여준다. 많은 사람들은 현실과 너무 동떨어진 목표를 세우거나, 당장의 이익이 적어 보이면 하찮게 여기고 무시하는 경향이 있다. 강은 작은 냇물이 모여 이루어진 것이고, 만리장성도 벽돌 한 장 두 장이 모여 완성되었음을 명심하라. '작고 하찮은 일' 없이 어찌 '크고 위대한 사업'이 가능하단 말인가. 작고 하찮은 일이 모이고 모여 크고 위대한 사업의 디딤돌이 되는 것이다.

# 버려지는 것으로
# 새로운 이익을 창출한다

> **原文**
> 趙開既疏通錢引, 民以爲便. 一日, 有司獲僞引三十萬, 盜五十人, 議法當死. 張浚欲從之, 開曰: "相君誤矣, 使引僞, 加宣撫使印其上, 即爲眞矣. 黥其徒, 使治幣, 是相君一日獲三十萬之錢, 而起五十人之死也." 浚稱善.

북송 때 조개(趙開)가 실시한 전인(錢引, 지폐 - 옮긴이) 유통정책은 백성들로부터 큰 호평을 받았다.

그런데 한번은 어떤 관리가 위조된 전인 30만 냥을 발견했는데, 그 위조작업에 연루된 사람이 무려 50명이나 되었다. 법에 의하면 그들 모두 사형에 처해져야 마땅했다. 이때 조개가 사형을 집행하려는 장준(張浚)을 만류하며 말했다.

"이자들을 처형해버리기보다는 차라리 가짜 전인에 선무사(宣撫使) 관인을 찍으면 진짜 전인이 되지 않겠습니까. 그리고 이들의 몸에 기호를 새겨놓고 계속 우리를 위해 전인을 만들게 한다면, 하루 사이에 전인 30만 냥을 얻는 셈이고 애꿎은 50명의 목숨도 구할 수 있지 않습니까."

장준은 그 말에 일리가 있다고 생각되어 고개를 끄덕였다.

조개의 위대함은 쓰레기를 화폐로 활용했다는 데 있다. 어떤 사물을 보다 특출하게, 보다 큰 이윤을 창출하는 것 역시 사람 하기 나름이다. 미국에 이런 일이 있었다.

1886년 미국의 독립 100주년을 기념해 프랑스가 선물한 '자유의 여신상'은 자유를 찾아 신대륙으로 건너온 미국인의 자부심이자 상징이 되었다.

하지만 이 거대한 동상도 자연의 법칙을 거스를 수는 없었다. 오랜 풍상과 지대한 관심 속에서 사람들의 발길이 계속되자 조금씩 낡고 녹이 슬어갔다.

1974년 미국 정부는 마침내 '자유의 여신상'을 보수하기로 결정하고, 공사 도중에 나오는 쓰레기를 처리하기 위해 폐기물 입찰공고를 냈다. 하지만 몇 달이 지나도록 선뜻 나서는 사람이 없었는데, 프랑스에 머물고 있던 한 유대인 기업가가 그 소식을 듣고 급히 뉴욕으로 건너왔다. 그리고 동상의 쓰레기를 자기가 처리하겠다는 뜻을 밝혔다.

미국은 쓰레기에 대한 규제가 워낙 까다로워 구리덩어리, 나사못, 목재 등이 마구 뒤섞인 이 쓰레기를 처리하는 데 엄청난 비용이 소요될 것이 뻔했다. 게다가 유대인 기업가는 쓰레기 값까지 모두 지불했는데, 사람들은 모두 그의 결정을 비웃었다.

하지만 그는 아랑곳하지 않고 인부들을 고용해 쓰레기더미를 옮긴 뒤 분리작업을 시작했다. 그리고 구리덩어리는 녹여서 작은 '자유의 여신상'을, 시멘트덩어리와 목재로는 여신상의 받침을 만들었다. 또 아연과 알루미늄으로는 뉴욕 광장 모양의 열쇠고리를 만들어 상품으로 내놓았다.

　100년 역사를 가진 '자유의 여신상'으로 만든 기념품은 날개돋친 듯이 팔렸고, 유대인은 그 쓰레기로 무려 350만 달러를 벌어들여 1만 배가 넘는 부를 창출했다.

　이처럼 창조의 가치는 무한하다. 유대인의 성공 비결은 사물의 다면성을 잘 이용할 줄 알았기 때문이다.

# '조금만 더' 참고 노력하면……

> [原文] 種世衡既城寬州, 苦無泉, 鑿地百五十尺, 見石. 工徒拱手曰: "是不可井矣!" 世衡曰: "過石而下, 將無泉邪? 爾其屑而出之, 凡一畚, 償爾一金!" 複致力, 過石數重, 泉果沛然. 朝廷因署爲淸澗城.

 종세형(種世衡)이 관주성(寬州城)을 세웠는데, 성안에 물이 없는 것이 가장 큰 문제였다. 그래서 인부들을 시켜 속히 우물을 파라고 명해 150자(尺) 정도를 팠는데, 큰 바위가 나오는 바람에 더 이상 파내려갈 수가 없었다. 인부들이 종세형에게 말했다.

"이 자리는 더 이상 파내려갈 수 없을 것 같습니다."

"왜 안 되는가? 그 바위를 뚫고 내려가면 되잖은가? 바위를 부수어 계속 파내려가도록 하게. 내 자네들이 바위조각을 한 광주리 쪼아 올릴 때마다 은 한 냥씩 주겠네!"

그 말에 인부들은 바위를 깨내며 계속 파내려갔는데, 과연 얼마 지나지 않아 물이 콸콸 솟았다. 그후 조정에서는 관주성을 청간성(淸澗城)이라 불렀다.

언젠가 한 만화에서 우물 파는 사람들이 지하수까지 겨우 한 자(尺)를 남겨두고 포기해버리는 장면을 본 적이 있다. 확실히 '조금만 더!'는 성공한 사람들의 비결인 셈이다.

무슨 일이든 순풍에 돛단 듯 순탄할 수만은 없다. 어려움에 부닥쳤을 때 그 자리에 주저앉고 말 것인가, 아니면 좀더 인내할 것인가에 따라 그 결과는 백팔십도 달라진다. 청간성 이야기뿐 아니라 미국의 한 엔지니어 이야기도 이를 뒷받침해준다.

미국 매사추세츠 공과대학원을 졸업한 아카데미는 새로운 석유탐사기를 개발했는데 기존의 탐사기와 전류계, 자력계, 시추기(試錐機) 등을 한데 조합한 훨씬 업그레이드된 장비였다. 아카데미는 그 장비를 들고 서부 사막의 한 투자회사 광구를 찾아가 석유탐사에 돌입했는데, 섭씨 43도가 넘는 숨막히는 악조건 하에서 수개월 동안 돌아다녔지만 아무런 소득이 없었다. 결국 얼마 후 투자회사는 파산해버렸고, 아카데미는 일자리를 잃고 그곳을 떠나야 했다.

아카데미는 고향으로 돌아가기 위해 미국 중남부에 위치한 오클라호마 주의 오클라호마시티 역에서 기차를 타게 되었다. 역 건물에서 기차를 기다리면서 그는 무료함을 달래려고 탐사기를 세워놓고 장난을 쳤다. 그런데 뜻밖에도 기차역 지하에 석유가 대량으로 매장되어 있다고 나타나는 것이 아닌가!

마음이 착잡했던 아카데미는 더 이상 그 기계를 믿고 싶지 않았다. 홧김에 그는 탐사기를 내동댕이쳐 부숴버리며 소리쳤다.

"순 엉터리! 거짓말쟁이! 사기꾼 같으니라고!"

그러고는 의기소침한 모습으로 귀향길에 올랐다.

그런데 얼마 후 사람들은 오클라호마 지하에 엄청난 석유가 매장되어 있다는 사실을 알게 되었다. 정확히 표현하자면, 오클라호마시티가 석유 위에 떠 있는 도시라고 할 정도였던 것이다. 안타깝게도, 아카데미는 자신이 개발한 장비를 자기 손으로 망가뜨려버림으로써 어마어마한 유전지대를 스쳐지나가고 만 것이다.

그는 '조금만 더'라는 의지가 없었기에 실패자로 남고 말았으며, 그 엄청난 충격은 평생 동안 그를 따라다니며 괴롭혔다.

결국 꾸준한 노력만이 성공으로 가는 지름길인 것이다.

# 어떻게든 살아남아야
# 승리의 기쁨도 맛본다

原文  黃蓋嘗爲石城長, 石城吏特難檢禦. 蓋至, 爲置兩掾, 分主諸曹, 教曰: "令長不德, 徒以武功得官, 不謫文吏事. 今寇未平, 多軍務, 一切文書, 悉付兩掾, 其爲檢攝諸曹, 糾摘謬誤. 若有奸欺者, 終不以鞭樸相加!" 教下, 初皆怖懼恭職. 久之, 吏以蓋不治文書, 頗懈肆. 蓋微省之, 得兩掾不法各數事, 乃悉召諸掾, 出數事詰問之. 兩掾叩頭謝, 蓋曰: "吾業有教: 終不以鞭樸相加. 不敢欺也!" 竟殺之. 諸掾自是股栗, 一縣肅清.

　　황개(黃蓋)가 석성(石城) 현령으로 부임했는데, 까다롭게 구는 관원이 적지 않아서 그들을 다루는 데 무척 애를 먹었다. 이에 황개는 새로이 부사(副使) 두 명을 임명하여 그들에게 업무를 맡기는 한편, 관원들을 모아놓고 말했다.

　　"일개 현령으로서 나는 별다른 능력이 없는 사람이오. 그저 전공을 몇 번 세운 덕에 이 자리에 올랐을 뿐 사무에 밝지 못합니다. 아직 도적떼를 다 멸하지 못했고, 또 군사도 크게 정비해야 하니 차후에 모든 문서사항은 두 부사께 맡겨 나 대신 각 부서의 일을 보살피고 여러 문제점을 바로잡게 할 것이오. 하지만 나중에 간통이나 사기, 거짓행위가 발각될 경우 경고 정도의 가벼운 처벌에 그치지는 않을 것이오."

그후 관원들은 한동안 매사에 조심하고 자기가 맡은 업무를 착실히 수행했다. 그런데 황개가 정말 사무에 어두운 줄 알고 시간이 갈수록 나태하고 방임하기 시작했다.

황개는 미복(微服)을 하고 이런 상황을 면밀히 살폈는데, 그러던 중 자기가 임명한 부사들의 범죄행위를 찾아냈다. 그가 다시 한 번 관원들을 모두 불러놓고 그동안 그들이 저지른 범죄 사실을 밝히자 두 사람은 황망히 머리를 조아리며 잘못을 빌었다.

이에 황개가 딱 잘라 한마디했다.

"문제가 발생하면 절대 그냥 넘어가지 않겠다고 경고했거늘……!"

그리고는 곧바로 두 사람을 극형에 처했다. 그 일로 잔뜩 겁을 집어먹은 관리들은 그뒤 직무태만이나 경솔한 행위를 하지 않았다.

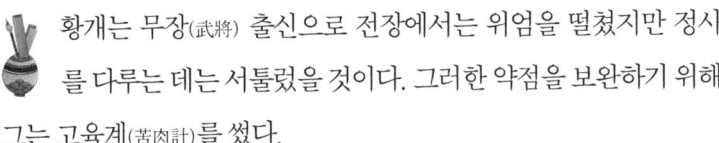

황개는 무장(武將) 출신으로 전장에서는 위엄을 떨쳤지만 정사를 다루는 데는 서툴렀을 것이다. 그러한 약점을 보완하기 위해 그는 고육계(苦肉計)를 썼다.

전쟁이란 잔혹한 것, 살아남으려면 상대를 이겨야 한다. 그리고 상대를 이기려면 어떤 기만술도 서슴지 말아야 한다.

1944년, 소련군과 독일군은 우크라이나에서 치열한 격전을 치르게 되었다. 소련군의 탱크부대가 적의 방어선을 향해 일제히 돌진하고 있었는데, 맨 앞에서 진격하던 중형탱크 한 대가 갑자기 깊은 수렁에 빠져 멈춰서버렸다. 곧 독일군이 옴짝달싹못하게 된 탱크를 둘러쌌고, 탱크의 철갑을 두드리며 고함질렀다.

"어이, 소련놈들. 어서 나와 투항하라고!"

"천만에! 우리 소련 군대는 죽으면 죽었지 투항 같은 건 안 해!"

그런 대꾸와 함께 탱크 안에서 총소리와 신음소리가 잇따라 들려오더니 이윽고 잠잠해졌다. 독일군이 철갑을 두드려보고 귀도 기울여보았지만 안에서는 아무런 기척도 없었다.

탱크 안에서 소련군 병사들이 자살했다고 확신한 독일군은 전리품으로 그 탱크를 끌어가려 했다. 그런데 그 중형탱크는 탱크 한 대로 끌어내려 해도 끄떡하지 않았다. 하는 수 없이 독일군은 탱크 한 대를 더 동원해 간신히 수렁에서 끌어냈는데, 이제 막 전리품을 챙겨 돌아가려고 하는 순간이었다. 갑자기 그 중형탱크가 '부르릉' 하고 시동이 걸리는 것이었다. 혼비백산한 독일군이 탱크를 향해 마구 난사했지만, 그 거물은 끄떡없이 독일군 탱크 두 대까지 끌고 소련군의 진지로 돌아갔다.

독일군은 소련군의 쉽게 굴복하지 않는 정신을 아주 당연하게 여겼을 뿐, 속임수일 거라곤 미처 생각지 못했다. 소련군 탱크병들은 위기 상황을 슬기롭게 헤쳐나왔을 뿐만 아니라 전리품까지 끌고 귀환했다. 이는 곧 영웅적 행위보다 한 단계 높은 수준의 전술이라 할 수 있다.

# 머뭇거리지 말고
# 과감하게 밀어붙여라

高洋內明而外晦, 衆莫知也, 獨歡異之, 曰:"此兒識慮過吾!" 時歡欲觀諸子意識, 使各治亂絲, 洋獨持刀斬之, 曰:"亂者必斬!"

고양(高洋)은 매사에 사리가 밝고 똑똑했으나 겉으로는 어수룩해 보여서 그 진면목을 알아주는 이가 없었다. 오직 그의 아버지 고환(高歡)만 아들의 비범함을 알아주며 항상 입버릇처럼 말했다.

"저 아이의 식견은 나를 능가하고 있어!"

한번은 고환이 자식들의 학식과 견문을 알아볼 요량으로 헝클어진 삼단을 나눠주면서 잘 정리하여 가져오라고 했다. 그런데 고양은 그 자리에서 칼을 뽑아 삼단을 싹둑 자르더니 말했다.

"이렇게 마구 흐트러진 물건은 잘라버리는 것이 제일 빠르고 현명한 방법입니다!"

북제(北齊)의 개국황제였던 고양은 어릴 때 삼단을 자르는 사소한 일에서부터 일찌감치 담력과 박력을 드러냈다.

살다 보면 복잡하고 자질구레한 일이 수없이 많다. 그렇게 번잡한 국면을 하루라도 빨리 수습하려면 단칼에 삼단을 자르는 과감함이 필요하다. 비즈니스에서도 과감성은 매우 중요한 성공 요소이다.

스위스의 한 연구원이 전자볼펜과 그 보조장비를 개발하는 데 성공했다. 위성촬영한 적외선 사진도 수정할 수 있을 정도로 매우 획기적인 이 발명품에 전 세계가 주목했다. 미국의 모 대기업에서 당장 사람을 보내 파격적인 조건으로 그를 스카우트하려고 했다. 이에 뒤질세라 스위스의 여러 회사에서도 온갖 수단을 동원해 그 연구원을 붙잡아두려고 했다. 한참 동안 실랑이를 벌인 끝에 미국 기업에서 파견한 사람이 결론적으로 말했다.

"난 이 자리에서 더 이상의 조건을 내세우고 싶지 않소. 단, 저들과 줄다리기가 끝나면 우린 그보다 다섯 배 되는 조건으로 당신을 스카우트해갈 거란 점만 약속할 수 있소."

결국 그 연구원은 미국 기업을 선택했고, 스위스의 회사들은 닭 쫓던 개 지붕 쳐다보는 꼴이 되어버렸다.

만약 미국인이 경쟁상대인 스위스인들을 의식하며 협상에 들어갔다면, 그 결과는 장담할 수 없었을 것이다. 그러나 미국인은 간단한 약속 한마디로 경쟁자를 모두 물리쳤다. 이것 역시 흐트러진 삼단을 자르듯이, 과감한 결단의 힘을 잘 보여주는 이야기다.

# 상대를
# 감쪽같이 속여라

> 王右軍幼時, 大將軍甚愛之, 恒置帳中眠. 大將軍嘗先起, 須臾, 錢鳳入, 屛人論逆節事, 都忘右軍在帳中. 右軍覺, 既聞所論, 知無活理, 乃剝吐汚頭面被褥, 詐熟眠. 敎論事半, 方悟右軍未起, 相與大驚曰: "不得不除之!" 及開帳, 乃見吐唾縱橫, 信其實熟眠, 由是得全.

서성(書聖) 왕희지(王羲之)는 어린 시절에 대장군 왕돈(王敦)의 총애를 받았다. 대장군은 종종 왕희지를 자기 거처로 불러들여 놀고 자게 했다.

한번은 왕돈이 아침에 일어난 지 얼마 지나지 않아 전봉(錢鳳)이 찾아왔다. 왕돈은 즉시 사람들을 물리고 모반을 꾸미는 일로 전봉과 밀담을 나누었다.

그런데 두 사람은 왕희지가 아직까지 휘장 안에서 자고 있다는 사실을 깜빡 잊고 있었다. 불현듯 잠에서 깬 왕희지는 두 사람의 대화 내용을 엿듣게 되었고, 만약 자기가 엿들었다는 사실이 발각되면 죽음을 면치 못하리라는 것을 알았다. 그래서 왕희지는 침을 찍어 얼굴에 덕지덕지 바르고, 머리까지 이불을 뒤집어쓴 채 깊이 잠든 척했다.

얼마 후 왕돈은 왕희지가 아직 자고 있다는 데 생각이 미쳐 깜짝 놀랐다.

"어쩔 수 없이 이 어린것을 죽여야겠군!"

그러고는 휘장을 열어제쳤는데 왕희지는 얼굴에 침을 잔뜩 묻힌 채 세상모르고 잠들어 있었다. 그제야 왕돈은 안도의 한숨을 내쉬었고, 덕분에 왕희지도 자기 목숨을 구할 수 있었다.

어린 왕희지의 수법을 병법에서는 '연막전술'이라 한다. '연막'은 무력이 아닌 모략이다. 거짓된 모습이나 연기로 상대를 속여넘기는 것이다. 제2차 세계대전 당시 전 세계를 떠들썩하게 한 '진주만 기습공격'은 일본의 연막전술이 성공한 전형적인 사례이다.

1940년 9월 27일 일본은 독일과 이탈리아가 '유럽의 새 질서'를 수립하는 패권국임을 승인했고, 독일과 이탈리아도 일본이 '대동아 질서'의 주역임을 승인했다. 하지만 미국 입장에서 이것은 불길에 휘발유를 끼얹는 격이었다. 미국은 어떻게든 일본의 콧대를 눌러놓겠다며 단단히 벼르고 있었다.

1941년 4월 13일, 소련을 구슬려 중립조약을 맺은 일본은 한층 더 으스댔다. 그리고 뒤쪽 걱정을 덜어버린 일본은 남진(南進)을 서둘렀다. 당시 일본 주재 미국 대사 조셉 그루는 미국 국무부에 일본이 진주만을 기습할 수도 있으니 태평양전쟁에 대비하라고 보고했다.

대사의 보고를 받은 미국도 처음 얼마 동안은 신경을 곤두세웠다. 한편 일본은 진주만 기습을 은폐하기 위해 한동안 미국과 협상을 벌였다. 미국 주재 일본 대사 노무라(野村)와 미국 국무장관 코델 헐이

60여 차례나 만날 정도였다. 일본은 미국과의 협상에 무게중심을 두는 듯 독일 주재 일본 대사도 파견했고, 독일·이탈리아와 삼국동맹을 체결한 구루스 사부로(來栖三郞)까지 협상장에 내보냈다. 구루스가 협상에 참여하면서 회의는 한 시간 이상 걸렸으며, 심지어 네 시간이 걸릴 때도 있었다. 그렇게 수차례에 걸쳐 담판을 시도했지만 결국 협의에 이르지 못했다.

1941년 12월 6일, 미국 대통령 루스벨트는 일본 천황에게 마지막 결단을 촉구하는 전보를 보냈다. 그날 저녁, 구루스와 노무라는 여전히 미국 국무장관 헐과 마주 앉아 평화협상안을 놓고 토론 중이었다. 어느덧 두 시간째 회의가 진행되고 있을 즈음이었다. '가장 비열한 기습'으로 알려진 일본 비행편대의 진주만 기습이 감행되었고, 태평양전쟁의 도화선에 불이 붙게 되었다.

1941년 12월 7일, 때마침 하와이는 일요일이었다. 일본은 미국의 3군이 휴식을 취하느라 무방비상태인 아침 7시 55분부터 미국 태평양해군기지 진주만을 융단폭격하기 시작했다. 그리고 일본 본영에서는 오전 10시가 되어서야 영국과 미국에 공식적인 선전포고를 했다.

불과 한 시간 안팎의 기습이었지만 미군의 손실은 엄청났다. 주력함 8척과 기타 전함 10척, 전투기 250대가 파손되었고 사상자 수가 3,954명에 이르렀다. 평화담판을 빙자한 일본의 연막전술에 감쪽같이 속은 루스벨트가 분기탱천한 목소리로 선언했다.

"일본놈들은 완전 사기꾼이다! 나는 미합중국 대통령으로서 평생토록 이 수치를 잊지 않을 것이다. 전 국민에게 호소하여 끝까지 싸울 것을 맹세한다!"

그 이튿날 미국 의회는 대일 선전포고 결의안을 통과시켰다.

진주만 기습은 태평양전쟁, 즉 미국의 대일본전을 촉발시키는 계기가 되었고, 길게 보면 일본의 실책이라 할 수도 있다. 히로시마 원폭 투하로 일본이 무조건 항복하는 처지로 내몰렸으니 말이다. 그러나 그 전략만 놓고 보았을 때 진주만 기습은 성공적인 사례로 기록되고 있다.

# 유비무환의 이치

| 有備無患의 理 |

위기는 느닷없이 찾아온다. 내일은 이미 늦다. 다시 한 번 시도할 수 있는 기회는 오지 않는다. 그렇다면 어떻게 해야 할까? 물론 당장 할 수 있는 일부터 시작하되, 편안할수록 경계하고 위기를 생각해야 한다. 언제 어디서나 당당하게 사람들을 만나고, 자신감 넘치게 일할 수 있는 원동력도 평상시의 철저한 준비에서 나온다.

# 우회적으로 드러내고 모순을 만들어낸다

> 原文 真宗不豫, 李迪與宰執以祈禳宿內殿. 時仁宗幼沖, 八大王元儼者有威名, 以問疾留禁中, 累日不出. 執政患之, 無以為計. 偶翰林司以金盂貯熟水, 曰: "王所需也." 迪取案上墨筆攪水中盡墨, 令持去. 王見之, 大驚, 意其毒也, 卽上馬馳去.

송나라 진종(眞宗)이 중병을 앓아 자리에 눕자 이적(李迪)과 재상이 내전에 머물면서 황제의 신변을 돌보았다. 그런데 아직 인종(仁宗)은 어린데다 위엄 있고 명망 높은 팔대왕(八大王) 원엄(元儼)은 문병을 빙자해 궁중에서 나갈 생각을 하지 않았다. 재상은 이를 매우 불안하게 여겼지만 뾰족한 수가 없어서 고민이었다.

하루는 금 대야에 따뜻한 물을 떠들고 가는 한림사(翰林司)를 보고 물었더니, 팔대왕이 시켜서 가져간다고 했다. 이적은 곧 탁자에서 먹을 가득 묻힌 붓을 들어 대야 안을 휘저어놓고는 그대로 가져가라 했다. 시커먼 먹물을 본 팔대왕은 독을 탄 물인 줄 알고 깜짝 놀라 그 즉시 궁을 나갔다.

황제의 숙부인 팔대왕은 그 직위가 어마어마하여 궁중에 머문다 해도 뭐라 말할 수 있는 사람이 없다. 하지만 황제를 위해서는 두고볼 수만은 없는 일, 그 난처한 상황에서 이적은 우회적인 방법으로 팔대왕 스스로 물러가게 했다.

일상생활이나 비즈니스에서도 우회적인 방법이 오히려 어려운 문제를 쉽게 해결하는 경우가 많다.

명성이 자자한 세일즈맨이 있었는데, 무엇이든 팔지 못하는 것이 없었다. 치과의사에게 칫솔을 파는가 하면, 제빵사에게 빵을 팔았고, 장님에게 TV를 팔 수도 있었다.

그런데 어느 날 한 친구가 장난삼아 말했다.

"자네 실력이 대단한 건 알지만, 엘크에게 방독면을 팔 수 있다면 자넬 진정한 프로 세일즈맨으로 인정해주겠네."

그 말에 세일즈맨은 불원천리하고 엘크들이 모여 산다는 시베리아의 숲 속으로 들어갔다. 그리고 그곳에서 처음 만난 엘크에게 말을 건넸다.

"안녕하십니까? 보아하니 당신도 방독면이 필요할 것 같군요."

"허, 참나!"

엘크가 코웃음을 치며 말했다.

"숲 속 공기가 이렇게 좋은데 방독면이 무슨 소용이요?"

"그래도 요즘엔 다들 하나씩 갖고 있답니다."

"아무튼 난 필요 없소."

"글쎄요. 아마 이제 곧 필요하게 될 겁니다."

말을 마친 그는 곧바로 엘크들이 모여 사는 산 속에다 공장을 세우기 시작했다.

그 소식을 들은 친구가 혀를 끌끌 찼다.

"자네 정말 미쳤군!"

"아니, 난 미치지 않았어. 단지 엘크에게 방독면을 팔아보려고."

갑자기 산 속에 공장이 들어서자 굴뚝에서 연기가 뿜어져 나와 공기를 오염시켰다. 그러자 얼마 지나지 않아 지난번에 처음으로 만났던 엘크가 세일즈맨을 찾아와 말했다.

"나한테도 그 방독면이라는 걸 하나 파시겠소?"

세일즈맨이 방독면을 건네주며 말했다.

"물론입니다. 참 유용한 물건이죠!"

"다른 친구들도 필요할 텐데, 더 있습니까?"

"물론 있고말고요. 얼마든지요!"

엘크가 고개를 갸우뚱하며 물었다.

"그런데 이 공장에선 대체 뭘 만드는 거죠?"

세일즈맨이 매우 신이 난 목소리로 대답했다.

"예, 방독면을 생산한답니다."

세일즈맨은 방독면을 팔기 위해 매우 우회적인 방법으로 자기 목적을 달성했다. 수요란 더러 만들어낼 수도 있는 것이다. 모순을 해결하는 능력이 뛰어나다면, 먼저 그 모순을 만들어낼 줄도 알고 있는 것이다.

# 당장 할 수 있는 일부터 시작하라

**原文** 魯人燒積澤, 天北風, 火南倚, 恐燒國. 哀公自將衆趨救火者. 左右無人, 盡逐獸, 而火不救. 召問仲尼, 仲尼曰: "逐獸者樂而無罰, 救火者苦而無賞, 此火之所以無救也." 哀公曰: "善." 仲尼曰: "事急, 不及以賞救火者. 盡賞之, 則國不足以賞於人. 請徒行罰!" 乃下令曰: "不救火者, 比降北之罪; 逐獸者, 比入禁之罪!" 令下未遍, 而火已救矣.

 노(魯)나라 사람들이 초목이 무성한 소택지에 불을 질렀는데, 때마침 북풍이 불어닥쳐 삽시간에 남쪽으로 번졌다. 그 불길이 도성까지 덮칠까봐 걱정된 애공(哀公)은 직접 사람들을 인솔하여 불길을 잡으려 했다. 그런데 정작 불을 끄는 사람은 드물고, 다들 불길에 놀라 숲에서 뛰쳐나온 산짐승을 쫓아다니기 바빴다. 애공이 공자를 불러 해결책이 없겠냐고 묻자 공자가 대답했다.

"산짐승을 쫓아다니는 사람들은 자기 즐거움을 맛보면서도 벌을 받지 않고, 불을 끄느라 고생해봤자 상금도 없으니 불 끄기에 나서지 않는 것입니다."

"그런 까닭이었군."

"지금 상황이 시급하고, 또 나라 재정상 불 끄는 사람들에게 일일이 상금을 줄 수도 없는 노릇입니다. 그러니 벌을 주는 게 나을 듯싶습니다."

공자의 말에 애공은 곧 영을 내렸다.

"불을 끄지 않는 자는 패전하고 투항한 죄로 처벌할 것이요, 산짐승만 쫓아다니는 자는 금지구역에 무단 침입한 죄로 처벌할 것이다."

그러자 그 영이 일일이 전해지기도 전에 불이 다 꺼졌다.

나라와 군사를 다스리고 정사를 돌보는 데 상과 벌은 가장 효과적인 수단이다. 그래서 예로부터 상과 벌은 분명했다. 어떤 경우에 상을 주고, 어떤 경우에 벌을 주는 것 역시 매우 중요하다. 물론 잘하면 큰 효과를 거두겠지만, 자칫 무절제하게 상벌을 남발하는 부작용이 생길 수도 있다. 이러한 점을 파악한 공자의 진언은 구절구절이 주옥같다. 프랑스에도 이와 비슷한 이야기가 있다.

베르네는 프랑스의 유명 작가로, 여러 편의 소설과 시나리오를 창작해 프랑스 영화사의 한 페이지를 장식한 인물이다.

한번은 어느 신문에 이런 퀴즈문제가 실렸다.

'루브르 박물관에 화재가 발생했는데, 그림 한 점밖에 건져낼 수 없는 상황이다. 당신이라면 어떤 그림을 건져낼 것인가?'

수많은 답안이 제출되었는데, 그 중 베르네의 답이 정답으로 선정되었다. 그는 '나라면 출구에서 가장 가까운 거리에 있는 그림을 건져낼 것이다'라고 답했던 것이다.

무슨 일이든 너무 높이, 너무 큰 것만 바라보지 말고 실제로 할 수 있는 작은 일부터 시작해야 한다는 이치를 설명해주는 이야기다. 성공의 최상목표는 제일 가치 있는 것이 아니라 가장 실현 가능한 일이다.

유럽에 이런 속담이 있다.

'하늘의 백조를 탐내지 말고, 손안에 든 참새나 잘 보살펴라.'

# 상대를 건드리지 않고
# 목적을 달성한다

**原文** 王舒王越國吳夫人 性好潔成疾, 王任真率, 每不相合. 自江寧乞骸歸私第, 有官藤床, 吳假用未還, 郡吏來索, 左右莫敢言. 王一旦跣而登床, 偃仰良久. 吳望見, 即命送還.

왕안석(王安石)은 털털한 성격인 데 반해 그의 아내 오씨(吳氏)는 결벽증이 심해 서로 다투는 일이 잦았다.

왕안석이 강녕(江寧)에서 사직하고 고향으로 돌아가게 되었는데, 오씨는 관아에서 빌려온 등나무 침대를 돌려줄 생각을 하지 않았다. 관아에서 사람을 보내 침대를 찾아오게 했지만, 섣불리 돌려달라고 말하지 못했다. 그러던 어느 날 아침 왕안석이 맨발로 침대에 올라가 한잠 자고 일어났는데, 이를 본 오씨는 당장에 침대를 가져가라고 소리쳤다.

공산주의 혁명을 주도한 레닌은 왕안석을 11세기 중국의 가장 뛰어난 개혁가라고 말했다. '일인지하(一人之下) 만인지상(萬人之上)'의 자리(재상)에 있었던 그는 공관의 등나무 침대를 돌려주기 위해

❺ 유비무환의 이치

꾀를 부렸다. 비록 사소한 일에 불과하지만 그의 인격이 얼마나 청렴했는지를 단번에 알 수 있다. 그런데 여기서 주목해야 하는 것은 그의 교묘한 수법이다. 결벽증이 심한 아내의 감정을 상하게 하지 않으면서 자기 목적을 달성한 것이다.

많은 기업들이 시장경쟁에서 살아남기 위해 이런 수법을 쓰고 있다. 일본의 세이코 시계회사에서 호주시장을 개척하기 위해 실시한 마케팅 전략은 그 전형적인 사례이다.

시계는 정확도가 높아야 하고, 충격을 가하거나 떨어뜨리면 안 된다는 것은 누구나 알고 있는 상식이다. 그런데 세이코에서는 난공불락을 자랑하는 스위스 시계의 명성을 무너뜨리고 자사 제품의 지명도를 높여 호주시장을 공략하기 위해 엉뚱한 광고를 냈다. ○○일 ○○시에 헬기로 모 광장에 시계를 공중 투하할 예정인데, 누구든 줍는 사람이 임자라는 내용이었다.

그 광고를 본 많은 사람들이 일찌감치 광장에 나가 기다리는데, 과연 헬기 한 대가 날아오더니 시계를 무더기로 쏟아붓는 것이었다. 그 시계를 주워보니 겉모양도 멀쩡했고 시계바늘도 정확히 돌아가고 있었다. 그리고 한 번 더 살펴보니 '세이코'라는 상표가 한눈에 안겨왔다. 그뒤 세이코 시계는 사람들의 인기를 끌었고, 단숨에 호주시장 입성에 성공하여 순조로운 판매 실적을 기록했다.

물론 세이코 시계의 마케팅은 탄탄한 품질우위를 기초로 한 것이지만, 그 엉뚱한 기법은 좋은 참고자료가 된다.

# 모범이 되는
# 리더가 되라

**原文** 桓公好服紫, 一國之人皆服紫. 公患之, 訪於管子. 明日公朝, 謂衣紫者曰:
"吾甚惡紫臭, 子毋近寡人!" 於是國無服紫者矣.

제나라 환공(桓公)은 자주색 옷을 즐겨 입었는데, 이를 보고 제나라 사람들 모두 자주색 옷만 입고 다녔다. 이를 못마땅하게 여긴 환공이 관중(管仲)에게 무슨 방법이 없겠느냐고 물었다. 관중이 여차여차하면 될 거라고 알려주었는데, 이튿날 조정에 나간 환공이 자주색 옷을 입은 신하를 가리키며 말했다.

"과인은 자주색 물감 냄새가 질색이니, 나에게 가까이 오지 말도록 하라."

그뒤 제나라에서는 자주색 옷을 입고 다니는 사람을 찾아볼 수 없었다.

 속담에 '대들보가 휘면 기둥도 휜다'고 했다. 그 '대들보'가 한 집안의 것이라면 '휘는' 정도가 뻔하지만, 기업체나 국가의 것이라면 '휘는' 정도가 상상을 초월할 만큼 무서운 후유증을 초래한다. 과거 초나라 영왕(靈王)은 허리가 가는 여자를 좋아해 온 나라 여자들이 죽기살기로 음식을 먹지 않고 허리를 졸라대는 통에 '초왕이 허리 가는 여자를 좋아하니 굶어죽는 여자가 부지기수다'라는 말이 전해질 정도로 엄청난 파장을 불러왔다.

반대로 '대들보'가 바르면 아래 '기둥'도 당연히 바르고 튼튼하다. 제 환공의 수법은 사람들에게 무턱대고 임금을 모방하고 아부하는 것은 옳지 않다는 것을 일깨워주기 위해서였다. 오늘날의 사례를 하나 들어보자.

중국의 유명 공연단이 홍콩을 방문하게 되었다. 그 일행이 공항에 내리자 반갑게 맞아주는 사람이 있었는데, 짐도 들어주고 호텔 방도 안내해주고 화장실까지 깨끗이 청소해주면서 아주 부지런히 뛰어다녔다. 식당에서는 요리 접시를 나르고, 술을 따라주고, 물수건까지 챙겨다주었다. 공연단 일행 모두 그 사람이 누군지 궁금해하고 있었다.

그런데 얼마 후 호텔 직원들과 기념촬영을 하게 되었는데, 호텔 직원들이 한사코 그 사람도 함께 사진을 찍어야 한다고 끌어당기기에 누구냐고 물어보니 호텔 사장이라는 것이었다. 순간, 일행 모두 너무 놀라고 감동해 그날 공연에 각별히 신경을 썼다. 호텔 사장이 이렇게 열성적으로 뛰어다니는데, 그 직원들이야 말해 무엇하랴. 이를 두고 '바른 대들보'의 역할이라 하지 않겠는가?

# 작은 실수는 호되게,
# 큰 실수는 너그럽게!

**原文** 吉為相, 有馭吏嗜酒, 從吉出, 醉嘔丞相車上. 西曹主吏白, 欲斥之. 吉曰: "以醉飽之失去士, 使此人複何所容? 西曹第忍之, 此不過污丞相車茵耳." 此馭吏, 邊郡人, 習知邊塞發奔命警備事. 嘗出, 適見馭騎赤白囊, 邊郡發奔命書馳來. 至, 馭吏因隨驛騎至公車刺取, 知虜入雲中、代郡, 遽歸見吉, 白狀, 因曰: "恐虜所入邊郡, 二千石長吏有老病不任兵馬者, 宜可豫視." 吉善其言, 召東曹案邊長吏科條其人. 未已, 詔召丞相、禦使, 問以虜所入郡吏. 吉具對. 禦使大夫卒遽不能詳知, 以得譴讓; 而吉見謂憂邊思職, 馭吏力也.

서한(西漢) 때 병길(丙吉)이 승상으로 있었는데, 그의 수하 중에 술을 좋아하는 마부가 있었다. 한번은 그가 병길을 따라 외출했다가 술에 취해 마차에 토해놓았는데, 서조(西曹)라는 주리(主吏)가 병길에게 사실대로 고하며 마부를 내쫓아야 한다고 말했다. 이에 병길이 말했다.

"술에 취한 것을 문제삼아 내쫓는다면, 그 친구는 또 어디 가서 몸담고 살겠는가? 내 마차 방석을 조금 더럽혔을 뿐인데 용서하도록 하게."

그 마부는 변방 출신이라 그곳의 긴급상황이나 경비 업무에 관해 자세히 알고 있었다. 어느 날 외출했던 마부는 역참(驛站)의 기병이 빨간색과 흰색 주머니를 들고 쏜살같이 말을 몰아 달려오는 모습을 보았다. 마부는 성안에 이르러 그 기병의 뒤를 따라 공거서(公車署)에 들렀다가 운중(雲中)과 대군(代郡)에 적이 침입했다는 소식을 알아냈다. 그 상황을 곧바로 병길에게 알려준 뒤 마부가 말했다.

"적이 쳐들어온 두 지역의 태수는 너무 연로하고 병약하여 군사를 다룰 수 없을 듯합니다. 아무래도 승상께서 저들의 상황을 잘 지켜보시는 것이 좋을 듯싶습니다."

그 말에 일리가 있다고 판단한 병길은 동조(東曹)에서 서류를 관리하는 관리를 불러 관련 서류를 가져오게 했다.

얼마 후, 황제가 승상과 어사 등을 불러놓고 적이 침입했다는 변방지역 관리들의 실태를 물었다. 그러자 병길은 아주 침착하고 세세하게 대답했지만, 다른 어사대부들은 상황을 알아보지 않았기 때문에 어떻게 대답해야 할지를 몰라 망설이다가 황제의 책망을 들었다.

그 일로 병길은 자기 임무에 충실하고 시시각각 요동치는 변방의 정세를 잘 살피고 있다는 공로로 후한 상을 받았다. 그런데 황제는 이 모든 것이 그 마부 덕분이라는 사실을 알 리 없었다.

관리라 하면 사람들은 흔히 엄하게 단속하는 것이 본연의 업무인 양 생각한다. 하지만 너무 엄하게 요구하다 보면 겉으로는 그럴듯한 효과가 나타나는 것 같아도 적극성은 결여된다. 진정 주동적인 적극성을 발휘하게 하려면, 인정미가 흐르는 병길처럼 용서할 줄도 알아야 한다.

일본 파나소닉사의 창업자 마쓰시타 고노스케는 경영능력이 뛰어나고 관리기법이 선진적이어서 '경영의 신'이라고 불린다.

고토 세이치(后藤清一)는 원래 소니 전자의 부회장이었는데, 나중에 파나소닉으로 옮겨와 공장장을 지냈다. 한번은 공장에 화재가 발생했다. 공장장으로서 책임감을 느낀 그는 자신에게 떨어질 해고통지서만 기다리고 있었다. 그런데 그 소식을 듣고 달려온 마쓰시타는 '잘해보시오!'라는 말만 남기고는 가타부타 말이 없었다.

그렇다고 마쓰시타가 부하직원의 실수를 너그러이 용서해준 것은 아니었다. 예전 같으면 조금만 실수해도 전화로 불호령을 내리던 마쓰시타였다. 이것은 마쓰시타만의 관리 비결이었다. 화재사건 이후 아무런 질책도 받지 않음으로써 고토는 자연스레 빚진 기분이 들 테고, 따라서 마쓰시타에게 더욱 충성하고 더 열심히 일해 보답하려 할 것이었다. 이런 식으로 마쓰시타는 사람의 심리를 교묘하게 장악했다.

사람들은 보통 작은 실수를 저지르면 대수롭잖게 여긴다. 그런 때일수록 더 호되게 질책하여 앞으로는 같은 실수를 저지르지 않도록 주의를 줘야 한다. 이와 달리 큰 실수를 범했을 때는 제아무리 멍청한 사람이라도 스스로 죄책감을 느낄 것이므로 굳이 엄하게 다그칠 필요가 없다.

작은 실수에 주의를 줘 큰 실수를 방지하고, 부득불 큰 실수를 범한 경우에는 이미 엎질러진 물이므로 차라리 '인심'을 사는 것이 상책이다. 마쓰시타의 너그러움을 이해한다면 그만의 독특한 사고방식에도 고개가 끄덕여질 것이다.

# 격려와 칭찬에
# 인색하지 마라

原文 楚莊王宴群臣, 命美人行酒. 日暮, 酒酣燭滅, 有引美人衣者. 美人援絶其冠纓, 趣火視之. 王曰: "奈何顯婦人之節, 而辱士乎!" 命曰: "今日與寡人飲, 不絶纓者不歡." 群臣盡絶纓而火, 極歡而罷. 及圍鄭之役, 有一臣常在前, 五合五獲首, 卻敵, 卒得勝. 詢之, 則夜絶纓者也.

어느 날 초나라 장왕(莊王)이 연회를 베풀어 군신간에 한창 기분 좋게 마시고 있을 때, 갑자기 불어닥친 바람이 촛불을 꺼뜨려 암흑천지로 변해버렸다. 그런데 바로 이때 한 신하가 왕의 애첩을 잡아당겨 입을 맞추었다. 기겁한 애첩이 엉겁결에 그자의 갓끈을 잡아떼고 왕에게 말했다.

"폐하, 지금 어떤 놈이 소녀에게 무례한 짓을 하기에 그놈의 갓끈을 잡아떼었습니다. 어서 그놈을 잡아 죽이소서."

그런데 장왕은 좌중을 향해 이렇게 명령했다.

"오늘 이 자리에서 갓끈을 떼지 않는 사람이 있다면 큰 벌을 내리겠다!"

그래서 모두 앞다퉈 갓끈을 뗐기 때문에 누가 감히 왕의 애첩에게 무례를 저질렀는지 분간할 수 없었다. 일행은 다시 흥을 돋궜고, 모두 밤새도록 마시고 노래하며 즐겁게 놀았다.

훗날 초나라는 정(鄭)나라와 전쟁을 벌였는데, 줄곧 장왕 앞에서 말을 달려 적군을 격파하는 데 큰공을 세운 장수가 있었다. 장왕이 그 장수를 불러 치하하자, 그는 자신이 그 옛날 왕의 애첩을 건드렸다가 갓끈을 뜯긴 장본인이라고 털어놓았다.

초나라 장왕의 이야기가 오늘날까지 전해지는 까닭은 그의 넓은 아량을 칭송하기 위해서라기보다는 사람을 대할 때 완벽함을 요구하지 말아야 한다는 점을 일깨워주기 위해서이다. 아무리 훌륭한 사람이라도 허물이 없을 수는 없다. 그런데 그것을 이해하려고 노력하고 너그러이 배려한다면 뜻밖의 보답을 받을 수도 있다. '병졸은 자기를 알아주는 상관을 위해 목숨까지 바친다'는 말이 그래서 있는 것이다.

오리구이라면 사족을 못 쓰는 부자가 거금을 들여 이름 있는 요리사를 불러 날마다 오리구이를 만들게 했다. 요리사는 자기 명성에 걸맞게 매일 색다르고 맛있는 요리를 내놓았지만, 부자는 칭찬 한마디 할 줄 몰랐다.

그런데 언제부턴가 구워낸 오리의 다리가 하나밖에 없었다. 부자는 내심 수상쩍어했지만 체면상 따질 수도 없는 노릇이라 묵인하고 있었다. 하지만 1주일 동안 매일 외다리 오리구이만 먹게 되자 더 이상 참지 못하고 요리사를 불러 따졌다.

"구워낸 오리들이 왜 하나같이 외다리인가? 한쪽 다리는 어디로 사라진 거지?"

요리사가 대답했다.

"주인님, 이 오리들은 원래 외다리랍니다! 정 못 믿으시겠다면 저를 따라와보시죠."

그 말을 도무지 믿을 수 없었던 부자는 요리사를 따라 뒷마당으로 갔다. 그런데 날이 무더운 때라 오리들이 하나같이 한쪽 다리로 나무 그늘에 서 있었다. 요리사가 보아란듯이 말했다.

"보십시오! 오리들 모두 외다리지 않습니까!"

그 말에 화가 난 부자가 짝짝 손뼉을 치자 오리들이 깜짝 놀라 거뒀던 다리를 드러내고 뿔뿔이 흩어졌다.

"저것 봐, 모두 두 발로 걸어가지 않는가?"

"그렇군요! 그렇다면 좀더 일찍 손뼉을 치시지 그랬습니까? 그랬더라면 두 다리가 온전히 달린 오리구이를 드실 수 있었을 텐데 말입니다."

사람은 누구나 박수갈채와 칭찬을 받고 싶어한다. 아주 간단한 칭찬 한마디로도 따뜻함과 흥분을 느끼게 할 수 있다. 직장 내 부하직원들도 마찬가지다. 상사의 긍정적인 답변과 칭찬을 받게 되면 더욱 열심히 일하게 된다. 모름지기 성공한 기업인이 되려면 격려와 칭찬으로 부하직원들의 사기를 북돋우는 데 인색하지 말아야 한다.

# 닭을 빌려
# 알을 낳게 한다

原文
雄山在南安, 其上有飛瓦岩. 相傳僧初結庵時, 因山伐木, 但恐山高運瓦之難, 積瓦山下, 訛欲作法, 飛瓦砌屋, 不用工師. 蔔日已定, 遠近觀者數千人. 僧僞爲傭人挑瓦上山. 觀者欲其速於作法, 爭爲搬運, 頃刻都盡. 僧笑曰: "吾飛瓦兄如是耳!"

 남안(南安)의 웅산(雄山)에 비와암(飛瓦岩)이라는 사찰이 있다. 전하는 말에 의하면, 사찰을 지을 때 목재 같은 것은 얼마든지 산에서 구할 수 있었지만 기왓장을 산까지 올리는 것이 문제였다고 한다. 하는 수 없이 사찰의 주지스님은 산 밑에다 기왓장을 부려놓은 다음, 아무런 인력도 들이지 않고 오직 법력(法力)으로 사찰을 짓는다는 황당한 소문을 퍼뜨렸다. 그런데 사찰을 짓는 날이 되자 소문을 듣고 구경나온 사람이 수천 명에 달했다. 주지스님은 심부름꾼으로 꾸민 채 기왓장을 나르고 있었는데, 한시라도 빨리 법력을 구경하고 싶었던 구경꾼들이 너도나도 기왓장을 나르기 시작했다. 그렇게 얼마 지나지 않아 기왓장이 모두 산 위로 올려졌는데, 그제야 주지스님이 웃음을 터뜨리며 말했다.

"이것이 바로 법력으로 사찰을 짓는다는 것이오!"

 주지스님이 써먹은 '닭을 빌려 알 낳는' 수법에 혀를 내두르지 않을 수 없다.

닭을 빌려 알 낳는 방법을 잘 운용하면 자기 실력으로는 부족하지만 꼭 해결해야 하는 난제를 풀 수 있다. 사람들은 흔히 밑천이 있느냐 없느냐로 성공 여부를 가늠하려 한다. 하지만 성공한 사람들 중 대다수는 아주 적은 자금으로 첫걸음을 내딛었다. 그들 모두 '0'에서 시작할 줄 알고, 무(無)에서 유(有)로 가는 길을 터득했기에 성공할 수 있었다.

1930년대, 황씨(黃氏)는 지긋지긋한 가난의 굴레에서 어떻게든 벗어나고 싶었다. 그래서 스물한 살 때 그는 소주(蘇州)에 가면 돈을 많이 벌 수 있다는 소문을 듣고 그곳에 갔는데, 막상 도착해보니 그곳 역시 자기가 상상하던 천국은 아니었다. 일단 그는 향과 초를 파는 가게에 잡역부로 취직해 생계를 이어갔다. 가게 주인은 그와 같은 고향 사람이었는데, 그는 주로 종이방추(紡錘)에 풀 바르는 일을 했다. 그 가게에서 2년 동안 일하면서 기술을 익힌 황씨는 돈을 조금 모아 자기 가게를 차렸다.

해마다 음력 7월이 되면 오랜 전통에 따라 집집마다 종이방추를 태워 제사를 지냈는데, 공급이 수요를 따라잡지 못할 정도로 불티나게 팔렸다. 하지만 고작 한 달뿐, 평소에는 전혀 수지가 맞지 않는 장사였다. 예약판매방식을 도입한 황씨는 음력 7월 한 달만 판매했는데, 소주의 종이방추 시장을 독점하다시피 했다. 하지만 황씨는 1년에 한 번밖에 없는 일이라 만족스럽지 못했다. 뭔가 새로운 기회가 필요했다. 그러던 중, 우연찮게 상해에 갔다가 재봉틀을 할부로 판매한다는 소식을 접했다. 당시 소주의 신발공장들은 천으로 된 신발을 일일이 바느질을 해서 만들었으므로 인력과 시간 낭비가 심했다. 황씨는 재봉틀이 있으면 일이 훨씬 수월하겠다는 생각이 들어 재봉틀을 구입해 소주로 가져왔다. 그리고 '신속한 납품'과 '저렴한 가격'을 내세워 신발공장들로부터 일거리를 받아왔다. 신발은 1년 내내 없어서는 안 되는 생필품이기에 황씨는 일거리가 줄어들지 않아서 짭짤한 수입을 올렸다. 이제 더욱더 자신감을 얻게 된 그는 옷과 모자 가공 분야로 사업을 확장했다.

그리하여 신발과 옷, 모자를 종합 생산하는 공장을 세운 황씨는 소주와 노주(瀘州)를 자주 오가다 보니 여관업에도 흥미를 갖게 되었다. 물론 여관을 지으려면 많은 자금이 필요했다. 하지만 이미 닭을 빌려 알 낳는 재미를 맛본 그는 즉시 자기 계획을 행동으로 옮겼다. 그는 평소 자기가 단골로 머물던 여관을 빌려 경영하면서 직원들에게 새로운 서비스정신을 갖출 것을 요구하고, 시설도 새롭게 정비했다. 여관에 들어서면 작은 문방구는 물론 달력과 열차·여객선 시간표, 관광안내지도 같은 것도 구비되어 있어서 손님들의 발길이 끊이지 않았다. 그렇게 몇 해 지나지 않아 황씨는 그 여관을 사버렸을 뿐만 아니라 번화가에 중소형 여관을 몇 개 더 확보함으로써 소주 최고의 숙박업자가 되었다.

종이방추에 풀이나 바르던 청년이 그렇게 큰 성공을 거둘 수 있었던 비결, 그것은 바로 닭을 빌려 알을 낳게 할 줄 알았기 때문이었다.

# 편안할 때 경계하고
# 위기를 생각하라

**原文**
巴東下岩院主僧, 得一靑磁碗, 攜歸, 折花供佛前, 明日花滿其中. 更置少米, 經宿, 米亦滿; 錢及金銀皆然. 自是院中富盛. 院主年老, 一日過江簡田, 懷中取碗擲於中流. 弟子驚愕, 師曰: "吾死, 汝輩寧能謹飭自守乎? 棄之, 不欲使汝增罪也."

 파동(巴東) 하암원(下岩院)의 주지가 하루는 허름한 청자그릇을 주워 꽃나무 가지 하나를 꺾어다 심은 다음 불상 앞에 갖다놓았다. 그런데 이튿날 가보니 꽃나무 가지에 청자그릇이 주렁주렁 달려 있는 것이 아닌가. 쌀 한 줌을 넣어두고 이튿날 가보니 쌀이 듬뿍 담겨 있었다. 돈이나 금을 넣어둬도 똑같은 현상이 벌어졌다.

그뒤 사찰은 날이 갈수록 점점 더 부유해졌다. 그런데 어느 날 강 건너편의 논밭을 돌보러 가는 길에 배가 강 가운데 이르자 늙은 주지가 청자그릇을 강물에 빠뜨리는 것이었다. 제자들 모두 경악을 감추지 못하는 눈길로 올려다보자 주지가 담담하게 말했다.

"너희가 내가 죽은 다음에도 불법을 따를지 알 수 없구나. 내 스스로 보물을 버려 너희로 하여금 사악한 마음을 품지 않게 하기 위함이니라."

주지스님의 처사는 매우 현명하다. 보물이 아무리 좋다 해도, 그것은 인간을 탐욕스럽게 하고 영혼을 갉아먹는다. 그래서 '편안하게 살더라도 위기의식을 가져라'는 말이 있다. 이솝우화에 이런 이야기가 있다.

멧돼지 한 마리가 나무 밑동에 대고 열심히 덧니를 갈고 있었다. 그 모습을 본 여우가 '사냥꾼도 없는데 좀 쉴 것이지 왜 그런 고생을 하느냐'고 묻자 멧돼지가 말했다.

"사냥꾼과 사냥개가 나타난 다음에 언제 덧니를 갈 시간이 있겠나!"

이 우화에는 평화로운 때일수록 언제 닥쳐올지 모르는 위기에 대비해야 한다는 메시지가 담겨 있다. 어떤 일을 계획할 때는 여지를 남겨두어야 한다. 항상 '위기의식'을 갖고 있어야 갑자기 닥쳐오는 위기를 무사히 넘길 수 있을 뿐만 아니라 늘 명석하게 깨어 있을 수 있다.

# 돈으로
# 살 수 없는 것을 사라

**原文** 東海錢翁, 以小家致富, 欲蔔居城中. 或言: "某房者, 衆已償價七百金, 將售矣, 亟往圖之!" 翁閱房, 竟以千金成券. 子弟曰: "此房業有成議, 今驟增三百, 得無溢乎?" 翁笑曰: "非爾所知也. 吾儕小人, 彼違衆而售我, 不稍溢, 何以塞衆口? 且夫欲未厭者, 爭端未息. 吾以千金而獲七百之舍, 彼之望旣盈, 而他人亦無利於吾屋. 歇斯哭斯, 從此爲錢氏世業無患矣!" 已而他居 多以價虧求貼, 或轉贖, 往往成訟, 唯錢氏帖然.

동해(東海)에 전씨(錢氏) 성을 가진 노인이 있었는데, 장사를 해서 돈을 조금 모으게 되자 한 번쯤 도시에 나가 살고 싶다는 생각이 들었다. 때마침 도시에 사는 한 사람이 금 700냥에 자기 집을 내놓았다는 소문이 들려왔고, 노인은 두 주먹을 쥐고 달려갔다. 그러고는 두루 살펴본 뒤 금 1,000냥을 주고 그 집을 샀다. 그의 아들들이 도무지 이해가 되지 않는다는 듯이 물었다.

"참나, 아버지도! 아무리 집이 좋아도 그렇지, 700냥짜리 집을 왜 300냥이나 더 얹어주고 산단 말입니까?"

노인이 웃으며 말했다.

"모르는 소리! 집주인이 다른 사람들을 다 제쳐놓고 우리같이 미천한 사람한테 팔았는데 그 정도도 얹어주지 않고서야 어찌 사람들의 입방아를 피하겠느냐. 게다가 집주인을 만족시키지 못하면 시비가 그치지 않을 것인즉, 내가 단번에 금 1,000냥을 내놓았으니 집주인도 당연히 만족할 것이요, 남들도 더는 군소리를 못할 것이다. 앞으로야 어떻게 되든 이제부터 이 집은 우리 전씨네 것이니 무슨 걱정이 있겠느냐."

그뒤 전씨네가 금 1,000냥에 집을 샀다는 소문이 퍼지자, 이전에 집을 팔았던 사람들 모두 자기 집을 너무 헐값에 팔았다며 말이 많았다. 그래서 집을 산 사람에게 돈을 더 내라느니, 계약을 파기하고 집을 돌려받겠다느니 하는 소송이 빗발쳤지만 유독 전씨네만은 아무런 말썽이 없었다.

 전 노인이 고가에 집을 매입하자 자식들뿐 아니라 많은 사람들이 납득가지 않았을 것이다. 하지만 전 노인의 현명함은 바로 여기에 있다.

인간사회는 복잡다단하기 때문에 많은 일들이 종종 그 본연의 범주에서 벗어난다. 그래서 어떤 일을 물질적인 잣대로만 평가해서는 안 된다.

산업혁명 이후 영국은 직물 분야에서 줄곧 선두를 유지했다. 그들은 자신들의 지위를 공고히 하기 위해 제조기술과 노하우를 다른 국가들이 모방할 수 없도록 보안 유지에 각별히 신경 썼다.

프라치라는 직물회사가 있었는데, 직원들 중 대다수가 인근 식당에서 점심을 먹었다. 하루는 회사 부근에 새로운 식당이 들어섰는데, 종업원들이 모두 일본인이었다. 음식이 정갈하고 맛있었으며 서비스도 일품이었다. 그리고 무엇보다도 값이 저렴했다. 자연히 프라치 직원들도 그 일본 식당을 자주 이용하게 되었다.

그런데 얼마 지나지 않아 일본 식당 종업원들의 얼굴에 저마다 수심이 드리워졌다. 몇 번이고 추궁한 끝에 종업원의 입을 통해 그 까닭을 알아냈는데, 식당을 개업한 이후 줄곧 밑지는 장사를 해왔다는 것이었다. 빚도 눈덩이처럼 불어나서 이젠 집에 돌아갈 여비도 없다고 말이다.

그 말을 들은 프라치 직원들이 안타까워하며 위로조로 말했다.

"집에 돌아갈 수 없는 바에야 차라리 우리 회사에 들어와서 일하십시오. 요즘 회사에서도 일손이 무척 부족한 형편입니다."

프라치에는 원래 외국인은 채용하지 않는다는 규정이 있었다. 하지만 많은 직원들이 일본인들을 도와줘야 한다고 떠드는 통에 사장도 어찌할 도리가 없었다. 결국 파격적으로 일본인을 받아들이기로 했는데, 단 허드렛일을 하는 잡역부로만 고용한다는 전제조건을 내걸었다.

그런데 입사한 일본인들이 궂은 일, 마른일 가리지 않고 열심히 일하자, 그들 중 몇 명을 골라 기술자로 근무하게 했다. 그렇게 몇 년이 지나자 일본인들이 하나둘 회사를 떠나 고국으로 돌아갔는데, 나중에 알고 보니 그들 모두 일본의 일류 방직회사에서 보낸 전문가들이었다.

그들은 식당을 열어 밑지는 장사를 함으로써 프라치 직원들의 동정심을 불러일으켜 입사하는 데 성공했고, 직원이 되어서는 프라치의 방직기술과 생산 노하우를 속속들이 알아냈던 것이다. 일본으로 귀국한 그들은 그 기술을 더욱 혁신적으로 향상시켜 당시 영국보다 훨씬 더 앞선 방직설비를 개발해냈다. 영국의 방직공업이 새로운 경쟁상대와 맞닥뜨리게 된 것이다.

   전 노인은 돈을 주고 안락함을 샀고, 일본인들은 밑지는 장사로 기술을 샀다. 길게 보면 그들 모두 돈으로 가늠할 수 없는 이익을 챙긴 셈이다.

## 상대를 안심시킨 뒤
## 선수를 쳐라

> 西鄙用兵, 大將劉平戰死. 議者以朝廷委宦者監軍, 主帥節制有不得專者, 故平失利. 詔誅監軍黃德和. 或請罷諸帥監軍, 仁宗以問呂夷簡. 夷簡對曰: "不必罷, 但擇謹厚者爲之." 仁宗委夷簡擇之, 對曰: "臣待罪宰相, 不當與中貴私交, 何由知其賢否? 願詔都知押班, 但擧有不稱者, 與同罪." 仁宗從之. 翼日, 都知叩頭乞罷諸監軍宦官. 士大夫嘉夷簡有謀.

송나라 서부 변방의 전투에서 대장 유평(劉平)이 전사했다. 이를 두고 대신들은 대장군이 환관의 감시 때문에 지휘능력을 제대로 발휘할 수 없었을 것이라고 떠들었고, 인종(仁宗)은 환관 황덕화(黃德和)를 주살하라 명했다. 그런데 이때 누군가가 전군(全軍)에 나가 있는 환관들을 모두 파면해야 한다는 상소를 올렸다. 인종이 여이간(呂夷簡)을 불러 묻자 그가 대답했다.

"전부 파면할 필요는 없습니다. 다만 근엄하고 덕망 높은 사람을 감시관으로 보내면 될 줄 아옵니다."

그 말에 인종은 여이간에게 쓸 만한 사람을 물색해보라고 했는데, 여이간이 머리를 조아리며 말했다.

"소신은 치죄(治罪)를 기다리는 재상의 몸으로 환관들과 사사로이 접촉할 수 없습니다. 그런데 어찌 그들의 됨됨이를 알 수 있겠습니까? 폐하께서 직접 도지사와 압반(押班)을 불러 합당한 사람을 추천하라 하십시오. 만약 저들이 자격 없는 사람을 추천할 경우, 그 감시관과 같은 죄로 다스릴 것이라 다짐두시면 될 것입니다."

이튿날 인종은 여이간의 말대로 도지사와 압반을 불러 합당한 인재를 추천하라 명했다. 그러자 도지사와 압반은 그 자리에서 털썩 무릎을 꿇더니, 지금 군 내부에 감시관으로 있는 환관들을 모두 파면해야 한다고 이실직고했다. 이에 조정의 대신들 모두 여이간의 모략을 치하했다.

 노자(老子)는 버려야 할 것을 버리려면 그것을 더 강해지게 하고, 얻고자 하는 것을 취하려면 먼저 주라고 했다.

비록 감시관을 한 명 죽였지만, 아직 남아 있는 감시관들은 여전히 그 세력을 유지하고 있다. 그렇다고 그들 모두를 척결한다면 훗날 군에 무슨 폐단이 생길 경우 또 다른 빌미를 줄지도 모른다. 게다가 감시관을 없애도 환관 세력과 맞설 수 없는 상황이기에, 여이간은 우회적인 방법으로 환관들 스스로 파면을 청하게 만든 것이다. 정말 비상한 수법이다. 이처럼 우회적인 전략을 잘 이용하면 진퇴양난의 상황에서도 효과적인 전술로 활용할 수 있다. 프랑스의 어느 회사 사장도 이와 비슷한 방법을 운용했다.

어느 날 회사 직원인 로트가 사장을 찾아와, 자기 동료인 슈트가 공금을 횡령했다고 고발했다. 사장은 곧바로 그 직원을 불러놓고 아주 부드러운 목소리로 물었다.

"자네, 지금 월급이 얼마나 되는가?"

"120달러입니다."

"음, 월급이 적긴 하군. 내 지금 자네의 월급을 올려주도록 하지."

그러자 곁에서 지켜보던 로트가 벌떡 일어나며 말했다.

"사장님, 지금 공금횡령을 장려하시는 겁니까?"

"그렇네."

사장이 로트를 외면한 채 다시 슈트에게 말했다.

"이달부터 자네 월급을 180달러로 올리려고 하네. 어떤가?"

슈트는 입이 함박만해져 연신 고마움을 표하고 돌아갔다. 로트가 항의했다.

"사장님, 이건 합당치 않은 처사입니다. 회사 공금을 도둑질한 놈은 월급을 인상해주고, 제 월급도 지금 120달러밖에 안 된단 말입니다."

그러자 사장이 빙그레 웃으며 말했다.

"걱정 말게나. 내 저 친구를 이번 주말에 해고해버릴 걸세. 저 몹쓸 도둑놈은 말이야, 월급이 180달러나 되는 일자리를 잃고 끙끙 냉가슴 앓을 것이네. 하지만 120달러짜리 일자리를 잃었다고 생각하면 대수롭지 않게 여기지 않겠는가."

사장은 금전적인 면뿐 아니라 심리적으로도 도둑을 징벌하고 보복한 것이다. 180달러라는 월급은 슈트가 그토록 바라마지 않던 것이었기 때문이다. 이런 교묘한 술책은 금전 관리와 인간의 심리 모두를 장악하고 있는 지휘자만이 사용할 수 있다.

## 의심을 풀어주고
## 역이용한다

**原文** 陳平間行, 仗劍亡. 渡河, 船人見其美丈夫獨行, 疑其亡將, 腰中當有金寶, 數目之. 平恐, 乃解衣, 裸而佐刺船. 船人知其無有, 乃止.

진평(陳平)이 망명길에 오를 때 몸에 지닌 것이라곤 검 한 자루 뿐이었다. 그런데 그가 강가에 도착해 배를 타고 강을 건널 때 자신을 쳐다보는 사공의 눈빛이 이상하게 번뜩였다. 아마도 준수하게 생긴 청년이 혼자 망명길에 올랐으니, 필시 몸에 값진 물건을 지니고 있을 것이라 생각하는 모양이었다. 그 음흉한 눈빛에 덜컥 겁이 난 진평은 웃옷을 훌훌 벗어던지고 사공을 도와 함께 노를 저었다. 그가 아무것도 지니고 있지 않음을 눈으로 직접 확인한 사공은 더 이상 다른 마음을 품지 않았다.

한(漢)나라 초기 삼걸(三傑) 가운데 한 명으로 손꼽히는 진평은 유방을 위해 여섯 번이나 기묘한 계책을 내놓아 역사에 이름을 남긴 인물이다. 위의 이야기만 봐도 그의 기질을 충분히 엿볼 수 있다.

❺ 유비무환의 이치

허(虛)와 실(實)은 실생활에서도 곧잘 볼 수 있지만, 일반적으로 병법에서 주로 활용된다.

1942년 영국군은 북아프리카 아랍연맹 예멘에서 독일군 방어선을 공격할 준비를 하고 있었다. 영국군 공병들은 먼저 대규모 야전군 사단 규모의 가짜 포병진지를 구축하고, 포신처럼 보이도록 전신주를 줄지어 세워놓았다.

그러나 사전 정찰을 통해 그것이 가짜 포병진지임을 확인한 독일군은 영국군의 속임수임을 짐작하고 코웃음만 칠 뿐, 그 어떤 대응조치도 취하지 않았다.

공격이 개시되자 영국군은 신속하고 은밀하게 진짜 대포를 그 가짜 진지로 옮겼다. 그리고 공격신호가 떨어지기가 무섭게 가짜 진지에서 천지를 진동하는 대포소리가 울려퍼졌고, 아무런 대비도 하지 않았던 독일군은 아연실색하며 어쩔 줄 몰라 허둥거렸다. 그렇게 영국 포병의 허와 실 전술은 탱크부대와 보병부대가 원활히 공격하는 데 톡톡히 한몫을 했다.

# 유머와
# 역설적인 방법으로 말하라

**原文** 先主時天旱, 禁私釀. 吏於人家索得釀具, 欲論罰. 簡雍與先主遊, 見男女行道, 謂先主曰: "彼欲行淫, 何以不縛?" 先主曰: "何以知之?" 對曰: "彼有其具!" 先主大笑而止.

　　선대(先代)의 군주 유비(劉備) 때 큰 가뭄이 들었다. 이에 유비는 사사로이 술 빚는 것을 금하는 영을 내리면서, 민가에서 술 빚는 옹기를 만들 경우 큰 벌을 내릴 것이라고 했다.
　하루는 유비가 간옹(簡雍)과 함께 길을 가다가, 나란히 걸어가는 젊은 남녀를 보게 되었다. 간옹이 유비에게 말했다.
　"저 친구들, 보아하니 음탕한 행각을 벌이러 가는 모양인데 왜 잡아 가두지 않습니까?"
　"저들이 음탕한 행각을 할 거라는 걸 자네가 어찌 아는가?"
　유비가 되묻자 간옹은 당연하다는 듯이 대꾸했다.
　"저 두 사람 모두 기관을 갖고 있지 않습니까!"
　그 말에 유비는 어이없어하며 껄껄 웃기만 했다. 그래서 술 빚는 옹기를 만들면 벌한다는 영을 거둬들였다.

유비의 금주령은 너무 엄하여 무고한 백성들을 억울하게 욕보이기 십상이었다. 교묘하면서도 유머러스한 간옹의 진언이 그러한 형국을 바꿔놓은 것이다.

사람과 사람 사이에는 너그러움이 있어야 한다. 이런 이야기가 있다.

선교사라고 하면 고개부터 가로젓는 양계장 주인이 있었는데, 그는 모든 선교사의 언행이 전혀 딴판이라 사기꾼쯤으로 여겼다. 그래서 제 딴에는 정의를 위한답시고 사람만 만나면 선교사들의 험담을 늘어놓기 바빴다.

그러던 어느 날, 선교사 둘이 양계장을 찾아와 닭 한 마리를 팔라고 했다. 애써 찾아온 손님을 뿌리칠 수도 없는 노릇이라 양계장 주인은 그들에게 직접 양계장에 들어가 닭을 골라보라고 했다. 그러자 닭장으로 들어가 이리저리 살피던 두 선교사는 한참 만에 털이 다 빠져 추레하기 짝이 없는 절름발이 수탉을 들고 나왔다.

이를 괴상히 여긴 양계장 주인이 왜 하필 그렇게 못생긴 놈을 골랐느냐고 묻자, 선교사가 웃으며 대답했다.

"우린 이 닭을 수도원 울타리 안에서 기르려고 합니다. 당신네 양계장에서 사왔다고 홍보도 하면서 말입니다."

그 말에 정신이 번쩍 든 양계장 주인이 손사래를 치며 말했다.

"안 됩니다, 안 돼요! 아니, 저길 좀 보십시오. 털빛이 예쁘고 살이 통통하게 오른 놈도 많지 않습니까? 유독 이 녀석은 온종일 닭장 안을 쏘다니며 싸움질만 해대서 이 꼴이 된 겁니다. 그런데 하필이면 이런 놈을 가져다가 우리 양계장을 홍보하겠다니요? 사람들이 보면 우리 양계장 닭은 죄다 이 모양인 줄 알 것 아닙니까!"

그러자 곁에 있던 선교사가 빙그레 웃으며 말했다.

"맞는 말씀입니다. 그런데 지금 당신도 극소수의 행실 나쁜 선교사를 보고 모든 선교사가 나쁘다고 떠들고 다니지 않습니까. 그건 말이 되는 건가요?"

그제야 양계장 주인은 자기 잘못을 인정할 수밖에 없었다.

'내 잘못은 바늘만큼 되어 보이고, 다른 이의 잘못은 들보처럼 커 보인다'는 말이 있다. 다른 사람의 눈에 들보처럼 큰 허물을 가진 사람으로 보이지 않으려면, 먼저 다른 사람의 허물을 들보처럼 크게 보지 말아야 한다. 사물을 대할 때 그 모습을 정확히 보려고 해야지 결함만 들추어내서는 안 된다는 말이다.

# 각도를 바꾸면
# 세상이 달라 보인다

> **原文** 相傳某布政請按台酒. 坐間, 布政以多子爲憂, 按君止一子, 又憂其寡. 吏在傍云: "子好不須多." 布政聞之, 因謂曰: "我多子, 汝又云何?" 答曰: "子好不愁多." 二公大稱贊, 共汲引之.

포정사(布政使)와 안찰사(按察使)가 술을 마시면서 한담을 하고 있었다. 포정사는 아들이 너무 많아서 걱정이라고 한탄했고, 안찰사는 아들이 하나밖에 없어서 걱정이라고 했다. 곁에서 그 말을 들은 안리(案吏)가 안찰사에게 말했다.

"훌륭한 아들은 하나면 족합니다."

그 말에 포정사가 물었다.

"그럼 자식을 많이 둔 나는 어쩌란 말인가?"

안리는 조금도 주저하지 않고 대답했다.

"훌륭한 아들이 여럿이거늘 무슨 걱정이겠습니까."

그러자 두 사람 모두 껄껄 웃으며 안리를 청해 기분 좋게 술을 마셨다.

안리는 단순명쾌한 말 두 마디로 두 윗전의 시름을 덜어주었다. 언뜻 보기엔 비위를 맞춰준 것 같지만, 그 말에 함축된 의미와 견해에 수긍이 갈 것이다.

모든 사물에는 양면성이 존재한다. 어느 각도에서 분석하고 사고하느냐에 따라 그 사물의 성질도 달라진다.

중국 무한(武漢)에 주씨(周氏) 성을 가진 할머니가 슬하에 아들 둘을 두었다. 큰아들은 우산가게를, 둘째는 헝겊신 장사를 하고 있었다. 두 아들 모두 장사가 잘됐지만 할머니는 늘 수심에 잠겨 있었다. 날이 맑으면 이런 날에 누가 우산을 사갈까 싶어 큰아들을 걱정하고, 날이 궂으면 누가 헝겊신을 사가겠느냐며 둘째를 걱정했다.

한번은 할머니가 무한에서 유명한 절 귀원사(歸元寺)를 찾아가 두 아들을 위해 기도했다. 부처님 앞에 정중히 무릎을 꿇고 자기 신세를 토로하면서, 부처님의 자비로 시름을 덜어주십사 간절히 빌었다. 그러자 곁에서 똑같이 부처님께 향을 피워 올리던 여거사(女居士)가 조용히 지켜보더니 할머니의 기도가 끝나기를 기다렸다가 말을 걸었다.

"할머니께선 별걱정을 다 하고 계시네요."

할머니가 뜨악한 눈길로 바라보자 여거사가 말을 이었다.

"생각을 한번 바꿔보시라고요. 맑은 날이면 헝겊신 사는 사람이 많을 것이니 둘째아드님이 좋을 것이고, 날이 궂으면 우산 사는 사람이 많을 것이니 큰아드님이 부자가 되지 않겠어요? 따라서 날이 궂든 맑든, 할머니는 아무 걱정 하실 필요가 없다고요."

그 말을 들은 할머니는 갑자기 모든 시름과 우환거리가 싹 가셔버린 듯했다. 그때부터 할머니의 얼굴에서 웃음이 떠날 줄 몰랐다.

똑같은 사물도 바라보는 시각에 따라 아주 다른 결론이 나온다. 불쾌하고 짜증나는 일을 당했을 때, 한 번쯤 다른 각도에서 생각해봐라. 전혀 뜻밖의 새로운 희망이 솟구칠지도 모른다.

# 재능과 삶의 가치를
# 발굴하라

> 范文正公用士, 多取氣節而略細故, 如孫威敏、滕達道, 皆所素重. 其為帥日, 闢置僚幕客, 多取謫籍未牽復人. 或疑之, 公曰:"人有才能而無過, 朝廷自應用之. 若其實有可用之材, 不幸陷於吏議, 不因事起之, 遂為廢人矣." 故公所擧多得士.

범중엄(范仲淹)은 인재를 등용할 때 인간 됨됨이를 가장 중시했고, 자질구레한 흠집 따위는 문제삼지 않았다. 손위민(孫威敏), 슬달도(滕達道) 같은 이들이 그 대표적인 경우였다.

그가 변관(邊關) 사또로 있을 때 등용한 관원들만 봐도 대다수가 변관에 유배되어 있으면서 복직하지 못한 사람들이었다. 사람들이 그들을 등용하는 까닭이 무엇이냐고 물으면 범중엄은 이렇게 말했다.

"어느 한 사람이 재능만 있고 과실이 없으면 조정에서 당연히 그를 중용하겠지만, 재능 있는 사람도 작은 과실로 억울하게 탄핵되거나 파직되는 불행이 없으리란 보장은 없다. 나라에 일이 있을 때 내가 그 사람들을 등용하지 않는다면, 그들은 영원히 폐물이 되는 것과 다름 없지 않은가!"

실제로 범중엄이 추천한 사람들은 한결같이 재능이 뛰어났다.

'옥에도 티가 있듯이, 완벽한 사람은 없다'는 말이 있다. 상대적으로 완벽에 가까운 사람이 있을지는 몰라도 자그마한 결함조차 없는 사람은 이 세상에 존재하지 않는다. 중요한 것은, 어떻게 그 재능을 발휘하게 하고 결함을 줄이게 하느냐이다.

한 고아가 고아원에서 성장했는데, 항상 그는 원장에게 이런 질문을 했다.

"저처럼 버림받은 아이들이 살아서 무슨 의미가 있을까요?"

그러면 원장은 미소만 지을 뿐 가타부타 말이 없었는데, 하루는 그 아이에게 돌멩이를 하나 쥐어주면서 말했다.

"내일 아침에 이 돌멩이를 시장에 가져가 팔아보거라. 하지만 정말로 팔아서는 안 돼. 누가 얼마를 준다 해도 절대 팔아서는 안 돼. 알겠지?"

그래서 사내아이는 이튿날 시장 한구석에 쪼그리고 앉아 돌멩이를 팔고 있었는데, 뜻밖에도 많은 사람들이 그 돌에 관심을 보였고 흥정 가격도 점점 높아갔다. 고아원으로 돌아온 아이는 무척 들뜬 목소리로 원장에게 그 사실을 말해주었다. 그러자 원장은 알 듯 말 듯한 미소만 짓더니, 그 이튿날엔 황금시장에 가져가보라고 했다. 그래서 다음날 황금시장에 나가보니 그 돌을 본 사람들이 어제보다 열 배가 넘는 값에 서로 사겠다고 아우성이었다.

그 다음날이 되자 원장은 보석시장에 가져가보라고 했다. 보석시장에 갔더니 그곳에서는 또 전날 황금시장보다 열 배나 더 높은 값에 사겠다는 것이었다. 사내아이가 한사코 팔지 않는다고 하자 나중에는 '세상에 둘도 없는 보배'로 알려져 장안을 들썩이게 했다.

매우 흥분한 사내아이가 고아원으로 달려와 자초지종을 말하자 원장은 사뭇 진지한 목소리로 말했다.

"한 생명의 가치란 이 돌멩이와 마찬가지란다. 처한 환경에 따라 그 의의도 달라지는 것이지. 보잘것없는 돌멩이를 네가 아끼고 한사코 팔지 않으려고 하니 그 가치가 껑충 뛰어오르고, 심지어 세상에 둘도 없는 보배로 알려지지 않느냐. 너도 이 돌멩이와 같단다. 자신을 아끼고 존중한다면 그만큼 삶의 의미도 소중해지고 가치도 높아지지 않겠느냐."

범중엄과 원장 모두 한 사람의 삶의 가치를 발굴해주었다는 공통점이 있다.

생명의 가치란 우선 나 자신의 마음가짐에 달렸음을 명심해야 한다. 자기에게 끊임없이 충실하고 자기 재능을 계발해나간다면, 그 가치를 인정받는 날이 반드시 온다.

# 자기절제의 덕

| 自己節制의 德 |

오만과 편협한 생각에 사로잡혀 실패를 자초하지 마라. 겸손한 마음가짐으로 남을 돕는 것이 자신을 돕는 것이다. 그리고 아무리 절망적인 상황에서도 감정을 앞세우지 말고 뒤로 한 걸음 물러나 냉철하고 객관적인 시각으로 바라보기 위해 애써야 한다. 자신조차 제대로 다스리지 못하면서 어떻게 다른 사람들과 경쟁하여 원하는 성과를 거두고, 전장에서 적을 물리칠 수 있겠는가.

# 자만심의 덫에
# 걸려들지 마라

**原文**
李孝壽為開封尹. 有擧子為僕所凌, 忿甚, 具牒欲送府. 同舍生勸解, 久乃釋, 戲取牒效孝壽花書判云: "不勘案, 決杖二十." 僕明日持詣府, 告其佯仿尹書判, 私用刑. 孝壽即追至, 備言本末. 孝壽幡然曰: "所判正合我意!" 如數與僕杖, 而謝擧子. 時都下數千人, 無一僕敢肆者.

북송 때 이효수(李孝壽)가 개봉(開封) 부사로 있었는데, 과거를 보러 경성에 온 선비가 부사의 집 노복에게 능욕을 당했다. 화가 머리끝까지 치민 선비는 소장(訴狀)을 작성해 그 노복을 관아에 고발하려 했다. 그러나 함께 투숙해 있던 선비들이 한사코 만류하는 바람에 그만 주저앉고 말았는데, 화풀이로 소장에 이효수의 필체를 모방해 '시끄럽게 송사를 벌일 것 없이 볼기 20대를 쳐서 풀어줘라' 하고 썼다. 그런데 그 노복이 소장을 몰래 훔쳐다가 이튿날 관아에 갖다바치면서 선비가 사사로이 부사의 필체를 모방하고, 또 형벌까지 감행하려 했다고 고발했다. 이에 이효수가 선비를 불러들여 자초지종을 들어보고는 크게 깨달았다는 듯이 말했다.

"그것 참, 내 뜻에 꼭 들어맞는 판결이군 그려."

그러고는 곧 그 노복에게 형벌로 볼기 20대를 치게 하고, 다시 한 번 그 선비를 치하했다.

당시 개봉에는 과거를 보러 온 선비가 수천 명에 이르렀는데, 그 일이 벌어진 뒤로는 관리의 노복이 감히 선비를 괴롭히지 못했다.

노복의 경우에 딱 들어맞는 속담이 '돌을 들어 제 발등을 찍는다'이다. 이처럼 세상에는 항상 잘난 척 우쭐대는 소인배가 있다. 자기가 제일인 줄 알고 하늘 높은 줄 모른다. 스스로 똑똑하다고 생각하는 사람들은 제일 미련한 자들이다.

어느 소도시에 잡화점이 있었는데, 가게 주인인 관씨(關氏)는 속임수와 사기에 능하여 부당한 수법으로 적잖은 돈을 긁어모았다.

하루는 낯선 손님이 찾아왔는데, 주둥이가 떨어진 차주전자에서 눈길을 떼지 않는 것이었다. 아무리 봐도 촌뜨기 같기에 관씨가 슬그머니 말을 걸어보았다.

"이건 새로 들여온 제품으로 차를 끓여 마실 수도 있고, 탕약도 달일 수 있으며, 계란을 삶을 수도 있습니다. 그래서 '다용도 주전자'라고도 하지요."

"아하! 왜 주둥이가 없는가 했더니 그렇게 쓰임새가 많았군요!"

손님은 당장이라도 그 주전자를 살 것처럼 돈을 꺼내려 했다.

생각지도 않게 손님이 순순히 걸려들자 내심 흐뭇해진 관씨는 문득 방 안에 그와 똑같이, 역시 주둥이가 없는 주전자가 하나 더 있다는 데 생각이 미쳐 이렇게 말했다.

"우리 가게에서 물건을 팔 때 원칙이 있는데요, 즉 무엇이든 쌍으로 팔지 하나씩은 팔지 않는다는 것입니다."

그 말에 손님은 마침 잘됐다는 듯이 제꺼덕 말을 받았다.

"실은 저도 장사를 하는 사람인데요, 저도 물건을 들일 때 습관이 있지요. 즉 '숫자가 맞아야 사지, 숫자가 모자라는 것은 사지 않는다'는 것입니다. 난 100개가 되지 않으면 사지 않을 겁니다."

"그 말을 믿어도 되겠습니까?"

"그럼요! 보십시오, 여기 이렇게 현찰이 있지 않습니까."

이렇게 되자 다급해진 쪽은 관씨였다. 갑자기 어디 가서 주둥이 없는 주전자를 100개나 구해온단 말인가. 그래서 어물쩍 다시 말했다.

"그럼 이따 오후에 오셔서 물건을 실어가는 건 어떻습니까? 물건들이 아직 창고에 있거든요."

손님이 흔쾌히 그러마 했다.

"되고말고요! 마침 내 트럭도 아직 도착하지 않았는데 잘됐군요. 오후에 실어가는 걸로 합시다."

손님이 돌아가자 관씨는 부랴부랴 점원들을 시켜 주전자 100개를 창고에서 끄집어내어 망치로 주둥이를 깨뜨리게 했다. 그런데 해가 다 지도록 그 손님은 다시 나타나지 않았다.

속임수로 재미를 본 사람들은 항상 누군가를 노릴 궁리만 한다. 하지만 결국엔 돌을 들어 제 발등을 까는 꼴이 되고 만다. 다른 사람을 노리는 덫을 만들고 있을 때, 자기도 이미 다른 사람이 만든 덫에 한 발 들여놓고 있음을 의식하지 못하는 것이다. 신의를 지키지 않는 사람은 절대 신임을 얻을 수 없다.

# 남을 돕는 것이
# 나를 돕는 것이다

**原文** 孫莘老知福州. 時民有欠市易錢者, 系獄甚衆. 適有富人出錢五百萬葺佛殿, 請於莘老. 莘老徐曰: "汝輩所以施錢, 何也?" 衆曰: "願得福耳." 莘老曰: "佛殿未甚壞, 又無露坐者, 孰若以錢爲獄囚償官, 使數百人釋枷鎖之苦, 其獲福豈不多乎?" 富人不得已, 諾之. 即日輸官, 囹圄遂空.

손신로(孫莘老)가 복주(福州) 지부사로 있을 때, 관아에서 빌린 돈을 갚지 못해 옥살이를 하는 백성이 적지 않았다.

그때 한 부자가 500만 전(錢)을 내고 사찰 개축을 희망하며 손신로의 허가가 떨어지기만을 기다리고 있었다. 이에 손신로가 부자를 불러 물었다.

"왜 그 많은 돈을 들여 절을 개축하려는 겐가?"

부자가 대답했다.

"그야 물론 부처님의 보살핌과 축원을 바라는 마음에서죠."

"듣자 하니 사찰은 크게 파손된 곳도 없고 불상이 비를 맞을 정도도 아닌데, 차라리 그 돈으로 지금 감옥에 갇혀 있는 사람들의 빚이나 갚아주면 어떻겠나? 수백 명이나 되는 사람들이 감방 신세를 면할 수 있다면 그보다 더 큰 덕이 어디 있겠소."

그 말에 부자는 하는 수 없이 이튿날 거금을 들고 관아를 찾아왔고, 그 덕에 백성들 모두 풀려나면서 감옥이 텅 비었다.

손신로의 행위를 시쳇말로 '음덕을 쌓는다'고 하고, 옛사람들은 음덕을 쌓은 사람이 복 받고 장수한다고 했다. 미신이라고 치부하기엔 전혀 일리 없는 말이 아니다. 현대 의학에 따르면 사람이 좋은 일을 하면 마음이 상쾌해지고, 마음이 상쾌해지면 건강에 도움이 되어 일에 대한 흥미와 의욕, 그리고 능력이 높아진다고 한다.

한번은 뉴욕의 한 상인이 지하철을 타러 가다가 길가에 쪼그리고 앉아 연필을 파는 거지의 깡통에다 1달러짜리 동전 한 닢을 던져넣고는 바삐 지하철역으로 들어갔다. 그런데 잠시 후 다시 생각해보니 아무래도 잘못한 것 같았다. 그래서 그 거지를 다시 찾아가 연필 몇 자루를 챙기며, 자기가 너무 급한 나머지 연필 가져가는 것을 깜빡했다고 양해를 구하며 이렇게 말했다.

"당신이나 나나 틀림없이 상인이요. 당신은 분명 가격표까지 붙여놓고 연필을 팔고 있는데, 누구든 돈을 주고 연필을 사가는 게 마땅하다고 생각하오."

그로부터 몇 달이 지난 어느 날, 고급스런 사교모임에서 정장을 말끔히 차려입은 세일즈맨이 그 상인을 보고 아는 체를 해왔다.

"당신은 나를 기억할지 모르지만, 그리고 나도 당신 이름조차 모르고 있지만, 당신은 나에게 영원히 잊을 수 없는 존재입니다. 당신은 나에게 자존심을 심어준 사람이기 때문입니다. 나는 전에 길거리에서 연필을 파는 거지였습니다. 적어도 당신이 가던 길을 돌아와 연필을 찾아가면서 우리 모두 상인이라고 일깨워주기 전까지만 해도 말입니다."

그런데 그뒤의 이야기가 더 재미있다. 훗날 이 상인이 한창 불경기에 시달리며 곤란한 상황에 놓였을 때, 바로 과거의 그 거지가 상인을 도와 재고상품을 모두 팔아주었던 것이다.

누군가가 맨손으로 일어선 백만장자 100명을 조사해보았는데, 그들에게 공통점이 한 가지 있다는 사실을 발견했다. 그것은 바로 선량한 마음씨였고, 다른 사람의 잠재능력을 제때에 발굴해내고 도와주었다는 점이었다.

미국의 마리 클로리아 여사가 설립한 회사는 백수로 시작해 크게 성공한 판매업계의 모범 사례로 손꼽힌다. 그녀의 성공을 두고 누군가는 변함 없는 신앙심 덕분이라고 평가했다. 그녀는 신앙심을 갖고 있는 사람 한 명은 흥미만 갖고 있는 사람 99명의 역할을 수행할 수 있다고 역설했다.

그녀는 이 세상 사람 모두가 불가사의한 잠재력을 갖고 있다고 말한다. 그 사람을 심리적·도덕적·정신적·체력적으로 도와줄 수만 있다면 그 사람 역시 똑같은 기초에서 사업을 벌일 수 있고 돈을 벌 수 있다고 말이다.

남을 도와주면 나도 이익을 얻는다. 내가 누군가를 도와 그 사람이 원하는 것을 얻게 해주면 나 또한 원하는 것을 얻게 된다. 남을 많이 도와줄수록 나도 많이 얻게 되는 것이다.

# 상대에게 치명적인 수단을 움켜쥐어라

**原文** 初, 太祖謂趙普曰: "自唐季以來數十年, 帝王凡十易姓, 兵革不息, 其故何故?" 普曰: "由節鎭太重, 君弱臣強. 今唯稍奪其權, 制其錢穀, 收其精兵, 則天下自安矣." 語未畢, 上曰: "卿勿言, 我已諭矣!" 頃之, 上與故人石守信等飮. 酒酣, 屛左右, 謂曰: "我非爾曹之力, 不得至此. 念汝之德, 無有窮已. 然爲天子亦大艱難, 殊不若爲節度使之樂. 吾今終夕未嘗安枕而臥也." 守信等曰: "何故?" 上曰: "是不難知: 居此位者, 誰不欲爲之?" 守信等皆惶恐頓首, 曰: "陛下何爲出此言?" 上曰: "不然. 汝曹雖無心, 其如麾下之人欲富貴何? 一旦以黃袍加汝身, 雖欲不爲, 不可得也." 守信等乃皆頓首泣, 曰: "臣等愚不及此, 唯陛下哀憐, 指示可生之路." 上曰: "人生如白駒過隙, 所欲富貴者, 不過多得金錢, 厚自娛樂, 使子孫無貧乏耳. 汝曹何不釋去兵權, 擇便好田宅市之, 爲子孫立永久之業; 多置歌兒舞女, 日飮酒相歡, 以終其天年? 君臣之間, 兩無猜嫌, 不亦善乎!" 皆再拜曰: "陛下念臣及此, 所謂生死而骨肉也!" 明日皆稱疾, 請解兵權.

 조광윤(趙匡胤)이 송 태조에 등극한 후 재상 조보(趙普)를 불러 물었다.

"당나라 말기부터 수십 년 동안 제왕들만 10여 명이 바뀌었고 하루도 쉬지 않고 전쟁이 이어졌으니, 그 까닭이 무엇이라 생각하오?"

조보가 한참을 생각한 다음 대답했다.

"그건 번진(藩鎭, 당나라와 송나라 초기에 절도사를 최고권력자로 한 지방지배체제 - 옮긴이) 절도사의 권세가 너무 컸던 탓이라 생각합니다. 제왕의 세력이 약하고 오히려 중신들의 권세가 더 큰 형국이었으니까요. 저 중신들의 권력을 점차 약화시켜야 한다고 생각합니다. 저들의 수입을 제한하고, 거느리고 있는 군사들을 거둬들여야만 천하가 비로소 태평해질 것입니다……."

조보의 말이 채 끝나기도 전에 송 태조가 말했다.

"내 무슨 얘긴지 알겠소."

그로부터 며칠 후, 송 태조는 석수신(石守信) 등의 대신들을 연회에 초청했다. 군신들 모두 취흥이 도도해졌을 무렵, 송 태조가 시종들을 모두 내보내고 대신들에게 말했다.

"그대들의 도움이 없었다면 오늘날 짐이 이렇게 천자의 자리에 앉아 있을 수 없을 것이오. 그대들의 공과 덕은 내 눈에 흙이 들어가도록 다 갚지 못할 것이오. 하지만 정작 천자의 몸이 되고 보니 이런저런 고초 또한 없지 않아 차라리 절도사가 됨만도 못하다는 생각이 드는구려. 밤잠도 제대로 이룰 수가 없으니 말이오."

석수신 등 대신들이 물었다.

"그 무슨 황망한 말씀이십니까?"

"뭐, 별로 어려운 일도 아니잖소? 그대들처럼 지체 높은 사람들이 한 번쯤 황제 자리에 앉아볼 생각을 해보는 것도 어쩌면 당연지사라고 봐야겠지."

그러자 석수신 등 대신들이 황급히 무릎 꿇고 머리를 조아리며 말했다.

"폐하, 천부당만부당한 말씀입니다요."

"짐도 이런 얘기를 하고 싶지 않네만, 또 설마 그대들이야 그런 생각을 품겠소만, 그 수하들이 부귀영화를 바란다면 어찌하겠소? 그들이 황포(黃袍)를 그대들에게 걸쳐준다면 그때는 싫어도 어쩔 수 없이 황위에 올라야 하지 않겠는가?"

그러자 석수신 등이 엉엉 울면서 말했다.

"신들이 너무 아둔하여 그 점을 미처 생각지 못했습니다. 폐하, 저희를 긍휼히 여기셔서 그저 살길만 일러주십시오."

송 태조가 느긋하게 말했다.

"사람의 일생이란 망아지가 시냇물을 건너는 것만큼이나 짧다고 했소. 부귀영화를 바라는 사람이라고 해봐야 돈깨나 있고, 즐기고 싶은 일이나 즐기고, 그 후대가 빈한하게 살지 않으면 그 이상 무얼 더 바란단 말이오. 병권(兵權)을 내놓고 널찍한 저택에 기름진 전답이나 마련해놓으면 후대가 누릴 영원한 재산을 마련해놓는 셈이요, 또 기생이나 몇몇 더 들여서 매일 술 마시고 즐기면서 만년을 평화로이 보낸다면 무슨 걱정이 더 있겠소? 그러면 우리 군신지간도 서로 의심하고 오해하지 않을 것이니, 그보다 더 좋은 일이 또 있겠소?"

석수신 등이 거듭 큰절을 올리며 말했다.

"폐하, 소신들의 처지를 그처럼 자상하게 생각해주시니 그 하해와 같은 은혜 진정 백골난망이옵니다. 폐하야말로 소신들의 친부모나 다름없사옵니다."

그 이튿날 석수신을 비롯한 여러 대신들 모두 병가를 핑계삼아 자기 병권을 물렸다.

역사에 널리 알려진 '술 한잔으로 병권을 내놓게 하다'라는 이야기다.

송 태조가 술 한잔으로 대신들 스스로 병권을 내놓게 할 수 있었던 것은 살수간(殺手鐧, 검과 비슷하게 생겼는데, 날은 없고 쌍으로 쓰는 몽둥이 같은 무기 - 옮긴이)을 썼기 때문이다.

옛날에는 모반을 꾀하면 구족을 멸했다. 때문에 신하들 모두 황제의 의심을 살까 두려워했다. 송 태조는 그런 심리를 교묘하게 이용해 과거의 전우이자 개국공신인 대신들로 하여금 고스란히 병권을 내놓게 했다.

비즈니스 세계에서도 마찬가지다. 치명적인 무기만 장악할 수 있다면 그것이 곧 승리를 뜻한다.

미국의 모 항공사에서 뉴욕에 대규모 공항을 건설하기로 하고, 전기 공급 문제로 그곳에서 가장 큰 에디슨 전기회사에 사람을 보내 협상을 벌였다. 처음에 항공사는 전기회사가 전기를 저렴하게 공급해주면 쌍방 모두에게 이득이 된다고 판단해 순조롭게 협상이 진행될 거라고 예상하고 있었다. 그런데 뜻밖에도 전기회사에서는 자기네가 아니면 안 되는 줄 알고 혜택은커녕 오히려 더 야박한 조건을 내세웠다. 이에 항공사가 끝까지 양보하려 하지 않자 결국 아무런 협의도 못한 채 협상은 중단되고 말았다.

항공사 대표가 현지를 떠나면서 말했다.

"당신네가 그렇게 성의 없이 나올 줄은 몰랐소. 당신들의 그 야박한 조건을 받아들이느니 차라리 우리가 직접 발전소를 세우는 게 낫겠소."

이튿날 현지 신문에는 항공사가 발전소를 세울 만한 부지를 찾는다는 뉴스가 실렸다. 이를 본 에디슨 전기회사에서는 비상이 걸렸다. 정말 그렇게 된다면 큰 고객을 잃을 뿐만 아니라 항공사 직영 발전소라는 막강한 경쟁상대가 출현하기 때문이다. 그래서 이번에는 에디슨 전기회사 쪽에서 사람을 보내 항공사에 성심을 다해 협조하겠다는 태도를 보였다. 항공사가 처음에 제시한 조건을 무조건 수용하는 한편 전기요금도 대폭 할인해주겠다고 사정하는 수밖에 없었다.

원래 담판에서 불리한 위치에 서 있던 항공사는 상대방을 제압할 수 있는 치명적인 무기를 장악함으로써 협상의 주도권을 틀어쥐었으며, 상대방을 스스로 무릎 꿇게 하여 자신들이 원하던 바를 챙길 수 있게 되었다.

# 지나친 간섭도,
# 섣부른 판단도 하지 마라

> **原文** 宋禦史台有老吏, 素以剛正名, 每禦史有過失, 即直其梃. 台中以挺為醫否之驗. 范諷一日召客, 親諭庖人以造食, 指揮數四. 既去, 又呼之, 叮嚀告戒. 顧老吏梃直, 怪而問之. 答曰: "大凡役人者, 授以法而責以成. 苟不如法, 自有常刑, 何事喋喋? 使中丞宰天下, 安得人人而詔之!" 諷甚愧服.

북송 때 어사대(御使臺) 관서(官署)에 늙은 이방이 있었는데, 그는 강직하고 엄한 인격으로 소문난 사람이었다. 이방은 어사들이 실책을 저지를 때마다 손에 든 지팡이를 곧게 세웠는데, 어사들은 그 지팡이를 보고 자신의 처사가 현명했는지 아닌지를 판단했다.

한번은 범풍(范諷)이 손님들을 청하게 되었는데, 요리사를 직접 불러 연회를 어떻게 준비해야 하는지를 네 차례나 거듭 당부했다. 요리사가 명을 받들고 물러갔는데, 그래도 안심이 되지 않았는지 다시 한 번 불러다가 주의사항을 일러주었다.

그런데 요리사가 물러가고 몸을 돌려보니 이방의 지팡이가 꼿꼿이 서 있는 것이었다. 범풍이 의아해하며 왜 그러느냐고 묻자 이방이 말했다.

"보통 누군가에게 일을 시키는 경우에는 그 방법만 일러주고 그들 스스로 알아서 잘하게끔 하면 됩니다. 만일 제대로 일을 처리하지 못하면 자연 그에 따르는 처벌이 뒤따를 것인즉, 어찌 구질구질 끝도 없이 잔소리를 늘어놓는 것입니까? 이제 중승(中丞) 어른이 재상이 되어 천하의 일을 떠맡게 되는 날이면 어찌 그 수많은 일을 일일이 확인하고 당부하실 수 있단 말입니까?"

그 말에 범풍은 부끄러운 생각이 들어 고개를 떨구었다.

비록 지위가 낮은 이방이지만 그 용인지도(用人之道)는 고명하다. 이방 같은 사람이 오늘날 단체장이나 기관장을 맡는다 해도 자기 역할을 훌륭히 수행할 것이다. 무엇보다도 그는 사람의 주관적 능동성을 잘 발휘할 줄 알기 때문이다.

1910년 노벨화학상을 받은 오토 발라흐(Otto Wallach)는 성공에 이르기까지 우여곡절을 겪었다. 발라흐가 중학생일 때 부모님은 그가 문학가의 길을 선택하기를 바랐다. 그런데 한 학기가 끝난 뒤 그에 대한 담임선생님의 평가는 전혀 뜻밖이었다.

"발라흐는 매우 노력하는 아이이지만, 어떤 한 가지 고정관념에 너무 얽매이므로 문학가로 성공할 수는 없을 것입니다."

그러자 부모님은 아들의 의향대로 그림 공부를 하게 했다. 하지만 발라흐는 회화의 기본인 스케치 실력이 부족했고 색 조합도 제대로 못했으며, 예술에 대한 이해력도 너무 뒤떨어져 성적이 항상 반에서 꼴찌였다. 게다가 학교 선생님의 평가는 더욱더 받아들이기 힘들었다.

"발라흐는 미술과 전혀 인연이 없는 학생입니다."

이처럼 둔하기 짝이 없는 학생에 대해 대다수 선생님들은 이미 구제불능이라는 판단을 내렸다. 그런데 유독 화학선생님만 꼼꼼하고 세밀한 성격인 발라흐에게 화학을 공부해보는 것이 어떻겠느냐고 제의했다.

그렇게 화학 공부를 시작한 발라흐는 곧 지혜의 불꽃을 튀기기 시작했다. 문학과 예술 분야에서는 '구제불능'이던 아이가 화학에서는 '장래가 촉망되는' 수재로 탈바꿈한 것이다. 또래 학생들 중에서 그의 성적은 항상 가장 뛰어났고, 결국 화학 분야에서 세계적인 권위자가 되었다.

화학선생님과 늙은 이방 모두 사람을 식별하고 다루는 데 공통점을 갖고 있다.

요즘 세상의 부모들을 보면 저마다 자기 자식이 '용 되기를 바라는' 염원에서 아이를 반강제적으로 '영재그룹'이니 '특목고 진학반'이니 하는 곳에 몰아넣는다. 하지만 이런 방식이 아이의 천부적인 재능을 마구 짓밟는 행위라는 사실을 알고 있는가? 지금이라도 발라흐의 부모를 거울삼아 무언가 깊이 생각해봐야 하지 않을까.

# 단합할 것인가, 분열할 것인가?

**原文** 吐穀渾阿豺疾, 有子二十人, 召母弟慕利延曰:"汝取一兄箭折之." 慕利延折之. 又曰:"汝取十九箭折之. 慕利延不能折. 阿豺曰:"汝曹知乎？單者易折, 衆者難摧, 戮力同心, 然後社稷可固!"

남북조(南北朝) 때, 서북의 토곡혼국(吐谷渾國) 족장 아시(阿豺)가 중병으로 드러누웠다. 그는 아들을 스무 명이나 두었는데, 임종을 눈앞에 두고 아들들을 부른 뒤 아이들의 삼촌인 모리연(慕利延)에게 말했다.

"화살을 하나 꺾어보게나."

모리연이 손쉽게 화살을 꺾자 아시가 다시 말했다.

"이번엔 화살 열아홉 개를 한꺼번에 꺾어보게나."

그런데 이번에는 모리연이 아무리 힘을 줘도 화살이 꺾어지지 않았다. 그제야 아시가 아들들을 둘러보며 말했다.

"내가 무슨 말을 하려는지 알겠지? 화살 하나는 꺾기 쉬워도, 뭉쳐진 화살은 꺾을 수 없느니라. 너희 모두가 힘을 모아야 나라를 굳건히 지킬 수 있느니라."

어릴 때 나의 아버지가 들려준, 무슨 일이든 뭉쳐야 이길 수 있다는 간단한 이치를 설명하는 이야기인데 지금까지도 또렷이 기억하고 있을 만큼 무척이나 인상깊다.

수십 년째 이어지고 있는 중동전쟁은 오래 전부터 전 세계적인 주목을 받고 있다. 전쟁의 유래를 거슬러 올라가보면, 그 원인이 자기 입장에 따라 제각각이다. 그리고 그것은 아랍권의 단결을 가로막는 가장 큰 장애물이다.

1956년 제2차 중동전쟁 이후 이스라엘은 한때 이집트 영토와 시나이 반도를 점령하고 있었다. 하지만 당시 이스라엘은 군사력이 약했기 때문에 영국과 프랑스의 지원을 받아야 했다. 제2차 중동전쟁에서 영국·프랑스·이스라엘의 침략행위는 국제사회의 분노와 비난을 불러일으켰다. 결국 국제사회의 압력을 받던 영국과 프랑스는 참전을 중단하고 화해 중재자로 나섰으며, 이스라엘도 전쟁을 중지하고 시나이 반도를 이집트에 돌려주었다. 그런데 그뒤부터 이스라엘은 국방력을 나라의 근본으로 삼는다는 국가 목표를 앞세워 군사력을 증강하고 전쟁 준비에 박차를 가했으며, 다시 한 번 전쟁을 일으켜 영토를 확장하려는 야심을 키워나갔다.

10여 년간의 준비기간 동안 이스라엘은 무기와 장비를 대대적으로 확충하고 작전능력도 높였다. 하지만 이스라엘은 지리적으로 아랍권 국가의 포위망 안에 있었다. 군사력으로는 비교할 국가가 없을 정도로 막강했지만, 항상 이스라엘을 적대시하는 아랍 국가의 총체적인 실력에는 미치지 못했다.

당시 이스라엘은 총 25만 명의 병력과 탱크 1,100대, 전투기 300대를 보유하고 있었지만 이집트·시리아·요르단의 군사력을 합쳐보면 33만 명의 병력과 탱크 2,300대, 전투기 570대였다. 따라서 아랍 국가들이 연합하여 맞선다면 패할 것이 뻔했으므로 이스라엘로서는 경거망동할 수 없었다. 반면, 아랍 국가들이 서로 불화를 일으키고 제멋대로 군다면 전세의 우위를 상실할 것이고, 그 기회를 빌려 하나하나 격파해나간다면 승산이 있을 것이었다.

1960년대 이후부터 아랍 국가들간의 모순은 날로 극심해지기 시작했는데, 그 주요 원인은 이스라엘의 공격목표물 가운데 하나인 이집트가 거의 모든 아랍 국가들과 분란을 야기했기 때문이었다. 시리아가 군사쿠데타를 일으켜 아랍연합국에서 탈퇴하면서 이집트와 등을 돌렸고, 예멘에서 바도에르(Badoer) 왕조를 뒤엎는 혁명이 발생하자 이집트는 새 정부 지지를 선언했다. 그런데 사우디아라비아와 요르단이 바도에르 왕조를 지지하자 예멘의 혁명가들과 왕조 지지자들이 충돌했는데, 이집트는 내전에 참여하다 보니 손실이 컸다. 게다가 이라크 역시 한때 이라크 반란군을 지지한 이집트에 앙심을 품고 있었다. 요르단은 시리아의 아랍연합국 탈퇴를 지지하면서 예멘 문제에서 이집트와 적대시했고, 요르단과 이집트의 관계도 악화되어갔다. 이는 이스라엘이 너무나 바라던 상황이었고, 오랫동안 기다려온 절호의 기회였다.

아랍권 국가들이 그렇게 온갖 모순에 사로잡혀 한창 아귀다툼을 벌이고, 서로의 경제력과 군사력을 소모하면서 방심한 때를 노려 이스라엘은 '불난 틈에 도둑질하기'에 나섰다.

1967년 6월 1일 이스라엘은 전투에 능한 강경파 모세다얀을 국방

장관에 임명하고, 그 이튿날 내각회의에서 모세다얀과 참모장 라빈이 제기한 전쟁발동권을 통과시켰다. 그리고 6월 5일 새벽 이스라엘 전투기 편대가 아무런 방비도 없는 이집트와 시리아, 요르단 등 아랍 국가들의 공군기지를 기습해 그들의 예봉을 꺾어놓았다. 곧이어 보병부대가 파죽지세로 밀고 나가 연이어 승전고를 울렸다. 여러 아랍권 국가의 병사들도 용감하게 대항했지만, 이스라엘의 기세를 당해 낼 수는 없었다.

그렇게 제3차 중동전쟁은 이스라엘 공군의 기습을 시작으로 6일 만에 이집트의 시나이 반도와 시리아의 골란 고원, 팔레스타인의 가자지구, 요르단 강 서안, 구 예루살렘 등을 점령하여 총 면적 6만 5,000제곱킬로미터를 차지하는 데 성공했다.

물론 제3차 중동전쟁에서 아랍권 국가들이 이스라엘에 전패한 원인으로 군사적 전술과 지휘력, 입체작전 능력 등을 들 수도 있다. 하지만 그보다는 아랍 국가들간에 모순이 많고 사분오열의 형세가 더 큰 패인이었다. 이스라엘은 오랜 준비과정을 통해 그들 나라간의 분열을 이용해 성공적으로 영토를 확장할 수 있었던 것이다.

## 68

# 재난을 피하면
# 희망이 고개를 내민다

**原文** 子列子窮, 貌有饑色. 客有言之於鄭子陽者, 曰: "列禦寇, 有道之士也. 居君之國而窮, 君毋乃不好士乎?" 鄭子陽令官遺之粟數十乘. 子列子出見使者, 再拜而辭. 使者去, 子列子入, 其妻望而拊心曰: "聞爲有道者, 妻子皆得逸樂. 今妻子有饑色矣, 君過而遺先生食, 先生又弗受也, 豈非命哉?" 子列子笑而謂之曰: "君非自知我也, 以人之言而遺我粟也. 夫以人言而粟我, 至其罪我也, 亦且以人言. 此吾所以不受也." 其後民果作難, 殺子陽. 受人之養而不死其難, 不義 ; 死其難, 則死無道也 ; 死無道, 逆也. 子列子除不義去逆也, 豈不遠哉!

춘추전국시대 때 정나라에 열자(列子)라는 사람이 있었는데, 이름은 열어구(列禦寇)였다. 그런데 열어구는 집안이 매우 가난하여 늘 굶주린 기색이 역력했다. 그런 사정을 잘 알고 있는 한 문객(門客)이 상국(相國)인 정자양(鄭子陽)에게 말했다.

"소위 도에 능통한 인물로 알려진 열어구가 당신들 나라에서 저토록 빈한하게 살고 있는데, 어르신은 낯뜨겁지도 않습니까?"

이에 정자양은 창피한 생각이 들어 사람을 시켜 열어구네 집에 쌀 수십 되를 갖다주게 했다.

쌀을 실어온 사자가 문 앞에 이르자 열어구는 아주 정중하게 고마움을 전하면서도 쌀은 끝내 받지 않았다. 하는 수 없이 사자가 돌아서고 열자가 방으로 들어서는데, 그의 아내가 탄식했다.

"도에 능하다는 다른 이들 집안을 보면 처자들 모두 편안하고 배부른 삶을 누린다는데, 지금 당신은 처자들을 굶주리게 하면서 왜 문 앞까지 가져다주는 쌀도 마다하는 겁니까? 우린 마냥 이렇게 살아야 하는 건가요?"

열자가 부인에게 말했다.

"부인, 상국 스스로 내 사정을 살핀 것이 아니라 다른 사람에게서 내 사정을 전해듣고 마지못해 쌀을 가져온 것이오. 다른 사람의 불평을 듣고 나서 쌀을 보내온 것은 나를 미워한다는 것과 마찬가지 아니겠소. 게다가 다른 사람들에게 꼬투리를 잡힐 빌미가 될 것이고 말이오. 그래서 한사코 사양한 것이오."

그로부터 얼마 지나지 않아 과연 백성들이 난을 일으켜 정자양의 목을 벴다.

남에게서 도움을 받고도 그 사람이 어려움에 처할 때 도와주지 않으면 의리가 없는 것이다. 그런 사람들과 환난을 함께 한다는 것은 목숨을 바친다 해도 비도덕적이고 반역하는 행위이다. 열자는 정의에 어긋나지 않기 위해 뜻밖의 재물을 사절했다. 이는 선견지명이 있는 처사라 하지 않을 수 없다.

아주 힘든 환경이었음에도 열자는 결코 불의의 재물을 탐하지 않았다. 그는 상국이 머지않아 멸하리라는 것을 명석하게 판단했던 것이다. 누구도 믿을 수 없는 험악한 시기에 이렇게 처신할 수 있었다는 것은 그의 선견지명과 탁월한 견식을 보여주는 것이다.

열자가 상국의 구제를 거절한 것은 상국이 그에게 진정으로 관심을 보여서가 아니라 다른 이의 권유로 마지못해 그랬기 때문이다. 만일 그런 상황이 아니었다면 열자 역시도 뿌리치기 힘들었을 것이다. 그것은 마침 열자에게 곤경에서 벗어날 수 있는 핑계거리를 마련해 준 셈이었다.

1933년 미국이 경제위기에 직면했을 당시, 해리슨 방직회사는 갑작스런 대형 화재로 잿더미가 되었다. 그러자 3,000명이나 되는 직원들 모두 집에서 사장이 파산을 선언하고 실업의 폭풍이 불어닥치기만을 기다리고 있었다. 그렇게 가망 없이 하루하루를 보내고 있던 어느 날, 그들 모두 사장으로부터 편지 한 통씩을 받게 되었다. 전 직원에게 한 달치 급여를 지불하겠다는 내용이었다.

국가 경제가 휘청거리고 있는 마당에, 이런 소식을 접한다는 것은 경이로운 일이었다. 그래서 직원들은 전화와 편지로 앨런 퍼스(Alan Firth) 사장에게 감사의 인사를 전했다.

그렇게 또 한 달이 지나고 직원들 모두 다음달 생계비를 걱정하고 있을 때, 사장으로부터 두 번째 편지를 받았다. 한 달치 월급을 더 준다는 것이었다. 그 편지를 받은 3,000여 직원들은 상상을 초월하는 축복에 감사의 눈물을 흘렸다. 실업바람이 온 나라를 집어삼키고 생계유지조차 힘겨운 때에 이런 보살핌을 받는다는 것은 누구도 예상치 못한 일이었다. 그런데 이튿날이 되자 대부분의 직원들이 누가 시키지도 않았는데 회사에 나가 공장 안팎을 정리하고 기계를 닦았으며, 어떤 직원들은 멀리 떨어져 있는 주까지 달려가 물자 공급을 다시 주선했다. 그렇게 석 달 만에 해리슨사는 정상궤도에 들어섰다. 이 기적을 두고 당시의 한 신문은 이렇게 보도했다.

'직원들 모두 몸과 마음을 다해 밤낮으로 쉴새없이 일하고 있었다. 마치 하루 24시간을 다 일하지 못하는 것이 한스러운 듯 말이다. 예전에 사장 앨런 퍼스 씨에게 보험금이나 챙기면 그만 아니겠느냐며 그의 마음씀씀이를 질책하던, 상도덕이 결핍된 사람들조차도 이제는 혀를 내두르지 않을 수 없게 되었다.'

현재 해리슨사는 미국에서 가장 큰 방직회사로 세계 50여 개국에 지사를 두고 있다.

그 어떤 재난이든 모두 인간의 재난이다. 일단 인간의 재난만 무마된다면 희망도 잇따른다.

# 근본으로부터
# 문제를 해결하라

> **原文** 漢患諸侯強, 主父偃謀令諸侯以私恩自裂地, 分其子弟, 而漢爲其封號. 漢有厚恩而諸侯漸自分析弱小云.

서한(西漢) 무제(武帝)가 제후들의 세력이 강해질까 염려하자, 주부(主父) 언(偃)이 빼어난 모략을 내놓았다. 즉 각 제후들로 하여금 자기 자손이나 다른 사람에게 봉지를 나눠주는 등의 혜택을 베풀 수 있도록 하고, 한왕은 그 작호(爵號)를 봉해주기만 하면 된다는 것이었다. 그로부터 한나라는 혜택이 아주 많은 나라로 알려졌으며, 제후들이 차지하고 있던 땅도 조각조각 나뉘어 그 세력이 점점 약화되었다.

주부 언의 계략은 군사를 움직이지도 않고, 돈 한푼 들이지도 않고, 또 군신간의 관계를 뒤흔들지도 않으면서 제후들의 세력을 약화시키고 중앙집권을 강화하는 목적을 이루게 했다.

그의 계략은 문제를 근본으로부터 해결하는 방법이었다. 제후들의 권력이 막강하고 병권과 재정권이 나날이 팽창하다 보면 장차 후환거리가 될 것임에 틀림없었다. 그렇다고 강압적인 방법을 썼다간 변란이 일어날지도 모를 노릇이었다. 그래서 정치체제를 쪼개 역량을 분산시키는 방법으로 제후들의 권력을 손쉽게 장악할 수 있었던 것이다.

부저추신(釜底抽薪, 가마솥 밑에서 땔나무를 끄집어낸다는 말로 근본으로부터 문제를 해결한다는 뜻 - 옮긴이)은 군사 전술에서 흔히 쓰이며, 비즈니스 경쟁에서도 곧잘 활용된다.

마스다 다카시(益田孝)가 창립한 미쓰이(三井)와 이와사키 야타로(岩崎彌太郎)가 창립한 미쓰비시(三菱)는 19세기 말 일본 최대의 해운회사였다. 이 두 회사는 해상운송권을 쟁탈하기 위해 상대방을 모략하는 등 수단과 방법을 가리지 않았다.

1877년 세이난 전쟁(西南戰爭)에서 군수물자의 보급과 수송을 도맡아 폭리를 취한 미쓰비시는 이미 61척에 달하는 대규모 선단을 이끌고 있었다. 이는 일본 총 운반선의 75퍼센트에 해당했으므로, 가히 해상운송의 제왕이라 할 만했다. 하지만 미쓰이는 겨우 세 척밖에 없어서 화물을 수송하려면 미쓰비시의 배를 빌려야 했다. 매년 미쓰비시에 지불해야 하는 운송료만 70만 엔이 넘었다. 또한 미쓰비시의 배를 임대하려면 3년치 보험료를 선불로 처리해야 했고, 화물도 반드시 미쓰비시 측 창고에 보관해야 했다. 어디 그뿐인가. 화폐의 차액(두 회사가 사용하는 화폐가 달라서 맞바꿔야 했다 - 옮긴이)까지 미쓰이가 고스란히 부담해야 했다. 그러다 보니 미쓰이는 수익금 중 절반을 미쓰비시에 상납하는 꼴이었다.

이런 악순환을 더 이상 되풀이할 수 없다고 판단한 마스다 다카시는 미쓰이의 해상운송 자주권을 획득하고 미쓰비시의 영향력에서 벗어나기 위해, 대장성(大藏省) 근무 당시 자신의 상사였던 시부사와 에이이치(澁澤榮一)를 찾아가 '도쿄선박회사'를 만들어 미쓰비시와 일전을 벌여보겠다고 했다.

당시 제1은행의 총재를 맡고 있던 시부사와 에이이치는 미쓰이가 설립한 도쿄주식거래소를 후견해주는 인물이기도 했다. 시부사와 에이이치의 동의를 얻어낸 마스다 다카시는 당시의 정계 실력자들과, 미쓰이처럼 미쓰비시에 자신들의 수익금을 내주고 있던 회사들과 긴밀히 협조해 대규모 운송회사 설립을 위한 만반의 준비를 서둘렀다. 평소 미쓰비시에 불만이 많았던 선주와 상인들이 속속 합류했고, 개중에는 돈깨나 있다는 상인들도 포함되어 있었다.

한편, 얼마 후 소식을 전해들은 미쓰비시의 이와사키 야타로는 미쓰이에 끌려가는 선주들을 붙잡는 한편 대응책을 강구하기 시작했다. 그는 현재의 미쓰비시 실력으로 준비 단계에 있는 조직쯤은 얼마든지 뿌리칠 수 있다고 생각했지만, 저들의 막강한 자본과 시부사와 에이이치의 영향력 등을 감안할 때 소홀히 여길 수 없는 문제라고 판단했다. 그래서 새로운 조직 설립을 저지할 수 있는 큰 걸림돌을 만들어 저들의 계획을 무산시키려 했다.

당시 이와사키 야타로는 신문매체와 관계가 좋은 편이었다. 그는 먼저 오쿠마(大隈)의 여러 신문매체를 이용해 미쓰이의 배후인물인 시부사와 에이이치를 공격했다. 어느 신문에서는 이렇게 보도했다.

'시부사와가 이처럼 도쿄선박회사의 일에 발벗고 나서는 데는 그럴 만한 이유가 있다. 그가 미쓰이를 도와 투자한 미곡상이 제1은행에 수십만에 달하는 적자를 만들어놓았기 때문이다. 그는 그 적자를

메우기 위해 새로운 회사 설립으로 나온 주식을 은행에 저당해야 했던 것이다.'

이와 같은 공격은 시부사와 에이이치를 위태롭게 만들었다. 따라서 새로운 회사 설립에 가담하려 했던 상인들도 불안해하며 저마다 몸을 사리게 되었다.

또한 이와사키 야타로는 사람들을 파견해 새로운 조직에 가담하려던 선주와 상인들을 설득하기 시작했다. 맨 먼저, 새 회사 설립에 가장 열성적이었던 후지이(藤井)를 찾아가 파격적인 조건으로 유혹하여 그를 이탈하게 만들었고, 또 다른 상인들에게는 저렴한 유통자금과 운송료를 보장할 테니 미쓰비시와 계속 거래해달라고 권유했다. 그리고 도쿄주식거래소의 주주들까지 매수했다. 이 모든 것이 극비리에 진행되었으므로 시부사와가 상황을 눈치챘을 때는 이미 수습 불가능한 시점이었다.

1880년 8월 10일, 간신히 도쿄선박회사가 설립되었지만 중도 이탈자가 너무 많았기 때문에 자금이 원래 계획의 절반밖에 준비되지 못했고 곡물, 목재와 같은 운송물자를 잃다 보니 회사를 유지해나갈 힘이 없었다. 하는 수 없이 마스다 다카시는 처음으로 되돌아가 선박 세 척을 그대로 유지하겠다고 천명하는 수밖에 없었다.

이 해상운송권 쟁탈전에서 이와사키 야타로는 맨 먼저 미쓰이의 배후인물인 시부사와 에이이치를 공격하고, 그것을 계기로 미쓰이의 자금줄을 차단했다. 그리고 당근책으로 다른 회사들이 조직에 가담하지 못하게 함으로써 근본을 제거하는, '부저추신'의 목적을 달성했다.

# 상대의 의지를 꺾고, 유인하여 승리한다

**原文** 賊帥杜曾屢敗官軍, 威震江沔. 元帝命周訪擊之. 有衆八千, 進至沔陽. 曾等銳氣甚盛. 訪曰: "先入有奪人之心, 軍之善謀也." 使將軍李常督左甄, 許朝督右甄, 訪自領中軍, 高張旗幟. 曾果畏訪, 先攻左右甄. 曾勇冠三軍, 訪甚惡之, 自於陣後射雉, 以安衆生. 令其衆曰: "一甄敗, 鳴三鼓, 兩甄敗, 鳴六鼓." 趙嗣兵屬左甄, 力戰, 敗而複合. 嗣馳馬告訪. 訪怒, 叱令更進. 嗣號哭複戰. 自旦至申, 兩甄皆敗. 訪聞鼓音, 選精銳八百人, 自行酒飮之, 敕不得妄動, 聞鼓響乃進. 賊末至三十步, 訪親鳴鼓, 將士皆騰躍奔赴. 曾遂大潰, 殺千餘人. 訪夜追之. 諸將請待明日, 訪曰: "曾驍勇善戰, 向之敗也, 彼勞我逸, 是以克之, 宜及其衰, 乘之可滅." 鼓行而進, 遂下漢沔. 曾等走固武當. 訪出其不意, 又擊敗之, 獲曾.

두증(杜曾)이라는 반란군 우두머리가 몇 번씩이나 관군을 대패시키고 위진강(威震江)과 면(沔) 일대를 휩쓸었다. 이에 크게 노한 진 원제(元帝)는 주방(周訪)을 시켜 두증을 토벌하라 명했다.

주방이 군사 8,000명을 거느리고 면양(沔陽)에 도착했을 때, 두증 일당은 기세가 하늘을 찌를 듯했다. 주방이 장수들에게 말했다.

"아무래도 선수를 치는 것이 적의 심리를 제압하는 상책이다."

그러면서 장군 이상(李常)에게 좌측을, 허조(許朝)에게 우측을 맡게 하고 자신은 중앙에서 공격하기로 했다. 그러자 두증은 주방이 두려 웠는지 좌우부터 밀고 들어왔다. 주방 역시 권모술수에 능한 두증을 염두에 두고 침착하게 뒤에서 지휘하면서 군사들의 심리를 안정시켰다. 그가 수하들에게 명했다.

"한쪽이 공격에 실패하면 북을 세 번 울리고, 양쪽 다 실패하면 북을 여섯 번 울리도록 하라."

조사(趙嗣)의 군사가 우측에서 사력을 다해 싸웠지만 끝내는 물러서야 했다. 조사가 말을 타고 후퇴해와 전세를 보고하자 주방이 크게 질책하며 다시 진격하라 명했다. 이에 조사가 눈물을 삼키면서 공격을 감행했는데, 아침부터 황혼 무렵까지 격전을 벌인 결과 양쪽 다 패하고 말았다. 그러자 패전을 알리는 북소리를 들은 주방은 정예병 800명을 선발하여 그들에게 손수 술을 부어주고 나서, 섣불리 움직이지 말고 북소리가 울린 다음에 진격하라 당부해두었다.

드디어 반란군이 약 30보 앞까지 다가오자 주방이 직접 북을 울렸고, 군사들은 함성을 지르며 진격했다. 이에 두증은 꼼짝없이 당하여 줄행랑을 쳤다. 이때 사살된 반란군의 수가 1,000명이나 되었다. 날이 이미 어두워졌는데도 주방이 계속 추격하려 하자 여러 장수들은 조금 쉬었다가 내일 계속 추격하자고 건의했다. 그러나 주방은 고개를 가로저었다.

"두증은 싸움에 능하고 아주 용맹한 놈이다. 놈이 조금 전에 패한 것은 너무 지쳤기 때문이고, 우리가 이긴 것은 충분한 휴식을 취했기 때문이다. 지금 놈들의 기력이 쇠진한 틈을 노려 아예 뿌리를 뽑아야 한다."

주방은 다시 북을 울려 군사들을 계속 진격케 했고, 그 결과 한(漢)·면(沔) 일대를 두루 평정할 수 있었다. 두증은 무당산(武當山)까지 달아나 재기를 노렸지만, 예상치 못한 주방의 습격에 끝내 붙잡히고 말았다.

전장에서 두 군사가 맞부딪치면 용맹한 자가 이긴다. 주방이 적은 군사로 많은 적을 물리친 것은 용맹했기 때문이지만, 두증을 잡아들인 것은 지혜로웠기 때문이다.

1980년에 아프가니스탄을 침공할 때 소련군은 1,000여 문의 대포를 동원해 화력으로 상대를 제압하려 했다. 하지만 아프가니스탄 유격대는 소련군의 포화를 두려워하지 않았다. 그들은 먼저 소련군이 펼치는 작전상의 특징과 규율 등을 파악하려 애썼다. 소련군은 공격할 때 오토바이부대를 전면에 내세우고 포병이 뒤쪽에서 엄호하는, 보병과 포병이 연합하여 한발 두발 전진하는 전술을 쓰고 있었다. 이에 대처하기 위해 유격대는 보병과 포병의 연합을 끊어놓는 방법을 택했다. 즉 보병을 유인해낸 다음 포병을 골탕먹이는 전술이었다.

파미르 협곡은 험준하고 기암괴석이 많아 매복하기 적합한 곳이었다. 유격대는 협곡 깊숙이 소수의 병력을 매복시켜 소련군 주력을 유인하는 미끼로 삼고, 폭파 무기를 지닌 100여 명의 유격대원들은 협곡 양쪽 관목림(灌木林) 속에 매복시켜두었다.

때는 1980년 초겨울 해가 뜨기 전이었다. 소련군 1개 대대 병력이 20여 문의 대포를 끌고 거들먹거리며 협곡에 나타났다. 소수의 유격대원들은 먼저 총을 쏘아대면서 후퇴하는 척 협곡 깊숙이까지 적을 유인했다. 소련군 포병도 그 자리에서 포격을 가해 보병을 엄호했고, 그러다 보니 보병과의 거리가 벌어지게 되었다. 바로 이때를 노려 협곡 양쪽에 매복해 있던 유격대원들이 쏟아져 나와 포병을 공격했고, 양측은 치열한 육박전을 벌였다. 유격대원들은 칼이나 창, 총으로 소련군 포병들을 제압한 다음 폭약을 대포 아가리에 쑤셔넣고 터뜨렸는데, 100여 문의 대포가 고철덩이로 변해버렸다. 뒤늦게 상황을 알아챈 보병들이 다급하게 돌아왔지만 보이는 것이라곤 고철덩이와 여기저기 너부러진 시체들뿐, 아프가니스탄 유격대원들은 그림자도 보이지 않았다.

# 마음이 넓을수록
# 돌아오는 게 많다

**原文** 李繼遷擾西鄙. 保安軍奏獲其母. 太宗欲誅之, 以寇准居樞密, 獨召與謀. 准退, 過相幕, 呂端謂准曰: "上戒君勿言於端乎?" 准曰: "否." 告之故. 端曰: "何以處之?" 准曰: "欲斬於保安軍北門外, 以戒凶逆." 端曰: "必若此, 非計之得也!" 即入奏曰: "昔項羽欲烹太公, 高祖願分一杯羹. 夫擧大事不顧其親, 況繼遷悖逆之人乎! 陛下今日殺之, 明日繼遷可擒乎? 若其不然, 徒結怨, 益堅其叛耳." 太宗曰: "然則如何?" 端曰: "以臣之愚, 宜置於延州, 使善視之, 以招來繼遷. 即不即降, 終可以系其心, 而母生死之命在我矣." 太宗拊髀稱善, 曰: "微卿, 幾誤我事!" 其後母終於延州, 繼遷死, 子竟納款.

북송 때, 서하(西夏)의 이계천(李繼遷)이 서부 변방을 어지럽히기에 보안군(保安軍) 진보(秦報)가 그의 어머니를 잡아 가두었다. 태종 조광의(趙廣義)는 이계천의 어머니를 죽이려는 심사로 구밀사(樞密使) 구준(寇准)만 불러들여 상의했다. 구준이 태종을 만나고 돌아가는 길에 재상 여단(呂端)의 집 앞을 지나가게 되었는데, 여단이 구준에게 물었다.

"폐하께서 대화 내용을 나에게 알리지 말라고 하던가?"
"아니, 그런 당부는 없었습니다."

그러고는 황제와 의논한 내용을 여단에게 말해주었다.

여단이 다시 물었다.

"그렇다면 어찌 처리할 생각인가?"

"보안군 북쪽 문 밖에서 처형하려고 합니다. 이계천을 벌하는 의미로 말입니다."

"꼭 그렇게 해야겠나? 썩 좋은 방법은 아닌 것 같은데……."

그리고 여단은 즉시 입궐하여 태종에게 말했다.

"예전에 유방과 항우가 천하를 다툴 때 항우가 유방의 부친을 삶아 죽이겠다고 하자 한 고조 유방은 대수롭지 않다는 듯 '꼭 삶아 죽일 거면 그 고깃국이나 한 그릇 부탁한다'고 말했습니다. 모름지기 큰일을 도모하는 사람들은 혈육의 정 같은 건 안중에도 없는 법, 하물며 이계천과 같이 대역무도한 인간임에랴! 폐하께서 당장에 그의 어머니를 죽인다 해도 내일 당장 이계천을 붙잡을 수 있는 것도 아니잖습니까? 그럼에도 그의 어머니를 죽인다면 원한만 깊어지고 반역을 더 굳히게 할 따름입니다."

태종이 물었다.

"그럼 어찌하면 좋겠는가?"

"신의 생각으로는 그의 어머니로 하여금 보안과 가까운 연주(延州)에 살게 하고 사람을 보내 잘 돌봐준다면 이계천의 마음을 돌릴 수 있을지도 모릅니다. 그리고 설사 이계천이 투항하지 않는다 해도 너무 큰 앙심을 품지는 못할 것입니다. 자기 어머니의 생사가 우리 수중에 있기 때문이지요."

그 말에 태종이 철썩 무릎을 치며 말했다.

"그대가 아니었으면 큰일을 그르칠 뻔했군 그려!"

그리하여 이계천의 어머니는 연주에 연금되어 있었는데, 이계천이 죽은 뒤 그 아들이 아버지의 유언을 받들어 송에 귀순해왔다.

 여단은 너그러운 마음씀씀이로 반란군 이계천의 투지를 와해시켰다. 사서(史書)에는 이렇게 기록되어 있다.

'여단은 큰일을 대함에 있어서 어리석지 않았다.'

어리석지 않았을 뿐더러 여단이야말로 드넓은 흉금을 가진 큰 인물이었다. 마음을 크게 먹으면 자신과 타인 모두에게 이롭고 해가 없다.

어느 시골에 대대로 화훼농장을 물려받아 경영하는 형제가 있었다. 그런데 형제가 결혼을 하고 나자 동서간의 사이가 나빠져 농장을 절반으로 나누어 따로 경영하게 되었다.

한번은 외국에 있는 맏동서의 친척이 희귀한 품종의 꽃씨를 가져다주었는데, 꽃이 무척 화려하고 향기가 좋아서 시장에 내놓기가 무섭게 팔려나갔다. 그 덕분에 맏이네는 첫해에 짭짤한 수익을 챙겼다.

그 소식을 들은 동생이 어느 날 형을 찾아가 꽃씨를 나눠달라고 하자, 형은 흔쾌히 그러마 했다. 그런데 저녁에 귀가해 아내에게 그 이야기를 했더니 펄쩍 뛰는 것이었다.

"세상에, 이 멍청한 인간아! 그 꽃씨는 우리가 돈 버는 밑천이란 말이야! 그걸 동생한테 주면, 동생은 또 다른 사람한테 나눠주고, 그러다 보면 우린 뭘 먹고 산단 말이냐고!"

결국 동생은 그 꽃씨를 얻지 못했고, 형은 다른 품종의 꽃을 모두 없애버리고 새 품종만 가꾸어 목돈을 벌려고 했다.

그런데 이상한 일이 벌어졌다. 어찌된 영문인지 맏이가 심은 꽃은 이듬해부터 첫해보다 못해지는가 싶더니, 다음해에는 그전의 화려함이라곤 전혀 찾아볼 수 없는 평범한 꽃에 지나지 않게 되었다. 애가 탄 맏이가 화훼전문가를 불러와 그 연유를 물었다. 화원을 한바퀴 돌면서 꽃들을 살펴보던 전문가가 맏이에게 말했다.

"꽃들도 서로 의지하거나 해를 입힙니다. 장미와 백합을 함께 심으면 사이좋게 잘 피어나지만, 은방울꽃과 라일락을 너무 가까이 심으면 서로 해를 입혀서 꽃이 말라버리지요. 이 꽃 역시 주변의 꽃들과 상극이 되기에 이렇게 퇴화하고 만 것입니다."

어떤 장점도 그것을 자기 울타리 안에 가둬두면 절대 오랫동안 소유할 수 없다. 옹졸한 마음으로는 큰일을 해낼 수 없는 것이다.

# 성공은
# 낭비하지 않는 데서 출발한다

原文 陶侃性儉厲, 勤於事. 作荊州時, 勅船官悉錄鋸木屑, 不限多少. 鹹不解此意. 後正會値積雪始晴, 廳事前除雪後猶濕. 於是悉用木屑覆之, 都無所妨. 官用竹, 皆令錄厚頭, 積之如山. 桓溫宣布伐蜀, 裝船悉以作釘. 又嘗發所在竹篙, 有一官長連根取之, 仍當足, 公即超兩階用之.

도간(陶侃)은 매사에 검소한 인물로, 정사를 돌보는 데도 공정하고 인자했다. 그는 형주(荊州) 척사(刺史)로 있을 때 조선(造船)을 담당한 관리들에게 톱밥을 버리지 말고 모아두라고 당부했다. 관리들은 무슨 영문인지 몰랐지만 도간이 시키는 대로 따랐다.

어느 해 겨울, 큰 눈이 내려서 눈을 치운 뒤에도 길이 질척거리고 미끄러워서 나다니기 힘들었다. 이때 도간이 그동안 모아두었던 톱밥을 뿌리라고 하자 길이 더 이상 질척거리지 않았다.

또 한번은 관아에서 많은 대나무를 쓰게 되었는데, 도간이 굵고 큰 대나무는 뿌리째로 모아두라고 지시했다. 그렇게 모아둔 것이 산더미처럼 쌓여 있었다.

그런데 훗날 환온(桓溫)이 촉(蜀)을 친다고 했을 때, 그 대나무들은 배를 고정시키는 닻으로 사용되었다. 그리고 상앗대로 쓰이는 대나무들이 너무 가늘어 노를 젓기가 힘들었다. 어떤 하리(下吏)가 뿌리까지 남아 있는 굵은 대나무를 상앗대로 한번 써보았더니 무쇠처럼 단단해 노를 젓기가 한결 수월해졌다. 환온이 그 공로를 치하해 하리를 2급이나 승진시켰다.

 세상에 버릴 물건은 없다. 도간은 척사라는 관직에 있으면서도 검소하여 무엇이든 낭비하지 않았다.

물질문명이 고도로 발달한 요즘에도 근검절약하고 무엇이든 낭비하지 말아야 한다는 정신은 조금도 퇴색하지 않았을 뿐더러 현대 기업가들에게 꼭 필요한 덕목이다. 무석(無錫)의 농민기업가 허복민(許福民)을 그 대표적인 사례로 꼽을 수 있다.

허복민은 처음에 양어장을 만들 때부터 생물의 상호 순환원리를 적용해 젖소목장과 오리농장을 함께 경영했다. 소똥과 오리 배설물은 양어장의 수초 번식에 좋은 조건을 마련해주었고, 수초는 물고기의 먹잇감이 되었다. 물고기 양식도 위층에는 청어를, 중·하층에는 붕어를 넣어 양어장 면적을 최대한 활용함으로써 한 종류의 물고기를 양식하는 것보다 훨씬 더 많은 수익을 올렸다.

오리농장도 마찬가지였다. 보통 오리를 시장에 내다 팔아봐야 몇 원(위안)밖에 안 되지만, 알을 낳게 하면 마리당 30원 정도의 수익을 올릴 수 있었다. 게다가 오리알을 피단(皮蛋, 송화단이라고도 하는데 오리알을 석회와 왕겨에 절여 만든 요리 - 옮긴이)으로 가공해 팔면 오리 한 마리당 수십 원의 수입이 발생했다.

허복민은 또 북경오리구이의 수익성이 높다는 걸 알고 동료들과 오리구이 전문점을 차리려고 상의했다. 북경오리는 살이 많고 느끼하다고 소문났지만, 그들이 기르는 영국 종자 오리는 느끼함을 싫어하는 사람들의 입맛에 딱 맞아떨어졌다. 결국 그들은 무석에 '무석오리구이 전문점'을 차렸고, 손님이 끊이지 않아서 개업 10개월 만에 400여만 원의 매출을 올렸다. 구운 오리 한 마리를 25원에 팔았으니 산 오리보다 몇 배나 더 받은 셈이었다. 게다가 오리 내장 같은 부산물은 해외로 수출했다.

1987년 6월, 허복민은 산업시찰차 호주에 갔다가 한 인도인이 자기 목장을 매각한다는 소문을 들었다. 이에 그는 즉시 현장조사를 하고 무석시의 동의를 구한 다음, 무려 6만여 헥타르의 넓이에 별장이 여섯 채나 딸린 농장을 전격 인수했다. 빅토리아 강가에 위치한 그 농장은 얼마 후 5만여 헥타르는 목장으로, 1만여 헥타르는 과수원이 되었다. 허복민은 그 농장에서 양 목축업을 벌였고, 거기서 생산한 대량의 양털을 무석 방직공업에 공급했다.

만일 무엇이든 허투루 낭비하지 않고 쓸 만한 것은 모두 활용한다는 마음가짐이 없었다면, 허복민이 벌인 다양한 사업에 쏟아부어야 할 금액은 얼마나 되었을까?

# 허와 실을
# 운용하라

> 原文
> 
> 蕭銑據江陵. 詔李靖同河間王孝恭安輯, 閱兵夔州. 時秋潦, 濤漱漲惡, 銑以靖末能下, 不設備, 諸將亦請江平乃進, 靖曰: "兵事以速為神. 今士始集, 銑不及知, 若乘水傅壘, 是震雷不及塞耳, 倉卒召兵, 無以禦我, 此必擒也." 孝恭從之. 帥戰艦二千餘艘東下, 拔其荊門、宜都二鎮, 進至夷陵, 蕭銑之罷兵營農也, 才留宿衞數千人, 聞唐兵至, 大懼. 倉卒征兵, 皆在江嶺之外, 道途阻遠, 不能遽集, 乃悉見兵出拒戰, 蕭恭將擊之, 李靖止之曰: "彼救敗之師, 策非素立, 勢不能久, 不若且駐南岸, 緩之一日, 彼必分其兵, 或留拒我, 或歸自守. 兵分勢弱, 我乘其懈而擊之, 蔑不勝矣. 今若急之, 彼則並力死戰, 楚兵剽銳, 未易當也!" 孝恭不從, 留靖守營, 自帥銳師出戰. 果敗, 走趨南岸. 銑眾委舟, 收掠軍資, 人皆負重. 靖見其眾亂, 縱兵奮之, 大破之. 乘勝直抵江陵, 入其外郭, 大獲舟艦. 李靖使孝恭盡散之江中. 諸將皆曰: "破敵所獲, 當借其用, 奈何棄以資敵?" 靖曰: "蕭銑之地, 南出嶺表, 東距洞庭. 吾懸軍深入, 若攻城未拔, 援兵四集, 吾表裏受敵, 進退不獲, 雖有舟楫, 將安用之? 今棄舟艦, 使塞江而下, 援兵見之, 必謂江陵已破, 未敢輕進, 往來窺伺, 動淹旬月, 吾取之必矣!" 銑援兵見舟艦, 果疑不進.

소선(蕭銑)이 강릉(江陵) 일대를 장악하자 조정에서는 이정(李靖)과 하간왕(河間王) 이효공(李孝公)을 보내 평정하라 명하면서 기주(夔州)에서 열병식을 가졌다.

때는 마침 가을장마로 강물이 불어나 있었기에 소선은 이정이 강을 따라 공격하지 못할 것이라 짐작하고 아무런 방비도 하지 않았다. 여러 장수들도 이정에게 강물이 줄어든 다음에 움직이자고 청했다. 그러나 이정은 단호하게 말했다.

"군사의 움직임은 신속해야 하오. 지금 소선은 군사들이 정비된 줄 모르고 있소. 지금 물이 불어 경계를 늦춘 틈을 노려 공략한다면 저들은 손쓸 틈조차 없을 것이고, 부랴부랴 군사를 끌어모은다 해도 우리를 당해낼 재간이 없을 것이오."

그 말에 이효공도 고개를 끄덕였다. 그래서 전함 2,000여 척을 띄워 강물을 따라 동으로 내려가다가 순식간에 형문(荊門)과 의도(宜都)를 공략하고 이릉성(夷陵城) 밖까지 쳐들어갔다. 이때 소선은 대다수 병사들을 가을걷이하러 보내고, 경비병 수천 명만 거느리고 있었다. 불의의 기습 소식에 놀라 다급히 병졸들을 불러모으려 했으나 군사들은 대부분 강령(江嶺) 밖에 나가 있는데다 길이 멀고 험하여 뜻대로 되지 않았다. 궁여지책으로, 남아 있는 군사들을 모두 성밖으로 내몰며 응전하는 수밖에 없었다. 한편 성을 눈앞에 두고 이효공이 진격하려 하자 이정이 말리면서 말했다.

"저들은 최후의 발악을 하려는 군사들이므로 확실한 계책도 없고, 그 기세도 오래가지 못할 것입니다. 우리가 잠시 이쪽 언덕에 진영을 구축하고 하루쯤 머물러 있으면 저들은 분명 병력을 나누어 일부는 성밖에 남고, 일부는 도로 성안으로 들어가 성을 사수하려 할 것입니다. 그렇게 병력이 분산되면 전투력이 크게 저하될 것이니, 그 틈을 노려 들이치면 한결 승산이 높은 싸움입니다. 만약 지금 곧바로 들이

친다면 놈들은 필사적으로 저항할 것인즉, 승산이 적을 것입니다."

그런데 이번에는 이효공이 이정의 말을 들으려 하지 않았다. 이정에게 남아서 병영을 지키라 하고, 자신은 정예병을 꾸려 출전했다. 그러나 얼마 지나지 않아 이정의 짐작대로 패전하여 장강 남안까지 도망쳐왔다.

상황이 이렇게 전개되자 소선의 군졸들은 전함을 내버려둔 채 군수물자와 전리품을 챙기느라 정신이 없었다. 그 틈을 노려 출격한 이정은 소선을 강릉성 외곽까지 쫓아가 전함을 모두 노획했다. 그런 다음 이정이 이효공에게 전함을 모두 강물에 떠내려보내라 하자 장수들이 말이 많았다.

"다 쓸 만한 노획물인데 그냥 강에 띄워보내면 적을 도와주는 꼴이 되지 않습니까?"

이정이 말했다.

"소선의 지역은 남으로는 영외(嶺外)까지, 동으로는 동정(洞庭)까지요. 우리 병력으로 성안까지 쳐들어갔다가 만에 하나 공략하지 못할 경우 사면팔방 적의 원군이 들이닥치면 진퇴양난의 처지에 놓일 것이오. 그때 가서 전함이 있다 한들 무슨 소용이겠소? 지금 노획한 전함을 강물에 떠내려보내면 원병들은 그것을 보고 강릉이 함락된 줄 알 것이고, 함부로 움직이지 않고 상황파악을 하려 할 것이오. 그러는 데만 왕복 보름은 걸릴 것인즉, 그때는 이미 우리가 강릉을 점령한 다음일 거란 말이오!"

과연 이정의 말대로 강물에 떠내려간 전함들을 본 원군은 겁을 집어먹고 구원하러 올 생각을 못했다.

이정은 적을 알고 자기를 아는 지혜를 가졌고, 허와 실을 운용할 줄 알았다. 허와 실의 운용은 전장에서 상대방을 제압할 수 있는 강력한 무기다.

1940년 1월 10일, 독일 공군 낙하산부대의 라인벅스 소령은 카터 장군의 지시에 따라 연구 작성된 벨기에와 네덜란드 공중투하작전에 관한 기밀문서를 지니고 군사회의에 참석하러 가게 되었다. 그런데 도중에 기차가 연착되어 이튿날 비행기로 갈아타야 했고, 그날따라 안개가 자욱하여 비행기가 방향을 잃는 바람에 그만 강제 착륙할 수밖에 없었다. 설상가상으로, 라인 강가로 알고 착륙한 곳이 하필이면 마스 강가였다. 소령 일행은 꼼짝없이 벨기에 경찰에게 체포되었다.

소령은 어떻게든 기밀문서를 소각해버리려 했지만, 미처 손쓸 틈도 없이 벨기에 경찰에게 압수되고 말았다. 그 서류가 독일군의 공중투하작전 계획서임을 알아본 벨기에 경찰은 즉각 연락을 취했고, 군에서는 곧 비상령이 내려져 1월 17일 독일군 기습에 대비한 조치가 취해졌다.

독일에서는 비밀이 새어나가지 않도록 그 작전을 '러더퍼드(Rutherford) 작전'이라고 이름 붙였다. 소령이 소지하고 있던 성냥의 상표가 '러더퍼드'였기 때문이었다.

한편, 소령이 체포되었다는 보고를 받은 히틀러는 당장에 벨기에 주재 독일 대사관 직원을 시켜 사건의 전모를 파악하라 명했다. 벨기에 당국에서는 그 서류가 이미 소각되었다는 거짓정보를 흘렸지만, 히틀러가 그 말을 믿을 리 없었다. 히틀러는 일단 작전 개시일을 미루기로 결정했다.

애초에 1월 17일로 계획했던 작전은 취소되었지만, 벨기에 당국은 마음을 졸이면서 하루하루를 보내야 했다. 히틀러는 작전 개시일을 1월 20일로 미루었다가 다시 봄으로, 또다시 3월 초순으로 미루었고, 나중에는 5월 10일로 미루었다.

그렇게 계속 상황이 바뀌자 벨기에 당국에서는 마침내 기밀문서의 진위를 의심하기에 이르렀고, 차츰 경계심을 늦추게 되었다. 그런데 5월 10일이 되자, 히틀러는 번개같이 벨기에와 네덜란드를 동시 침공하여 공군의 엄호 하에 마침내 '마지노선'을 뚫고 5월 15일에는 프랑스까지 쳐들어갔다. 이와 같은 히틀러의 허와 실 운용 전술은 벨기에와 네덜란드에 막대한 피해를 입혔다.

# 내부의 적을
# 두려워하라

> **原文** 朱仙鎭之敗, 兀術欲棄汴而去, 有書生叩馬曰: "太子毋走, 嶽少保且退." 兀術曰: "嶽少保以五百騎破吾十萬, 京城日夜望其來, 何謂可守?" 生曰: "自古未有權臣在內而大將能立功於外者. 嶽少保且不免, 況成功乎?" 兀術悟, 遂留.

남송(南宋) 초기에 금나라 태자 올술(兀術)은 주선진(朱仙鎭)에서 악비(岳飛)에게 패한 뒤, 변경(汴京)에서 철수하려 했다. 이때 한 선비가 찾아와 올술이 탄 말의 고삐를 잡으며 말했다.

"태자마마, 이렇게 돌아가시면 큰 낭패입니다. 악비는 곧 물러갈 것입니다."

태자가 어이없다는 표정으로 말했다.

"악비는 겨우 500의 병사로 나의 10만 대군을 물리쳤다. 그리고 변경의 백성들도 악비가 오기만을 고대하고 있다. 이제 내가 무슨 힘으로 변경을 지킨단 말이냐?"

선비가 말했다.

"자고로 권세를 탐하는 자가 조정에서 집권하고 있는 한, 밖에서 공을 세우는 장수는 없다고 했습니다. 악소보(악비)는 지금 자기 목숨도 보전하기 힘든 처지입니다. 상황이 이러한데 어찌 변경을 수복하는 데 신경을 쓰겠습니까?"

그제야 올술은 크게 깨닫는 바가 있어 퇴각하지 않고 변경을 지켰다.

선비의 말은 천고불변의 진리다. 권세를 탐하는 자가 조정을 움켜쥐고 있는 한, 밖에서 공을 세운 장군은 없었다. 역사적으로 수많은 사례들이 이를 입증해준다. 굳건한 진지는 종종 내부로부터 와해되기 쉽다.

서부전선의 힌덴부르크가 이끄는 독일군이 프랑스로 진격했다. 러시아는 프랑스를 돕기 위해 65만 명을 2개 사단으로 나누어 동프로이센으로 진격했다. 제1사단은 렌넨캄프 장군이 이끌고, 제2사단은 삼소노프 장군이 지휘했다. 그런데 독일군 병력이 서부전선에 집중되어 있었고, 동부전선에는 제8사단만 남아 있었기에 러시아군을 저지할 힘이 없었다. 그래서 점점 밀릴 수밖에 없었다.

한편 러시아군은 큰 장애물 없이 쳐들어갔지만 식량과 보급품 수송이 늦어져 동프로이센으로 들어간 지 얼마 지나지 않아 굶주리고 지쳐 행군할 힘이 없었다. 게다가 두 사단간의 연락도 원활치 못해 무려 100킬로미터나 간격이 벌어졌다.

이러한 러시아군의 약점을 간파한 독일군 제8사단의 호프만 대령은 곧 삼소노프 장군이 이끄는 제2사단을 측면 공격할 계획을 세웠다. 참모장이 호프만의 계획을 듣고 나서 말했다.

"렌넨캄프가 이끄는 제1사단이 구원하러 오면 어쩌려고 그러십니까? 우리 병력으로는 상대가 안 됩니다."

하지만 호프만이 자신있게 말했다.

"렌넨캄프는 절대 도우러 오지 않을 것이오. 두 사람은 10년 전부터 쥐와 고양이처럼 아옹다옹하는 사이요. 1905년 러일전쟁 때, 나는 중국 심양(沈陽) 기차역에서 두 사람이 서로 욕을 퍼붓고 손찌검까지 하는 장면을 목격했소. 렌넨캄프가 삼소노프를 지원해주지 않은 일로 다툰 거지. 내가 단언하건대, 지금 상황에서 렌넨캄프는 절대 삼소노프의 구조요청에 응하지 않을 것이오. 우린 지금 그 두 사람의 갈등을 이용해야 하오."

그 말에 참모장도 호프만의 출전계획을 지지해주었다.

독일군은 분대 병력으로 삼소노프의 제2사단을 매복권 안으로 끌어들인 다음 퇴로를 차단했다. 과연 호프만의 짐작대로 렌넨캄프는 지원하러 오지 않았고, 독일군의 매복권에 갇힌 삼소노프의 부대는 얼마 버티지 못하고 패했으며, 삼소노프는 자살해버렸다. 기세가 오른 독일군은 렌넨캄프의 제1사단을 포위해 맹공을 퍼부었고, 다급해진 렌넨캄프는 휘하 병사들을 등진 채 달아나기에 바빴다. 그리하여 독일군은 동프로이센 영내에 침입한 러시아군을 물리칠 수 있었다.

# 미친 척하여
# 역효과를 노린다

> 宸濠甚愛唐六如, 嘗遣人持百金, 至蘇聘之. 既至, 處以別館, 待之甚厚. 六如住半年, 見其所為不法, 知其後必反, 遂佯狂以處. 宸濠遣人饋物, 則倮形箕踞, 以手弄其人道, 譏訶使者. 使者反命, 宸濠曰: "孰謂唐生賢? 一狂士耳!" 遂放歸, 不久而告變矣.

명나라 영왕(寧王) 주신호(朱宸濠)는 당백호의 그림을 유달리 좋아했다. 그래서 한번은 당백호의 고향 소주(蘇州)에 사람을 보내 황금 100냥으로 그를 초대해 아주 후하게 대접해주었다.

그렇게 반년 동안 보살핌을 받으면서 당백호는 영왕의 됨됨이를 살폈는데, 필시 훗날 모반을 꾀할 인물이었다. 그래서 언젠가부터 미친 척하기 시작했다.

그날도 영왕이 사람을 시켜 선물을 보냈는데, 당백호가 훌딱 벗은 몸으로 땅바닥에 퍼질러 앉아 자신의 거시기를 만지작거리면서 심부름꾼을 마구 힐난했다. 그 말을 전해들은 영왕이 실망스런 목소리로 말했다.

"거참, 점잖은 사람인 줄 알았더니 이제 보니 미친놈이었군!"

그러고는 즉시 당백호를 고향으로 돌려보냈다. 그로부터 얼마 후 과연 당백호의 짐작대로 영왕 주신호는 난을 일으켰다.

재앙을 모면하기 위해 미친 척한 인간이 어디 당백호뿐이랴. 그러나 그처럼 파격적인 연기를 펼친 경우는 보기 드물다. 원래부터 미친 듯한 필치로 소문난 당백호였기에, 그 정도가 아니었다면 주신호를 속여넘기지 못했을 것이다.

인도의 어느 화가가 벨기에 국립미술관에서 개인전을 열었다. 그런데 유명하지 못한 화가라서 그런지 작품 한 점당 10달러, 혹은 100달러라는 가격표를 붙여놓았지만 화랑은 썰렁하기만 했다.

하루는 그림 수집에 관심이 많은 미국인 관광객이 화랑에 들렀다. 전시된 그림을 죽 둘러보던 그는 세 작품을 무척이나 욕심냈다. 그런데 가격표를 보니 너무 싼값이라, 그 그림들을 당장 구매하겠다고 했다.

그러자 그의 표정에서 그림을 꼭 구입할 것이라고 판단한 인도 화가는 그가 돈을 지불하려 하자 아주 태연하게 한 점당 250달러는 줘야 팔겠다고 말했다. 물론 관광객은 그런 억지가 어디 있느냐고 펄쩍 뛰었다. 그런 모습에 화가도 매우 화가 난 듯 그 자리에서 관광객이 사겠다던 그림 한 장을 불태워버렸다.

자기가 점찍은 그림이 순식간에 눈앞에서 불타버리자 관광객은 몹시 아쉬워하며, 나머지 두 점의 값을 깎아달라고 흥정하는 태도로 나왔다. 하지만 화가는 계속 한 점당 250달러라고 못박았고, 관광객은 가격을 좀더 낮춰보려 했다. 그러자 화가는 또 한 점의 그림을 불태워

없앴다.

　상황이 이렇게 되자 관광객은 더 이상 고집을 부릴 수 없었다. 결국 관광객은 화가가 원하는 대로 500달러를 지불하겠으니 제발 나머지 한 장만은 태우지 말라고 매달렸다.

　어쩌면 사기성이 짙어 보이는 이야기다. 인도 화가는 미국인 관광객이 자기 그림에 집착하는 심리를 파악하고 미친 척 그림을 불태워 버림으로써 구매욕구를 더욱 자극했다. 미친 척하면서 역효과를 노려 원하는 바를 얻어낸 매우 생동감 넘치는 사례라 할 수 있다.

# 전화위복의 지혜

| 轉禍爲福의 智 |

궁지에 몰려도 살아날 방도는 많다. 상대는 승리를 확신할수록, 자신감이 지나칠수록 방심하게 마련이다. 따라서 작은 허점을 잘 파고들면 역전의 계기를 마련할 수 있다. 이와 반대로, 상대가 미처 예상치 못하는 행동을 하거나 함정을 파놓고 기다리면 혼란을 불러일으켜 의외의 성과를 거두기도 한다. 물론 가장 최선의 방법은 싸우지 않고도 상대를 굴복시키는 것이다.

# 반작용의 원리를 응용하라

**原文** 宋河中府浮梁, 用鐵牛八維之, 一牛且數萬斤. 治平中, 水暴漲絶梁, 牽牛沒於河. 募能出之者. 眞定僧懷丙以二大舟實土, 夾牛維之, 用大木為權衡狀鉤牛, 徐去其土, 舟浮牛出. 轉運使張燾以聞, 賜之紫衣.

송나라 때 하중부(河中府)에 부교(浮橋)가 있었다. 다리는 무쇠로 만든 소 여덟 개를 기둥으로 연결하고 있었는데, 소 하나의 무게가 약 1만 킬로그램이었다. 그런데 북송 영종(英宗) 때 큰 홍수가 나면서 다리를 지탱하고 있던 무쇠 소 하나가 물에 잠겨버렸다. 그래서 관아에서는 그 무쇠 소를 끌어올릴 사람을 수소문하게 되었다.

그런데 하루는 회병(懷丙)이라는 승려가 큰 배 두 척 가득 흙을 싣고 와서 무쇠 소를 묶어 두 척의 배 위에 걸쳐놓은 굵은 가름대에 고정시켰다. 그런 다음 배에 싣고 있던 흙을 조금씩 퍼내자 배가 점점 떠오르면서 무쇠 소도 떠오르는 것이었다. 이 소식을 듣고 전운사(轉運使) 장도(張燾)는 그 승려에게 자줏빛 도포를 내렸다.

 승려 회병은 물의 부력이라는 물리적 특성을 응용했다. 그 옛날 조위(曺瑋)가 배로 코끼리의 몸무게를 잰 것과 비슷한 원리다.

그렇다. 알고 보면 많은 일들이 매우 쉽고 간단하다. 그러나 정작 근본적으로 문제를 해결하는 방법을 찾아내기란 쉽지 않다.

일본의 한 기계제작업체 직원들은 나사 같은 부속품이 바닥에 나뒹굴고 있어도 주울 생각을 하지 않았다. 이따금 사장이 나타나 책임자와 직원들에게 한바탕 잔소리를 늘어놓고 돌아갔지만, 다음 번에 와보면 여전히 그 모양 그 꼴이었다.

그러던 어느 날 작업현장에 나타난 사장은 예전처럼 직원들을 힐책하는 대신, 드럼통 가득 담아온 100엔짜리 동전을 작업장 여기저기에 흩뿌려놓았다. 그러고는 아무 일도 없었다는 듯이 돌아가자 현장 책임자와 직원들 모두 영문을 몰라 어리둥절해했다.

이튿날, 사장이 전 직원을 한자리에 불러놓고 말했다.

"다들 어제 내가 한 행동을 이상하게 여길 것이오. 하지만 내가 미쳤다고는 생각하지 마시오. 우리 함께 문제점을 해결해보자는 의도에서 한 일이었소. 난 현장에 나올 때마다 바닥에 어수선하게 널려 있는 부속품들을 보고 마음이 아팠지만 당신들은 거들떠보지도, 주울 생각도 하지 않았소. 그 부속품들도 모두 돈을 주고 사온 것이오. 그러니 그냥 버려놓으면 돈을 버리는 것과 무슨 차이가 있겠소. 부속품들은 어제 내가 흩뿌려놓은 동전과 마찬가지로 귀한 돈이고, 게다가 더 많은 부를 창출할 수 있는 것이란 말이오."

그뒤로 작업현장은 이전보다 훨씬 더 깨끗해졌다.

이처럼 역설적으로 문제점을 제시하고, 그 반작용을 이용해 현안을 해결하면 뜻밖의 효과를 얻을 수 있다.

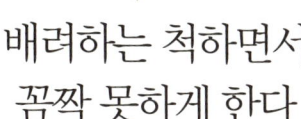

# 배려하는 척하면서
# 꼼짝 못하게 한다

**原文** 曹瑋知渭州, 時年十九. 嘗出戰小捷, 虜引去. 瑋偵虜去已遠, 乃緩驅所掠牛馬輜重而還. 虜聞瑋逐利行遲, 師又不整, 遽還兵來襲. 將至, 瑋使諭之曰: "軍遠來, 必甚疲, 我不乘人之急, 請休憩士馬, 少選決戰." 虜方甚疲. 皆欣然解嚴, 歇良久. 瑋又使諭之: "歇定, 可相馳矣!" 於是鼓軍而進, 大破之. 因謂其下曰: "吾知虜已疲, 故爲貪利以誘之. 比其複來, 幾行百裏矣. 若乘銳以戰, 猶有勝負. 遠行之人, 小憩則足痺, 不能立, 人氣亦闌, 吾以此取之." 瑋在軍, 得人死力, 平居甚暇, 及用師, 出入若神. 一日, 張樂飮僚吏, 中坐失瑋所在, 明日徐出視事, 而賊首已擲庭下矣. 賈同造瑋, 欲按邊, 邀與俱. 同問: "從兵安在?" 曰: "已具." 既出就騎, 見甲士三千環列, 初不聞人馬聲.

 조위(曹瑋)가 위주(渭州) 지주사로 있을 때, 그의 나이 겨우 열아홉이었다.

한번은 출전했다가 적군을 격퇴했는데, 정찰병이 적군은 이미 멀리 도망쳤다고 보고했다. 그래서 조위는 노획한 소와 말을 천천히 몰아 귀로에 올랐다.

한편, 조위가 승리했다고 우쭐해하며 군사들도 아주 산만하게 걸어간다는 소식을 접한 적군은 당장 말머리를 돌려 기습을 시도했다.

그런데 적군이 거의 다 쫓아왔다는 보고를 받은 조위는 사람을 보내 이렇게 전하라고 했다.

"군사들이 먼길을 달려오느라 무척 힘들 텐데, 난 비겁하게 기진맥진한 상대와 싸울 생각이 없으니 군사들을 좀 쉬게 하시오. 그리고 다시 장소를 정해 한번 붙어봅시다."

그 말을 전해들은 적군은 지쳐 있던 차에 마침 잘됐다 싶어 두 다리를 뻗고 실컷 쉬었다.

반나절이 지나 조위가 다시 말을 전해왔다.

"이젠 충분히 휴식을 취했을 테니 어디 한번 붙어보겠소?"

그리고는 북을 치고 진격했는데, 의외로 손쉽게 적군을 제압했다.

나중에 조위는 수하 장수들에게 자기가 승리할 수 있었던 이유를 이렇게 설명했다.

"난 저들이 기진맥진한 줄 알고 늑장을 부리며 돌아가는 척하여 놈들이 쫓아오길 바랐던 것이오. 저들이 다시 쫓아오노라면 잠시도 쉴 틈 없이 100여 리를 행군한 셈이 될 것이오. 하지만 그 기세대로 맞붙었다면 승리를 단언키 어려웠을 것이오. 먼길을 걸은 사람은 조금만 쉬어도 발이 붓고 다리가 아파서 똑바로 서지 못하게 마련이지. 그렇게 무기력한 적군을 물리치는 것쯤이야 식은 죽 먹기 아니겠는가."

평소에 조위는 부하들의 존경과 충성을 받아왔고, 언뜻 보기에 무척이나 한가해 보이지만 군사를 통솔하는 데는 감쪽같았다.

하루는 동료들과 크고 작은 관리들을 불러 흥겹게 잔치를 벌이고 있는데, 어느 순간부터 조위가 보이지 않는 것이었다. 그리고 이튿날에야 아무 일도 없다는 듯이 그가 모습을 드러냈는데, 정원에는 적장의 머리가 나뒹굴고 있었다.

또 한번은 가동(賈同)이 조위를 찾아와 함께 변방지역을 순찰하고 싶다고 청했는데, 조위가 군말 없이 일어서는 것을 보고 물었다.

"저기, 군사들은 거느리지 않으십니까?"

"이미 다 대령하고 있네."

조위가 문을 나가 말에 오르니 갑사(甲士) 3,000명이 질서정연하게 대령하고 있었는데, 가동은 그들이 집합하는 소리를 전혀 듣지 못했다.

춘추시대 송 낭공(襄公)이 연상되는 이야기다. 다른 점이 있다면, 송 낭공은 대패했고 조위는 쉽게 완승을 거둔 것이다. 조위가 승전한 것은 '먼길을 걸은 사람은 조금만 쉬어도 다리가 붓고 아파서 일어서기조차 힘들며 사기도 저하된다'는 이치를 알고 있었기 때문이다. 그것은 직접 겪어보지 않고는 얻기 힘든 깨달음이다. 이는 생리학과 심리학을 결부시킨 전술이기도 하다. 조위는 겉으로 적을 배려하는 척하면서 사실은 적을 마비시킨 것이었다.

배려하는 척하면서 상대를 마비시키는 것은 군사적으로 흔히 활용하는 전술이다.

소련은 언행이 아주 조심스럽고 국제무대에서도 실수가 적은 편이었다. 그런데 1954년 4월, 소련은 매우 이례적으로 미국 대표단을 5·1국제노동절 기념행사에 초청했다. 미국 대표단에는 고급 정보요원도 적잖이 끼어 있었는데, 그 '우호사절'들은 제멋대로 여기저기를 나다닐 수 있었다.

소련 국민들 모두 5·1국제노동절 기념행사 준비로 정신이 없었고,

'우호사절'에는 아무도 관심이 없는 듯했다. 그런데 그들은 예전에 한 번도 본 적이 없는 분기식 폭격기 10대를 보게 되었고, 기념행사 때에는 몇 종류의 신형 전투기도 목격할 수 있었다. 미국으로 돌아온 정보원들은 즉시 이 상황을 상부에 보고했다.

전 공군 부장이자 민주당 상원의원인 시밍턴(Symington)이 그 말에 탄식을 내뱉었다.

"미국과 자유세계 국가들은 이미 제공권을 상실한 셈이로군."

그래서 미국 정부는 과감한 결단을 내리기로 했다. 여러 군사 현안은 잠시 제쳐놓고 63억 달러를 집중 투자해 신형 전투기 제작에 뛰어들어 소련과 경쟁을 벌이기로 한 것이다.

1957년 8월 26일, 소련이 스커드 탄도미사일 발사에 성공하자 전 세계에 큰 파문이 일었다. 그리고 같은 해 10월 4일, 소련은 인류 최초로 인공위성을 지구 궤도 위로 쏘아올렸다. 연이어 태평양에서 원격미사일을 발사하자 서방 매체에서는 '소련 미사일 붐'이 일었다.

그제야 미국은 소련이 신형 전투기를 선선히 보여준 의도를 알 수 있었다. 분기식 폭격기로 스커드 탄도미사일 연구·제작을 위장하기 위해서였으며, 그것은 곧 미국을 마비시키는 전술이었다.

소련의 수많은 '미지수'들 때문에 안절부절못하던 아이젠하워 대통령은 백악관, 중앙정보국, 국방부, 항공우주국 등의 주요 책임자를 모두 불러모아 비밀회의를 가졌다. 치밀한 연구와 계획을 거듭한 끝에 마련한 대비책은 고성능 첩보기를 개발해 소련을 상대로 고공정찰을 벌여 비밀을 캐는 것이었다. 하지만 미국은 이미 한 수 지고 만 셈이었다.

# 아무리 큰 목표도
# 한 걸음부터!

> **原文** 宋初, 兩浙獻龍船, 長二十餘丈, 上為宮室層樓, 設禦榻, 以備遊幸. 歲久腹敗, 欲修治而水中不可施工. 熙寧中, 宦官黃懷信獻計, 於金明池北鑿大澳, 可容龍船, 其下置柱, 以大木梁其上. 乃決汴水入澳, 引船當梁上, 即車入澳中水. 完補訖, 複以水浮船, 撤去梁柱, 以大屋蒙之, 遂為藏船之室, 永無暴露之患.

송나라 초기, 양절(兩浙, 현재의 강소성 장강 이남과 절강성 전 지역을 일컬음 - 옮긴이)에서 황제에게 용주(龍舟, 임금이 타는 배 - 옮긴이) 한 척을 만들어 진상했다. 그 배에는 궁실과 누각이 있고 침대까지 있어서 황제가 며칠이고 배 안에서 기거할 수 있을 만큼 어마어마한 규모였다. 그런데 시간이 오래 지나다 보니 배 밑바닥이 삭아서 떨어지기 시작했는데, 수리를 하려 해도 선체가 너무 커서 손쓸 도리가 없었다.

그런데 송 신종(神宗) 때 환관 황회신(黃懷信)이 좋은 방도를 내놓았다. 먼저 금명지(金明池) 북쪽에 배가 정박할 수 있도록 큰 둑을 쌓고, 둑 밑면에 용주를 떠받들 만한 말뚝을 박는다. 그런 다음 말뚝 위에 가름대를 설치하고 변하(汴河, 수나라 양제가 만든 운하 - 옮긴이)의 물을 끌어 들인다. 그러고는 용주를 말뚝 위에 끌어다놓고 둑 안의 물을 빼면 배를 수리할 수 있고, 수리가 끝난 뒤에는 다시 물을 끌어들여 배를 뜨게 하고 말뚝을 제거하면 된다는 것이었다. 게다가 큰 장막으로 용주를 가려놓으면 배를 오랫동안 보존할 수도 있다고 덧붙였다.

하나하나 단계적인 작업을 거치면 거대한 용주도 수리할 수 있다. 목표를 한 단계씩 정하고 추진하면 일이 훨씬 수월해지고, 여러모로 주도면밀하게 진행된다. 그래서 이런 방식은 다양한 분야에 적용된다.

1984년, 도쿄에서 치러진 국제 마라톤 대회에서 무명의 신출내기 일본 선수가 쟁쟁한 우승후보들을 제치고 우승을 차지했다. 한 기자가 이렇게 놀라운 성적을 거두게 된 비결이 있느냐고 묻자 그는 짧게 한마디만 했다.

"저는 머리로 경쟁자들을 이겼습니다."

그 말에 많은 언론매체에서는 키도 작달막한 선수가 운 좋게 우승해놓고 공연히 잘난 체한다고 힐난했다. 마라톤은 지구력을 겨루는 경기이기 때문에 신체조건이 우수하고 인내력만 강하면 누구든 우승할 수 있다고, 순발력과 속도도 그 다음 문젠데 머리로 우승하다니, 말도 안 되는 소리라는 것이었다.

그런데 2년 후 이탈리아 북부의 한 도시에서 열린 마라톤 대회에 일본 대표로 출전한 야마다 모토이치(山田本一)는 또 한 번 우승을 차지했다.

워낙 말수가 적은 야마다는 여전히 그 한마디로 기자의 물음에 대답했다.

"저는 머리로 경쟁자들을 이겼습니다."

그러자 언론매체에서도 더 이상 지난번처럼 그를 힐난하지 못했다. 하지만 지혜로 이겼다는 그의 말은 여전히 수수께끼로 남아 있었다. 그로부터 10년 후, 야마다는 자서전에 이렇게 썼다.

'시합을 앞두고 나는 항상 차를 타고 마라톤 코스를 자세히 돌아본다. 그러면서 눈에 띄는 표식을 정해 수첩에 적어둔다. 처음에 은행을 표기했다면 그 다음은 큰 나무, 세 번째는 빨간색 주택…… 이런 식으로 종착점까지 가보는 것이다. 경기가 시작되면 나는 먼저 100미터 속도로 첫 번째 목표물을 향해 뛴다. 그러고는 다시 같은 속도로 두 번째 목표물을 향해 달린다. 40여 킬로미터나 되는 거리를 나는 세분화한 목표물을 세워 가뿐하게 뛰는 것이다. 물론 나도 처음에는 이렇게 간단한 방법을 알지 못했다. 만일 내가 40킬로미터 밖의 결승점에 꽂힌 깃발을 목표물로 정했다면, 아마도 채 5킬로미터도 못 뛰고 주저앉았을 것이다. 머나먼 곳에 있는 보이지도 않는 목표물 때문에 지레 겁부터 집어먹었을 것이다.'

매우 철학적인 의미가 담긴 글이 아닐 수 없다.

우리가 실생활을 하면서 부딪히는 일들에서 중도에 포기하는 이유는 일이 너무 힘들거나 불가능하기 때문이 아니라 성공이 너무 멀어 보여서 주저앉게 되는 것이다. 즉 우리는 실패를 두려워하여 포기하는 것이 아니라 권태로워서 실패하는 것이다.

인생을 살아가면서 우리도 야마다 모토이치와 같은 지혜로 길고 먼 목표를 세분화해놓고 한발 두발 작은 목표를 향해 뛰어보는 것은 어떨까?

## 작은 허점도
## 허투루 넘기지 마라

原文　陳友諒既陷太平, 據上流, 遣人約張士誠同侵建康. 或勸上自將擊之, 上曰: "敵知我出, 以偏師綴我, 而大軍順流直趨建康, 半日可達. 吾步騎急回, 百裏趨戰, 兵法所忌." 乃召康茂才, 謂曰: "二寇相合, 爲患必深. 若先破友諒, 則東寇膽落矣. 汝能速之使來乎?" 茂才曰: "家有老閽者, 舊嘗事友諒, 今往必信." 遂令閽者齎書, 乘小舸徑至僞漢軍中, 許以內應. 友諒果信之, 甚喜, 問康公, 曰: "今何在?" 曰: "見守江東橋." 又問: "橋如何?" 曰: "木橋也." 賜食遣還, 囑曰: "吾卽至, 至則呼老康爲號." 閽者還告, 上曰: "虜落吾觳中矣!" 乃使人撤木橋, 易以鐵石, 一宵而成. 馮勝、常遇春率三萬人, 伏於石灰山側, 徐達等軍於南門外, 楊璟駐兵大勝港, 張德勝、朱虎率舟師出龍江關外. 上總大軍於盧龍山, 令持幟者優黃幟於山之右, 優赤幟於山之左, 戒曰: "寇至則擧赤幟, 聞鼓聲則擧黃幟, 伏兵皆起." 是日, 友諒果引舟師東下, 至大勝港, 水路狹, 遇楊璟兵, 卽退出大江, 徑以舟沖江東橋, 見橋皆鐵石, 乃驚疑. 連呼 "老康", 莫應, 始覺其詐. 卽分舟師千餘向龍江, 先遣萬人登岸立柵, 勢甚銳. 時酷暑, 上度天必雨, 令諸軍且就食. 時天無雲, 忽風起西北, 雨大至. 赤幟擧, 諸軍竟前拔柵. 友諒麾軍來爭, 戰方合, 適雨止. 命發鼓, 鼓聲震, 黃幟擧, 伏發. 徐達兵亦至, 舟師並集, 內外合擊, 友諒軍大敗. 乘勝逐之, 遂複太平.

　　진우량(陳友諒)은 태평(太平)을 공략하고 장강 상류를 점하게 되자 장사성(張士誠)에게 사람을 보내 함께 건강(建康)을 치자고 제의했다. 누군가 주원장(朱元璋)에게 직접 군사를 거느리고 그들을 치는 것이 좋지 않겠느냐고 하자 주원장이 말했다.

"놈들이 내가 친히 출전한 걸 알고 적은 병력으로 내 발목을 붙잡아두고 주력으로 곧장 건강을 친다면 반나절이면 공략당할 것이다. 그때 가서 내가 100리 길을 되돌아와 싸운다는 것은 죽음을 자초하는 일이나 다름없다."

그러고는 강무재(康茂才)를 불러 상의했다.

"두 적군이 합치면 기세가 실로 막강해질 것이오. 먼저 진우량을 격퇴하면 동쪽에 있는 장사성도 겁을 집어먹을 것인즉, 진우량을 재빨리 유인해오는 방법이 없겠는가?"

"저희 집에 예전에 진우량 수하에서 일했던 늙은이가 있습니다. 그자를 보내면 진우량이 곧이들을 것입니다."

노인이 편지 한 장을 받아들고 진우량에게 가서, 진격하면 자기네가 내응할 것이라고 말하자 진우량이 노인을 살뜰히 대해주며 물었다.

"강공(강무재)은 지금 어디 있는가?"

"강 동쪽 다리를 지키고 있습지요."

"다리는 무슨 다리인가?"

"나무다리입니다."

진우량은 무척 만족스러워하며 노인을 후하게 대접하고 떠나보내면서 당부했다.

"내 이제 곧 공격할 것이니, 도착하여 로우캉(老康, 중국에서 성씨 앞에 '老' 자를 붙여 늙은이를 칭하는 수작 - 옮긴이)이라 소리치면 연락신호인 줄 아시오."

노인이 돌아와 자초지종을 얘기하자 주원장이 기뻐하며 말했다.

"놈들이 드디어 걸려들었군!"

그러고는 곧바로 사람들을 동원해 한밤중에 나무다리를 허물고 대신 돌다리를 놓았다. 그리고 빙승(憑勝)과 상우춘(常遇春)에게 3만 군사를 내줘 석회산(石灰山) 밑에 매복하라 명하고, 서달(徐達)의 군사는 남문 밖을, 양경(楊璟)은 대승항(大勝港)을, 장덕승(張德勝)과 주호(朱虎)는 수군을 거느리고 용강(龍江) 관문 밖을 지키게 했다. 주원장 자신은 대군을 거느리고 노룡산(蘆龍山)을 지켰는데 노란 깃발을 든 신호병은 산 오른편에, 빨간 깃발을 든 신호병은 왼편에 숨겨두고 다시 한 번 말했다.

"적군이 다가오면 빨간 깃발을 흔들고, 북소리가 울리면 노란 깃발을 흔들어 매복한 군사들이 일제히 출동하게 하라."

드디어 진우량이 거느린 수군이 나타났다. 그런데 대승항에 이르자 갑자기 수로가 좁아지더니 양경의 군사와 맞닥뜨리게 되었다. 황급히 강을 빠져나오려고 배로 다리를 부수려 했지만 나무다리가 아닌 돌다리였다. 불길한 예감에 '로우캉'을 연달아 소리쳐봤지만 아무런 응답이 없었다. 그제야 진우량은 자신이 속았음을 알아차리고 전함 1,000여 척을 용강으로 밀어붙이고, 군사 1만을 상륙시켜 울바자를 세우게 했다.

한편, 날씨가 갑자기 무더워져 곧 비가 내릴 거라고 짐작한 주원장은 군사들에게 먼저 밥을 먹게 했다. 한참 만에 먹구름이 몰려오고 서북풍이 불더니 소나기가 쏟아졌다. 그때 빨간 깃발이 나부끼자 군사들이 몰려나가 울타리로 세운 말뚝을 뽑아버렸다. 그렇게 말뚝쟁탈전을 시작으로 양측의 접전이 시작되자 때마침 비도 그쳤다. 주원장의 명령이 떨어지자 북소리가 천지를 울렸고, 노란 깃발이 휘날리면서 매복해 있던 군사들이 쏟아져 나왔으며, 서달의 군사도 속속 도착했다. 육군과 수군이 앞뒤에서 협공하자 진우량은 어찌해볼 도리가 없었고, 주원장은 기세를 몰아 곧장 태평까지 되찾았다.

주원장이 승전한 것은 나무다리를 돌다리로 바꿨기 때문이다. 군사 전술에서는 아주 사소한 부분이 승패를 좌우하는 결정타가 되는 경우가 많다.

1942년 11월 19일, 소련군은 스탈린그라드(오늘날의 볼고그라드 - 옮긴이) 주변 지역에서 전면적인 반격전을 개시하기로 했다. 작전은 두 단계로 나누어 펼치기로 했는데 그 첫 단계는 스탈린그라드를 포위하고 있는 적 진지를 뚫고 나가 그들을 서쪽에 포진하고 있는 독일군과 완전히 격리시키는 것이었고, 그 다음은 포위권 안에 든 적을 섬멸하는 것이었다.

소련군 제26탱크부대가 첫 단계 임무를 맡았는데 카라치 방향으로 뚫고 나가 스탈린그라드의 군사들과 합세해 독일군을 격리, 포위하는 것이었다. 탱크부대가 적의 방어선을 뚫고 나가자 독일군은 돈 강 쪽으로 퇴각하기 시작했다.

소련군 제26탱크부대의 로딘 소장은 어둠을 틈타 적 진영 깊숙이 뚫고 들어가 유일한 퇴각로인 돈 강 다리를 점령하기로 했다. 11월 22일 새벽 3시, 그는 수백 대의 선두부대 탱크들 모두 전조등을 켜게 하고 오스트로에서 카라치로 향하는 길을 따라 일렬종대로 나아가라고 명령했다. 전조등을 켠 채로 줄지어 지나가는 탱크부대를 본 독일군은 자기네 부대가 퇴각하는 줄 알았다. 탱크부대는 그렇게 총 한 방, 포 한 방 쏘지 않고 무사히 활개치며 수십 킬로미터나 되는 독일군의 점령지 통로를 지나 돈 강 다리까지 이동하는 데 성공했다.

재빨리 돈 강 양안을 접수한 선두부대는 곧 뒤따르는 탱크부대에 속히 협공하라는 신호를 보냈다. 독일군은 뒤늦게 소련군의 작전을 눈치챘지만 때는 이미 늦었다. 앞뒤로 들이닥치는 탱크부대의 맹렬한 공격에 저항조차 못한 채 양쪽으로 뿔뿔이 흩어져버렸다. 그러나 퇴로는 돈 강 다리 하나뿐, 소련군이 다리를 굳건히 지키고 있는 한 독일군은 어찌해볼 도리가 없었다. 제26탱크사단이 그렇게 나흘 동안 다리를 점령함으로써 제4탱크사단은 무사히 강을 건너 그들과 합류했으며, 스탈린그라드에 있는 사단과 함께 독일군 22개 사단 33만 병력을 포위하는 임무를 완수해냈다.

만일 소련의 탱크부대가 전조등을 켜고 적 진영을 가로지르는 계획이 들통났다면 그 전쟁사는 고쳐 써야 했을지도 모른다. 극히 세부적인 것에 대한 소홀함이 독일군을 패전으로 몰아넣었던 것이다.

# 복잡해 보일수록
# 단순하게 생각하라

**原文** 陝西因烘水下, 大石塞山澗下. 水遂橫流爲害. 石之大有如屋者, 人力不能去, 州縣患之. 雷簡夫爲縣令, 乃令人各於石下穿一穴, 度如石大, 挽石入穴窖之, 水患遂息.

 섬서(陝西) 지방에 홍수가 났는데, 산에서 굴러 내려온 큰 바위들이 개울물을 막는 바람에 물길이 바뀌면서 폐단이 적지 않았다. 큰 바위는 집채만해서 사람의 힘으로 도저히 옮길 수 없었으므로 관리들의 큰 골칫거리가 되었다. 그러던 중 뇌간부(雷簡夫)가 새 현령으로 부임해왔다. 그는 바위들 밑에 큰 구덩이를 파서 그 바위들을 묻어버리게 하여 골칫거리를 해결했다.

아주 풀기 어려운 문제도 알고 보면 쉽게 풀 수 있다. 한때 이런 말이 있었다.
'간단한 문제를 복잡하게 생각하는 것이 어리석음이요, 복잡한 문제를 단순하게 생각하는 이가 총명한 사람이다.'
뇌간부는 후자에 속한다. 미국 필라델피아에 있는 한 회사에서 오피스텔을 지으려 했다. 직원 팔크랜드(Falkland)가 마침 좋은 대지를 찾아냈는데, 그곳에 살던 100여 호의 주민들을 이주시키는 과정에서 그만 말썽이 생겼다.

그 주민들 중에 꽤 명망 있는 노부인이 있었는데, 그녀가 이사를 가지 않겠다고 한 것이다. 그 바람에 다른 주민들 모두 이주를 거부했다.

회사에서 회의를 열고 대책을 의논하는데, 대다수가 법적으로 해결하자는 의견을 내놓았다. 그런데 이때 팔크랜드가 말했다.

"송사를 벌이면 시간도 그렇고 비용도 많이 듭니다. 그리고 공연히 주민들의 원망을 사기 십상이죠. 제가 한번 협상해보겠습니다."

이튿날 팔크랜드는 노부인의 집 근처에 갔다가, 때마침 계단에 앉아 있는 부인을 보고는 수심이 가득한 얼굴로 한참 동안 그 앞에서 서성거렸다. 그러자 부인이 호기심 어린 목소리로 물어왔다.

"젊은이, 무슨 골칫거리라도 있는 모양이군 그려?"

팔크랜드가 부인 쪽으로 다가앉으며 대답했다.

"참나, 세상에 자기 재능을 발휘할 수 없는 것만큼 골치 아픈 일이 또 어디 있겠습니까?"

"저런! 재능이 있는 한 그걸 발휘하지 못할 걱정은 없다네. 언제고 실력 발휘할 기회가 찾아오는 법이지. 내 경우를 봐도 그렇네. 지금 이 나이에도 꽤 잘나간다는 회사 하나를 옴짝달싹못하게 만들어놓았지 뭔가."

그러고는 아주 신이 난 듯 건설회사와 분쟁을 벌이는 일에 대해 시시콜콜 얘기해주었다.

이야기를 다 듣고 난 팔크랜드가 아주 정색을 하며 조리 있게 말했다.

"제 생각에는 말이죠, 주민들이 이주하지 않게 하는 건 쉬운 일입니다. 그 정도는 저라도 할 수 있으니까요. 그와 반대로 주민들 모두를 이주시키는 건 쉽지 않습니다. 만약 그럴 수 있다면 부인의 실력을 보다 확실하게 보여주는 게 아닐까요? 여러 이웃을 도와 지금보다 아늑하고 살기 좋은 곳에 가서 산다고 생각해보세요. 그야말로 진정 이웃을 돕고, 그들로부터 존경받는 일 아닐까요?"

"듣고 보니 젊은이 말도 맞군 그래!"

부인이 공감하며 고개를 끄덕였다.

얼마 후 부인은 필라델피아에서 가장 바쁜 사람이 되었다. 매일같이 이곳저곳을 돌아다니며 집을 고르고, 이웃들을 함께 이사하게 만드느라 하루해가 짧았던 것이다. 그렇게 회사의 골칫거리가 손쉽게 해결되었다. 그 일로 팔크랜드는 승진했고, 훗날 폴만 교통회사의 사장까지 지냈다.

만약 건설회사가 주민들을 상대로 법정다툼을 벌이고, 집집마다 돌아다니면서 설득했다면 얼마나 골치 아팠을까? 하지만 팔크랜드는 정면으로 부딪쳐 노부인 한 명만 설득하여 난제를 손쉽게 해결했다. 이처럼 총명한 사람은 복잡한 문제를 간단하게 생각할 줄 안다.

# 상대의 마음을 읽고 공략하라

**原文** 高仁厚攻東川楊師立. 夜二鼓, 賊黨鄭君雄等出勁兵掩擊城北副使寨. 楊茂言不能禦, 帥衆棄寨走, 其旁寨見副走, 亦走. 賊直薄中軍. 仁厚令打開寨門, 設炬火照之, 自帥士卒為兩翼, 伏道左右. 賊見門開, 不敢入, 還去. 仁厚發伏擊之, 賊大敗. 仁厚念諸棄寨者所當誅殺甚衆, 乃召孔目官張韶, 論之曰: "爾速遣步探子將數十人, 分道追走者, 自以爾意諭之曰: '僕射幸不出寨, 皆不知, 汝曹速歸! 來旦, 牙參如常, 勿憂也!'" 韶素長者, 衆信之. 至四鼓, 皆還寨. 唯楊茂言走至張把, 乃追及之. 仁厚聞諸寨漏鼓如初, 喜曰: "悉歸矣!" 詰旦, 諸將牙集, 以為仁厚誠不知也. 坐良久, 謂茂言曰: "昨夜聞副使身先士卒, 走至張把, 有諸?" 對曰: "聞賊攻中軍, 左右言僕射已去, 遂策馬驂隨, 既而審其虛, 乃複還耳." 曰: "仁厚與副使俱受命天子, 將兵討賊. 若仁厚先走, 副使當叱下馬, 行軍法, 代總軍事, 然後秦聞. 今副使既先走, 又為期罔, 理當何如?" 茂言拱手曰: "當死." 仁厚曰: "然." 命左右扶下斬之. 諸將股栗. 仁厚乃召昨夜所獲俘虜數十人, 釋縛縱歸. 君雄聞之懼, 曰: "彼軍法嚴整如是, 又可犯乎!" 自是兵不複出.

고인후(高仁厚)가 반란군 양사립(楊師立)을 숙청하라는 명을 받아 동천(東川)에 머물고 있을 때였다. 새벽 2시경, 양사립의 일당 정군웅(鄭君雄) 등이 부사 양무언(楊茂言)이 지키고 있는 성채를 기습했다. 양무언은 반란군을 당해내지 못하자 나 몰라라 하고 부하 몇 명만 데리고 도망쳤다. 그러자 다른 성채의 장수들까지 도망치기에 바빴다.

반란군이 고인후가 있는 중군(中軍)까지 쳐내려오자, 고인후는 성문을 활짝 열고 횃불을 훤히 밝혀놓으라 명한 다음 직접 군사들과 함께 길 양쪽에 매복해 있었다. 활짝 열려 있는 성문을 본 반란군은 감히 들어갈 엄두를 내지 못하고 슬슬 뒷걸음질치기 시작했고, 그 틈에 고인후는 추격전을 벌여 반란군을 모두 제압했다.

얼마 후, 고인후는 자기 성채를 버리고 도망간 자들의 죄를 일일이 물으면 죽여야 할 자가 너무 많을 것 같아서 공목관(孔目官) 장소(張韶)를 은밀히 불러 당부했다.

"도망친 자들에게 자네 말이라고 전하게. 부사가 성채에 나와 있지 않아서 간밤에 무슨 일이 생겼는지를 아직 모르니 속히 성채로 돌아가 있으라고. 내일 아침 평소처럼 문안하러 오면 되니까 염려하지 않아도 될 거라고 말일세."

장소는 워낙 뭇사람들로부터 존경을 받던 터라 도망쳤던 사람들 모두 그 말을 믿고 돌아왔다. 오직 양무언만 정신없이 장파(張把)까지 도망쳤다가, 장소가 보낸 사람들이 쫓아가서야 마지못해 돌아왔다. 여러 성채에서 아침에 관례대로 시각을 알리는 북소리가 울려퍼지자 고인후가 기뻐하며 말했다.

"다 돌아왔군 그려!"

아침 문안을 온 장수들은 고인후가 정말 간밤의 일을 모르는 줄 알고 있었는데, 한참 뒤 고인후가 양무언에게 물었다.

"듣자 하니 자네가 간밤에 병졸들을 이끌고 장파까지 갔다왔다던데, 그게 사실인가?"

"실은 반란군이 중군을 공격한다는 소식을 접하고, 또 주위 사람들이 부사님께서 성채를 떠나셨다 하기에 말을 달려 쫓아가보았는데, 알고 보니 헛소문이었습니다. 그래서 다시 제 성채로 돌아갔습죠."

"나나 자네나 다 반란군을 숙청하라는 천자의 명을 받들고 있는 몸인데, 만일 내가 먼저 도망갔다면 자넨 즉각 영을 내려 나를 붙잡아 군벌로 처리하고 군사를 대신 지휘한 다음 사후에 조정에 상주해야 마땅하지 않겠는가. 그런데 부사의 몸으로 줄행랑부터 놓고, 또 이제 와서는 거짓말까지 하고 있으니 이를 어찌 처리해야 마땅하겠나?"

"죽어 마땅하옵니다."

"맞는 말이오."

고인후는 곧 양무언을 끌고 나가 참수하라 명했다. 그러자 여러 장수들 모두 겁을 집어먹어 부들부들 떨었고, 고인후는 간밤에 붙잡은 수십 명의 포로들을 끌어내다 포승을 풀어주었다. 그 소식을 전해들은 정군웅도 덜컥 겁이 났다.

"그처럼 군법을 엄히 집행하는 사람을 내 어찌 건드린단 말인가!"

그후로는 더 이상 반란을 꾀하지 못했다.

고인후는 베풂과 위엄을 병행했고, 반란군을 멋지게 물리쳤다. 알다시피 전장에서 꼭 군사력의 우열로 승패가 결정되는 것은 아니다. 보다 중요한 것은 심리전이다. 병법에 이런 말이 있다.

'마음을 공략하는 것이 상책이다.'

고인후는 전술도 뛰어났지만, 그보다 현명한 것은 장소를 시켜 도주한 군사들을 돌아오게 한 술책이다. 그리고 도주한 군사 모두를 처벌하지 않음으로써 자기 위엄을 지켰고, 오히려 그들 모두를 처형하는 것보다 훨씬 큰 효과를 거두었다. 처형을 모면한 사람들 모두 훗날 훌륭한 장수로 거듭났다.

비즈니스 전쟁도 이와 마찬가지다.

미국 시장에는 수많은 종류의 스포츠 운동화가 있지만, 그 중에 가장 인기 있는 것이 리복과 나이키이다. 두 브랜드 모두 장점이 있는데 리복이 깜찍한 모양에다 그 종류가 다양하다면, 나이키는 신기가 편하고 실용적이다. 나날이 다양해지는 소비자들의 욕구에 따라 두 브랜드의 판매량도 상승과 하락을 반복할 뿐, 어느 것이 더 잘나간다고 말할 수는 없었다.

1980년대 중반, 나이키에서는 에어 조던(Air Jordan)이라는 신상품을 출시하고 농구선수 조던을 광고모델로 내세워 삽시간에 전 지역을 장악했다. 거리에 나가보면 대다수 젊은이들이 나이키를 신고 다닐 정도로 인기가 드높았다.

하지만 그것도 오래가지 않았다. 소비자들은 차츰 투박하게 생긴 조던 운동화에 싫증을 느끼기 시작했고, 나이키에서는 그러한 시장변화에 능동적으로 대처하지 못했다. 때문에 리복의 정교한 신상품들이 히트하면서 곧 리복이 운동화시장을 독점하다시피 했다.

사실, 나이키의 침체 요인은 회사 내부에 있었다. 회사 매니저들 중 대다수가 운동선수나 농구선수 출신으로 사업에 문외한이었기 때문에, 소비자들의 변화된 욕구를 파악하지 못했다. 회사의 조직관리도 엉망이었고, 각 부문간·경영진간의 갈등도 문제였다.

과거 나이키의 이념은 아주 소박하고 천진했는데, '제품의 질만 좋으면 소비자들은 산다'였다. 그것은 '술 향기만 좋으면 아무리 외진 곳에 있는 술집이라도 팔리지 않을까 염려할 필요가 없다'는 속담과도 일치한다. 뒤늦게나마 회사 경영진에서도 이제는 그 스포츠 스타들이나 가질 법한 자부심으로 운동화 장사를 하는 것이 너무 비현실적이라는 사실을 깨달았다. 소비자들은 인기스타나 열혈팬이 아니라 회사의 운명을 좌우하는 황제였다. 나이키는 또 운동화라고 그 겉모양을 소홀히 할 수 없다는 점을 깨닫고 디자인에도 각별히 신경 썼다.

  나이키가 심혈을 기울여 내놓은 히든카드는 특허를 딴 '공기팩' 기술이었다. 운동화 뒤축에 완충공기를 넣어 땅에 닿을 때의 충격을 완화시키는 것으로, 보통 플라스틱이나 고무를 소재로 만든 운동화보다 탄성이 뛰어나고 신기가 편하며 오래 신을 수 있는 것이다. 이는 진작부터 알려져 있었고 나이키에서도 처음부터 운동화 뒤축에 'Air'라는 표기를 해두었지만 그 뜻을 잘 모르는 소비자가 대부분이었다.

  1987년, 나이키는 대규모 광고전을 펼쳤다. 목적은 오직 하나, 나이키 운동화 뒤축에 공기를 불어넣었다는 사실을 알리는 것이었다. 광고기획 담당자는 운동화 모형을 만들고 운동화 뒤축 양쪽에 작은 '창'을 만들었다. 창살을 통해 안에서 한 줄기 빛이 내비치고 있었으므로 한눈에 공기팩의 신비로움을 알아볼 수 있게끔 설치했다. 비록 그 광고의 비용이 나이키 한 해 수입의 10퍼센트에 달했지만, 광고를 시작한 뒤로 판매량은 수직상승을 거듭했다. 그래서 얼마 지나지 않아 리복을 멀찌감치 따돌리게 되었다.

  나이키가 위기를 넘기고 예전의 명성을 되찾게 된 것은 광고 하나 덕분이었다. 이것이야말로 멋진 심리전의 승리라고 할 수 있다.

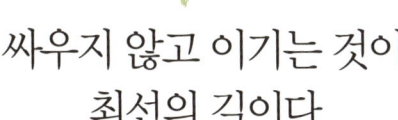

# 싸우지 않고 이기는 것이
# 최선의 길이다

**原文** 王德用為定州路總管, 日訓練士卒, 久之, 士殊可用. 會契丹有諜者來覘, 或請捕殺之, 德用曰: "第舍之, 吾正欲其以實還告. 百戰百勝, 不如以不戰勝也!" 明日故大閱, 士皆踴躍思奮, 乃陽下令: "具糗糧, 聽吾旗鼓所向!" 覘者歸告, 謂 "漢兵且大入", 遂來議和.

왕덕용(王德用)이 정주로(定州路) 총관(總管)으로 있을 때였다. 매일같이 병졸들을 다그쳐 훈련을 시켰는데, 얼마쯤 지나자 병졸들 모두 싸움에 능해졌다. 때마침 거란에서 밀파한 첩자가 군사 동태를 염탐하러 왔는데, 누군가가 이 사실을 눈치채고 그자를 붙잡아 죽여버리자고 했다. 하지만 왕덕용은 대수롭지 않게 말했다.

"아직 건드릴 필요가 없네. 마침 거란족에게 우리의 실정을 알려줄 좋은 기회인 셈이지. 백전백승하는 것보다 싸우지 않고 이기는 것이 현명한 일일세!"

그래서 이튿날에는 보다 강도 높은 군사훈련을 편성했는데, 병졸들 모두 용기 백배하여 한시라도 빨리 적과 맞붙게 해달라고 함성을 질렀다. 이에 왕덕용이 공개적으로 천명했다.

"좋다! 지금부터 군량을 충분히 확보하고 내 지시를 기다리도록 하라!"

첩자가 돌아가 그 사실을 알리고 나서 말했다.

"아무래도 한인(漢人) 군사가 대거 들이칠 것 같습니다."

그로부터 얼마 후 거란에서 화친을 청하는 사자를 보내왔다.

 또 하나의 '심리전' 사례다. '백전백승보다 싸우지 않고 이기는 것이 훨씬 현명하다'는 것을 보여준 전략인 것이다.

'적군 1만 명을 멸하려면 내 군사 8,000명이 다치게 된다'는 말이 있다. 아무리 막강한 군사라도 막상 전투가 벌어지면 내 군사의 살상을 면할 수는 없다는 말이다. 때문에 현명한 지휘관이라면 맹목적이고 무모한 전투는 벌이지 않는다.

제2차 세계대전 당시 미군이 시칠리아를 공격하던 날 저녁, 미국 포병이 포신에 장전하고 있었다. '쿵' 하는 소리와 함께 포탄이 적 진지로 날아가더니 멀리서부터 미약한 폭발음이 들려왔다. 포병이 멋쩍다는 듯 혼잣말을 중얼거렸다.

"결혼식 때나 써야 할 색종이 조각을 잔뜩 쑤셔넣은 포탄으로 전쟁을 하다니, 참 귀신이 곡할 노릇이야."

그가 말하는 색종이 조각은 포탄 속에 들어 있는 삐라를 두고 일컫는 말이었다. 이탈리아 사람들을 향해 뿌려진 삐라에는 '이탈리아는 나치의 주구다. 독일 나치스는 이탈리아 국토를 불바다로 만들어버렸고, 이탈리아는 아무 희망도 없는 일에 휘말려 있다. 이 삐라를 투항서로 들고 연합군 진지 후방으로 건너오면 누구나 식량과 신변안전을 보장받을 수 있다'는 내용이 적혀 있었다. 또 전방의 참호 스피커에서는 이탈리아어로 삐라 내용을 반복해 읽어주는 소리가 계곡 가득 울려퍼지고 있었다.

날이 희붐히 밝자 미군의 중형 폭격기가 적 후방까지 날아가 더 많은 '투항서'를 쏟아붓고 돌아왔다. 비행사들도 멋쩍다는 듯이 툴툴거렸다.

"큼직한 포탄이나 투하했으면 직성이 풀리겠건만!"

그런데 바로 그날 아침부터 이탈리아 군인들이 그 삐라를 들고 이쪽으로 건너오기 시작했다. 그것은 바로 연합군 심리작전본부에서 펼친 심리전이었던 것이다.

포로가 된 독일군 장교가 말했다.

"연합군의 선전삐라는 우리 입장에서 보면 큰 재앙이었다. 아무리 보잘것없는 선전삐라일지라도 그걸 읽어보면 달리 생각하게 마련이다. 우리 독일 정부가 지금 거짓말을 하고 있다는 생각이 들게 만들기 때문이다."

계속되는 연합군의 심리공세로 선전삐라는 큰 효과를 거두었다. 처음엔 몇십 명씩 건너오던 이탈리아 사람들이 나중에는 몇백 명씩 떼를 지어 '투항서'를 들고 이쪽으로 건너왔다. 심지어 튀니지를 공략할 때는, 심리전의 중요성을 실감한 아랍 상인들이 그 삐라를 모아 암시장에서 독일군과 이탈리아 군인들에게 팔기까지 했다.

시칠리아 전투에서 삐라는 폭격기 못지않게 적군에게 치명타를 안겨주었다. 수많은 독일 병사들은 사기가 저하되어 울적한 기분에 빠졌고 아무런 투지도 없었다. 그들 모두 독일이 전쟁에서 패했다고 생각한 것이다. 아울러 그 '투항서'는 미군의 무모한 희생을 막은 것이나 다름없었다. 삐라를 들고 넘어온 적군이 많을수록 상대할 적이 적어진다는 것을 의미하기 때문이었다.

선전과 심리전은 전쟁에서 절대 무시할 수 없는 역할을 한다. 그것은 주로 언어와 문자, 예술 등 사람의 마음을 자극하는 방식으로 인간의 사상과 감정을 혼란시키고 자신의 의지와 신념을 동요하게 만든다. 그래서 결국에는 적의 전투력을 약화시켜 싸우지 않고도 이길 수 있게 한다. 이는 첩자의 침입을 알면서도 모른 척했던 왕덕용의 이야기와 일맥상통한다.

## '합법적인 거짓말'로 맞서라

> 孔子居陳, 去, 過蒲, 會公叔氏以蒲叛. 蒲人止孔子, 謂之曰: "苟無適衛, 吾出子." 與之盟, 出孔子東門. 孔子遂適衛. 子貢曰: "盟可負耶?" 孔子曰: "要盟也, 神不聽."

공자가 진(陳)나라에 머물다가 위나라로 돌아가는 길에 포지(蒲地)를 지나가게 되었는데, 마침 그곳에서 공숙(公叔)이 반란을 일으킨 때인지라 포인들이 공자의 앞을 막아서며 말했다.

"위(衛)로 가지 않는다고 맹세하면 그냥 보내드리리다."

그래서 공자는 포인들에게 위나라에 가지 않겠노라 맹세하고 동문으로 나와야 했다.

그러나 공자가 위나라에 도착하자 자공(子貢)이 물었다.

"그렇게 맹세를 저버려도 되는 겁니까?"

이에 공자가 대수롭지 않다는 듯이 대답했다.

"협박 때문에 한 맹세는 신령님도 듣지 못했을 것이네."

중국의 근로계약법을 보면 일방적인 위협이나 사기 등에 의해 체결한 계약은 법적인 보호를 받지 못한다고 되어 있다. 이것은 공평과 공정을 원칙으로 한 조례로, 공자가 2,000여 년 전에 적용했던 원칙이기도 하다. 이와 같은 경우를 흔히 '합법적인 거짓말'이라고 한다. 미국의 한 식당 주인도 이런 방법으로 경찰을 골탕먹였다.

하루는 몸집이 뚱뚱한 경찰이 유대인 식당을 찾아왔는데 공연히 트집을 잡았다.

"유대인들 모두 머리가 좋다고 하던데, 무슨 비결이라도 있는지 알고 싶군 그래."

식당 주인은 경찰의 언행이 못마땅해 대꾸조차 하기 싫었지만 적당히 둘러댔다.

"예, 우리 유대인은 날마다 잉어 요리를 먹는 습관이 있습니다. 그래서 유난히 총명한 거랍니다."

그 말을 곧이들은 경찰은 매일 유대인 식당에 와서 잉어 요리를 주문해 먹었는데, 꼬박 다섯 달 동안 하루도 빼먹지 않았다.

그러던 어느 날, 경찰이 험상궂은 표정으로 식당 주인을 찾았다.

"이 사기꾼 같으니! 여기 메뉴판에는 분명 500그램당 50센트라고 적혀 있건만, 그동안 나한테는 꼬박꼬박 1달러씩 받아먹었군. 나를 바보 취급하는 거야?"

그러자 식당 주인이 히죽 웃으며 넉살좋게 말했다.

"그것 보세요. 잉어 요리를 많이 드시더니 정말 효과가 있지 않습니까?"

실생활에서 '합법적인 거짓말'은 좋은 전술이 될 수 있다. 이 이야기에서 보다시피 식당 주인은 '합법적인 거짓말'로 경찰을 골탕먹였을 뿐 아니라 톡톡히 바가지까지 씌운 것이다.

# 84

# 함정을 파놓고
# 상대를 끌어들인다

**原文** 魏伐趙, 趙急請救於齊. 齊威王欲將孫臏, 臏以刑餘辭, 乃將田忌, 而孫子為師, 居輜車中, 坐為計謀. 田忌欲引兵救趙, 孫子曰: "夫解紛者不控卷, 救鬪者不搏戟; 批亢擣虛, 刑格勢禁, 則自為解耳. 今梁, 趙相攻, 輕兵銳卒必盡於外, 老弱罷於內. 君不若引兵疾走大梁, 沖其方虛, 彼必釋趙而自救, 是我一舉解趙之困, 而收敝於魏也." 忌從之, 魏果去邯鄲, 與齊戰於桂陵, 大破梁軍.

위(魏)나라가 조(趙)나라를 쳐들어오자 조나라는 제(齊)나라에 구원을 요청했다. 제 위왕(威王)은 손빈(孫臏)이 직접 군사를 이끌고 가기를 바랐지만 손빈은 병을 핑계로 출전할 수 없다고 했다. 그래서 제 위왕은 전기(田忌)를 선봉장으로 삼고, 손빈은 수레에 앉아 지휘하는 군사(軍師)로 보냈다. 이윽고 전기가 군사를 이끌고 곧장 조나라로 가려고 서두르자 손빈이 말했다.

"헝클어진 실뭉치는 주먹으로 풀 수 없고, 싸움을 말린답시고 함께 주먹을 휘두를 수도 없는 법. 요는 둘의 관계를 정확히 꿰뚫어보아야 한다는 것이네. 싸우는 양측이 동시에 어떤 견제를 받게 되면 더는 싸우지 못하고 매듭도 자연히 풀리지 않겠는가. 위는 조를 치느라 정예

❼ 전화위복의 지혜

317

군을 대부분 내보냈으니, 늙고 병든 군사들만 남아 있을 것이네. 지금 조나라에 가서 힘을 보태기보다는 아무런 방비도 없는 위를 곧추 들이친다면 위는 반드시 조나라에서 철군하여 자기 집을 구하러 돌아올 것인즉, 그리되면 포위망에 갇혀 있는 조를 구할 뿐더러 위를 곤경에 빠뜨릴 수 있지 않겠는가."

전기가 손빈의 계책에 따라 위를 치자, 과연 위나라는 감단(邯鄲)에서 철군하여 계릉(桂陵)으로 돌아와 제나라 군사를 막기에 바빴다. 결국 위나라는 크게 패하고 말았다.

 역사적으로 유명한 전투 중 하나로, 그 핵심은 미리 파놓은 함정으로 상대를 끌어들이는 전술이다. 이 계책은 비즈니스에서도 많이 사용되고 있다.

미국으로 이민을 간 독일인 메리트 형제는 메사비(Mesabi) 지역에 정착해 살다가 아주 훌륭한 철광지대를 발견하고 땅을 대거 사들여 철광회사를 세웠다.

그런데 진작부터 그 철광에 눈독들이고 있었음에도 불구하고 록펠러(Rockefeller)는 그들보다 한발 늦고 말았다. 그렇지만 그는 어떻게든 자기가 그 철광을 차지하고야 말겠다며 호시탐탐 기회를 엿보고 있었다.

얼마 후, 미국에 제1차 경제위기가 들이닥쳐 메리트 형제도 곤경에 빠지게 되었다.

하루는 그 지역에서 꽤 명망 있는 목사가 그들 집에 놀러왔다. 이런저런 이야기를 나누던 중 메리트 형제는 자신들이 지금 경제적으로 어려움을 겪고 있다고 털어놓았다. 목사가 말했다.

"내 친구한테 얘기하면 내 얼굴을 봐서라도 거액을 빌려줄 수 있을 걸세."

형제가 다그쳐 물었다.

"그게 정말입니까? 이자는 얼마나 받는데요?"

"내 어찌 자네들에게 이자를 바라겠는가? 음, 그저 은행 이자보다 2퍼센트 정도 낮게 해주도록 하지."

목사는 그 자리에서 형제에게 계약서를 쓰게 했다.

'메리트 형제가 3퍼센트 이자로 콜머니(call money) 42만 달러를 빌려쓰기로 한다.'

그러고는 반년이 채 지나지 않은 어느 날 목사가 찾아왔는데, 매우 엄숙한 표정으로 메리트 형제에게 말했다.

"자네들에게 돈을 빌려준 내 친구 록펠러가 전보를 보내왔는데, 당장 빚을 갚으라는 내용일세."

그런데 차입금을 몽땅 회사 경영에 쏟아부은 메리트 형제가 갑자기 어디서 그렇게 큰돈을 구할 수 있겠는가. 결국 형제는 법정에 서게 되었다.

법정에서 원고 측 변호사가 말했다.

"계약서에는 분명히 콜머니를 빌려쓴다고 적혀 있습니다. 콜머니란 돈을 빌려주는 사람이 언제든 회수를 요구할 수 있는 대금을 말합니다. 계약대로 피고는 즉시 돈을 돌려줘야 합니다. 아니면 파산을 선언하는 수밖에 없습니다."

독일에서 이주한 이들 형제는 영어를 잘 몰랐기 때문에 콜머니가 무슨 뜻인지도 모른 채 계약을 서둘렀던 것이다. 그 계약서가 함정일 줄은 미처 생각지도 못한 채. 빚을 갚을 수 없었던 메리트 형제는 어쩔 수 없이 파산을 선언하고 자신들이 일군 철광을 52만 달러에 록펠러에게 넘겨주었다. 그로부터 몇 년 후 록펠러는 1,941만 달러를 받고 그 철광을 모건(Morgan)에게 팔았다.

록펠러는 정말 간교한 상인이다. 그는 목사를 매수해 경제적인 어려움에 직면한 메리트 형제에게 미끼인 콜머니를 던져주고 함정을 파놓았던 것이다. 그런 줄도 모르고 형제가 덜컥 함정에 말려들자 그는 수십 배의 이익을 챙겼다.

# 남을 위해 베풀면
# 함께 즐거워진다

**原文** 海虞嚴相公營大宅城中, 度基已就, 獨民房一楹錯入, 未得方圓. 其人鬻酒腐, 而房其世傳也. 司工者請爲價乞之, 必不可, 憤而訟公. 公曰: "無庸, 先營三面可也." 工旣興, 公命每日所需酒腐皆取辦此家, 且先資其値. 其人夫婦拮据, 日不暇給, 又募人爲助. 已而鳩工愈衆, 獲利甚豐, 所積米豆中, 缸仗俱增數倍, 屋隘不足以容之. 又感公之德, 自愧其初之抗也, 遂書券以獻. 公以他房之相近者易焉. 房稍寬, 其人大悅, 不日遷去.

해우(海虞) 사람 엄눌(嚴訥)이 성안에 큰 저택을 지으려고 넓이까지 측정해놓았는데, 유독 민가 한 채가 한쪽을 차지하고 있어 곤란한 상황에 놓여 있었다. 그 집은 대대로 술과 두부를 만들어 파는 주막이었다. 시공을 맡은 사람이 찾아가 값을 후하게 쳐줄 테니 주막을 내놓으라 했지만 한사코 안 된다고 버티는 것이었다.

그 이야기를 듣고 나서 엄눌이 말했다.

"그럴 것 없이 먼저 건물의 세 면부터 시공하게."

공사가 시작되자 엄눌은 사람을 시켜 매일 필요한 술과 두부를 그 주막에서 사오라고 명하고는 선금까지 지불해주었다. 그 바람에 주막은 일손이 달려 매일 술과 두부를 공급하기 힘들 지경이었다. 그러자 엄눌은 사람을 보내 주막 일을 돕게 했다.

공사를 하러 오는 일꾼이 점점 많아지자 주막집의 수익도 나날이 늘어갔다. 집 안은 온통 쌀과 콩으로 넘쳐났으며, 술 빚는 기구와 두부 만드는 기구도 훨씬 많아져서 좁은 집 안에 다 들여놓을 수도 없었다. 집주인은 엄눌의 은혜에 감지덕지하면서 애초에 엄눌과 맞섰던 자신이 부끄러웠다. 결국 집주인은 스스로 집문서를 엄눌에게 갖다 바쳤고, 엄눌이 가까운 곳에 원래 집보다 더 널찍한 주막을 마련해주자 곧바로 이사했다.

'다른 사람을 편안하게 해주면 나도 편안해진다'는 속담이 있다. 엄눌은 권세가 아닌 인의로 집을 샀기에 양쪽 모두 기분 좋은 일이었다. 이와 비슷한 예로 유대인 이야기가 있다.

캄캄한 밤, 장님이라 앞을 전혀 볼 수 없는 유대인이 초롱불을 들고 길을 가고 있었다. 이를 본 한 상인이 이해할 수 없다는 듯이 장님에게 물었다.

"당신은 맹인인데 초롱불은 왜 들고 다니는 거요? 괜히 아까운 기름만 낭비하는 셈이지 않소?"

그러자 맹인이 발걸음을 멈추고 말했다.

"어둔 밤길에 혹시 다른 이가 나를 보지 못한다면 난 부딪혀 넘어지기 십상입니다. 이렇게 초롱불을 들고 다녀야 멀쩡한 사람들이 나를 볼 수 있지 않겠습니까."

그 말에 상인은 찬탄을 금치 못했다. 길을 혼자 걷게 되는 경우는 아주 드물다. 맹인 입장에서는 한밤중이든 대낮이든 아무런 차이가 없다. 또 맹인 스스로 넘어질 가능성은 적어도, 다른 사람과 부딪히면 넘어질 확률이 훨씬 높아진다. 따라서 초롱불을 들고 다니는 것은 자기 자신을 보호하기 위해서이다.

'장님이 촛불을 밝혀봐야 촛불만 애매할 뿐이다'라는 속담을 알고 있는 사람이 이 이야기를 듣는다면, 맹인의 말을 듣고 과연 무슨 생각을 하게 될까?

이렇듯 반어적으로 사유하는 지혜는 유대인이 수천 년에 걸친 생존사를 통해 축적해온 것이다. 유대인들은 약소민족으로 열악한 환경에서 '장님이 초롱불을 들고 다니는' 식으로 자신을 보호했다. 그래서 다른 사람들의 인정을 받았고 오늘날까지도 살아남게 된 것이다.

약자가 생존경쟁에서 스스로를 보호하려면, '불을 밝혀' 다른 사람들이 자신의 존재를 알아보게 해야 한다.

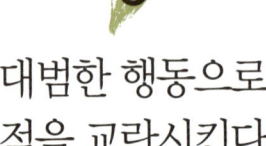

# 대범한 행동으로
# 적을 교란시킨다

**原文** 廣與百餘騎獨出, 望匈奴數千騎, 見廣, 以為誘騎, 皆驚, 上山陳. 廣之百騎皆大恐, 欲馳還走. 廣曰: "吾去大軍數十裏, 今如此以百騎走, 匈奴追射, 我立盡. 今我留, 匈奴必以為我為大軍之誘, 必不敢擊." 乃令諸騎曰: "前!" 未到匈奴陣二裏所, 止, 令曰: "皆下馬解鞍!" 其騎曰: "虜多且近, 即有急, 奈何?" 廣曰: "彼虜以我為走, 今皆解鞍以示不走." 於是胡騎遂不敢擊. 有白馬將出護其兵, 廣上馬, 與十餘騎奔射殺胡白馬將, 而複還至其騎中, 解鞍. 令士皆縱馬臥. 會暮, 胡兵終怪之, 不敢擊. 夜半, 疑漢伏軍欲夜取之, 皆引去. 平旦, 廣乃歸大軍.

이광(李廣)이 100여 명의 기병을 거느리고 정찰을 나갔다가 수천 명의 흉노족 기병과 맞닥뜨렸다. 이광의 기병대를 발견한 흉노족은 그들이 자신들을 유인하러 온 적군인 줄 알았다. 그래서 지레 겁을 먹고 산등성이로 올라가 진을 쳤다.

한편, 그 많은 적군을 본 이광의 군사들 역시 겁을 집어먹고 얼른 말머리를 돌려 달아나려 했다. 이광이 그들을 불러세우고 말했다.

"우리는 지금 대군과 수십 리나 떨어져 있다. 그런데 이렇게 황망히 놀라 달아난다면 놈들이 활을 쏘면서 추격해올 것이고, 우린 얼마 가지 못하고 전멸할 것이다. 그와 반대로, 우리가 달아나지 않으면 놈들은 필시 우리를 대군이 파견한 미끼쯤으로 여기고 함부로 공격하지 못할 것이다. 날 따라 말을 달려라!"

그렇게 흉노족 진영에서 불과 2리쯤 떨어진 곳까지 다가가 이광이 말에서 내리며 명령했다.

"다들 말안장을 끌어내리도록!"

군사들이 겁먹은 목소리로 말했다.

"저 많은 놈들이 불시에 쳐내려오면 어쩌려고 그러십니까?"

"놈들은 우리가 곧 돌아갈 거라고 생각하겠지만, 말안장을 풀어내면 물러가지 않을 거라고 생각할 것이다."

과연 흉노족 기병들은 섣불리 공격하지 못했고, 백마를 탄 장수가 정찰조로 어슬렁어슬렁 내려오고 있었다. 이광은 수하 10여 명을 데리고 말을 달려 그 장수를 뒤쫓다가, 다시 돌아와 말안장을 풀고 말을 눕혀 쉬게 하라고 명했다. 결국 흉노족 기병들은 황혼 무렵까지 공격할 기미를 보이지 않더니, 날이 어두워지자 한(漢)의 군사들이 어둠을 틈타 기습하려는 줄 알고 모두 물러갔다. 이광은 이튿날 날이 밝아서야 안전하게 병영으로 돌아갔다.

 이광은 '날개가 달린 장군'이라 불릴 만큼 담력과 지략이 뛰어났다.

이 같은 용병술을 병법에서는 만천과해(瞞天過海), 즉 '하늘을 가리고 바다를 건넌다'고 한다. 교묘한 수단으로 적군의 시야를 가리는 것이다.

1973년 10월 6일부터 24일까지, 이집트가 이스라엘을 공습하면서 제4차 중동전쟁이 터졌다. 아랍권의 참전국은 이집트, 시리아, 이라크 등 11개 국가와 팔레스타인 유격대도 포함되어 있었는데 주력은 이집트와 시리아였다. 아랍연합군은 20개 사단과 17개 여단을 투입해 총 70여만 병력에 탱크 3,700여 대와 전투기 1,500대, 전함 150척을 갖춘 대규모 화력이었다. 이와 달리 이스라엘은 국토 면적이 좁고 인구도 적어 열세였지만 40만 병력과 탱크 1,700대, 전투기 540대와 전함 60여 척을 투입했다.

10월 6일부터 9일까지 이집트와 시리아군이 서부전선과 북부전선에서 동시에 공격을 개시했다. 매우 급작스럽게 응전한 이스라엘군은 수에즈 운하 동쪽 10~15킬로미터 되는 지대와 골란 고원지대를 연이어 빼앗기면서 처음부터 밀리는 듯했다. 10월 10일부터 15일까지, 이스라엘군은 일부 병력으로 서부전선에서 이집트의 공격을 저지하는 한편, 또 다른 병력을 집중해 북부전선에서 반격을 가해 골란 고원을 되찾으려는 계획을 세웠다.

10월 16일 이집트와 이스라엘이 수에즈 운하 동쪽 언덕에서 치열한 전투를 벌였는데, 운하의 부교는 이집트군이 장악한 채 삼엄한 경비를 하고 있었다.

해질 무렵, 탱크 13대와 장갑차 몇 대가 전선 쪽에 나타나자 다리를 지키던 이집트 병사들은 잔뜩 긴장하고 있었다. 그런데 가까이 다가온 탱크를 보니 모두 소련제였고, 이집트 군복을 입고 소련제 무기를 든 군인들이 탱크에 타고 있었다.

탱크부대가 다리머리에 멈춰서고, 탱크에서 내린 소령이 교두보를 지키고 있던 이집트 병사에게 다가와 아랍어로 유창하게 말을 건넸다.

"형제들 수고가 많군!"

이집트 병사가 발뒤축을 소리나게 붙이며 차려 자세로 말했다.

"아닙니다, 소령님. 전선에서 더 고생이 많으시죠. 그런데 어느 부대 소속이십니까? 강을 건너시려고요?"

"난 제21장갑사단 소속이다. 강을 건너 임무를 수행하고 모레 다시 전선으로 나가야 한다."

"아, 예. 그럼 어서 건너가십시오, 소령님."

병사가 다시 거수경례를 붙이며 말했다. 탱크에 올라탄 소령이 손을 흔들자 탱크와 장갑차들이 이집트 위병들의 친절한 배웅을 받으며 서서히 부교를 건너갔다. 그러나 위병들은 그 '형제' 부대가 이스라엘군의 선발대인 줄은 꿈에도 알지 못했다.

이스라엘은 불리한 전세를 역전시키려고 북부전선에서 시리아군과 계속 대치하는 한편, 서부전선에도 새 병력을 투입해 3개 기계화여단을 조직하고 이집트를 향해 전면적인 반격을 펼치기 위해 대담하게 서부전선을 꿰뚫고 나갈 묘책을 세웠던 것이다. 그들은 미국의 정보위성과 고공정찰기가 제공한 정보를 통해 이집트의 주력군이 대부분 최전방에 나가 있고, 후방은 거의 비워놓은 상태임을 알 수 있었다. 그래서 이스라엘 제45장갑사단 사단장 살롬의 계책대로 먼저 선발대를 파견해 이집트 후방에서 교란작전을 펼치기 위해 이같이 대담한 작전을 감행한 것이었다. 살롬은 제3차 중동전쟁에서 노획한 수십 대의 이집트 탱크와 장갑차에 이집트군 표식을 붙이고, 아랍어를 구사할 줄 아는 장교와 사병들로 선발대를 조직, 적군의 눈 밑을 통과해 운하 서쪽 기슭에 침투하는 데 성공한 것이다. 선발대는 서쪽

기슭에 도착하자마자 세 갈래로 나뉘어 이집트 후방의 미사일 기지로 돌진했다.

  이집트 포트사이드 부근에 위치한 미사일 기지에서는 연신 레이더가 돌아가고 기다란 미사일들이 하늘을 찌를 듯 머리를 치켜들고 서 있었지만, 아무도 신작로를 따라 오는 탱크부대에 관심을 갖지 않았다. 난데없는 포성과 함께 레이더가 날아가고, 미사일이 그 자리에서 터지면서 삽시간에 병영이 불길에 휩싸였다. 그때까지도 미사일 기지에서는 적의 공습이라 여기고 하늘만 살피고 있었다. 같은 날, 운하 서쪽에 위치한 이집트의 미사일 기지와 고사포 진지들도 쑥대밭이 되어버렸다. 그로 인해 이집트는 막대한 손실을 입었고, 줄곧 열세이던 이스라엘은 전세를 뒤집어 서부전선의 주도권을 잡을 수 있었다.

# 이간계에 말려들면
# 헤어나기 힘들다

**原文** 元昊有腹心將，號野利王，天都王者，各統精兵，最為毒害．種世衡謀欲去之．野利嘗令浪時、賞乞、媚娘三人詣世衡乞降．世衡知其詐，曰："與其殺之，不若因以為間．" 留使監稅出入，騎從甚寵．有紫山寺僧法法崧，世衡察其堅樸可用，誘令冠帶．因出師，以獲賊功白於帥府，表授三班階職，充指揮使．又為力辦其家事，凡居事騎從之具，無不備，法崧酗酒狎博，無所不為，世衡待之愈厚．法崧既感恩，一日世衡忽怒謂法崧曰："我待汝如子，而陰與賊連，何相負也！" 械系數十日，極其楚毒，法崧終不怨，曰："法崧，丈夫也．公聽奸人言，欲見殺，有死耳！" 居半年，世衡察其不負，為解縛沐浴，延入臥內，厚撫謝之，曰："汝無過，聊相試耳．欲使為間，其苦有甚於此者，汝能為我卒不言否？" 法崧泣允之．世衡乃草野利書，膏蠟致衲衣間，密縫之，仍祝之曰："此非瀕死不得泄，若泄時，當言'負恩不能成將軍之事也'．" 又以畫龜一幅、棗一部遣野利．野利見棗龜，度必有書，索之．法崧目左右，又對"無有"．野利乃封信上元昊．元昊召法崧並野利至數百裏外，詰問遣書．法崧堅執無書，至棰楚極苦，終不說．又數日，私召至其宮，乃令人問之，曰："不速言，死矣！" 法崧終不說．乃命曳出斬之，法崧乃大號而言曰："空死，不了將軍事矣！吾負將軍！吾負將軍！" 其人急追問之，法崧於是裰衲衣，取書進入．移刻，命法崧就館，而陰遣愛將假為野利使，使世衡．世衡疑是元昊使，未即相見，兄令官屬日即館舍勞問．問及興州左右則詳，至野利所部多不悉．適擒生虜數人，世衡令於隙中密覘之，生虜因言使言姓名，果元昊使．乃引見使者，厚遣之．世衡度使返，法崧即還，而野利報死矣．世衡既殺野利，又欲並去天都，因設祭境上，書祭文於版，述二將相結，有意本朝，悼其垂成而敗．其祭文雜紙幣中．有虜至，急執之以歸．版字不可遽滅，虜得之以獻元昊，天都亦得罪．元昊既失腹心之將，悔恨無及，乃定和議．法崧複姓為王嵩，後官到諸司使，至今邊人謂之"王和尚"．

서하(西夏) 왕 원호(元昊)의 수하에 야리왕(野利王)과 천도왕(天都王)이라는 두 장수가 있었다. 각자 정예군을 거느리고 있는 두 사람은 성질이 사납고 포악해 북송에는 매우 위협적인 존재들이었다. 이에 북송의 장수 종세형(種世衡)은 그 둘을 제거하기로 마음먹고 있었다.

한번은 야리왕이 보낸 낭시(浪時), 상걸(賞乞), 미낭(媚娘) 세 사람이 투항해왔다. 종세형은 뻔히 위장술인 줄 알면서도 모르는 척하며 그들에게 허드렛일을 관리하고 노복들을 관리하는 등의 일을 시켰다. 그들을 처단하기보다는 이를 계기로 이간계를 꾸미는 것이 낫겠다는 생각에서였다.

마침 자산사(紫山寺)라는 절에 법숭(法崧)이라는 승려가 있었는데, 성품이 강인하고 솔직하여 쓸 만한 사람이라 생각되었다. 그래서 하루는 관대(冠帶)를 들고 찾아가 장수로 임명하고, 그에게 군사를 내주어 출전하게 했다. 이어 그의 전과를 상부에 올려 나중에는 3군을 통솔하는 지휘사에 추대했으며, 그의 집안 살림살이도 부족함이 없게 돌봐주었다. 법숭은 차츰 술과 계집질, 도박 등을 일삼았지만 종세형은 그를 더욱 극진히 보살폈고, 법숭은 그 은혜에 감지덕지했다. 그러던 어느 날 종세형이 법숭을 불러놓고 노기등등한 목소리로 말했다.

"내 너를 친아들처럼 아끼며 잘해줬건만, 네놈이 어찌 감히 나를 배신하려고 꿍꿍이를 꾸민단 말이냐?"

그러고는 수십 일 동안 혹독하게 형벌을 가했지만, 법숭은 가타부타 원망도 없이 똑같은 말만 곱씹었다.

"저는 사내대장부입니다. 장군께서 간신배의 말을 믿고 저를 죽인다 해도 변명할 생각은 추호도 없습니다."

그렇게 어언 반년이 흘렀다. 법숭이 절대 자기를 배신하지 않을 거라고 확신한 종세형은 직접 포승을 풀어주고 목욕을 시켜 침실에 들어가 편히 쉬게 하고는 사과했다.

"자네의 과실은 아무것도 없었네. 내 단지 자네의 의지를 떠본 것일세. 자네를 서하에 파견해 이간계를 꾸미게 할 참인데, 그때 가면 지금보다 훨씬 더 혹독한 고문을 당할지도 모르네. 자네가 나를 위해 목숨을 바쳐 비밀을 지킬 수 있겠는가?"

법숭이 훌쩍거리며 그러겠다고 대답했다. 종세형은 즉시 야리왕 앞으로 서신을 써서 밀랍으로 봉한 다음 법숭의 옷소매 속에 꿰매주고는 다시 한 번 당부했다.

"죽기 전에는 절대 이 편지가 있다는 사실을 들켜서는 안 되네! 놈들이 자네를 처형하려고 하면 '은혜를 저버리고, 장군님이 맡긴 임무를 완수하지 못해 죄송합니다' 하고 말하게."

종세형은 또 거북이 그림 한 장과 대추 한 바구니를 야리왕에게 갖다주라고 했다.

종세형의 선물로 대추와 거북이를 받은 야리왕은 분명 서신도 있을 거라 짐작하고 내놓으라 했다. 법숭은 짐짓 좌우의 눈치를 살피는 듯하다가 서신은 없다고 대답했다. 그러자 야리왕은 원호에게 그 사실을 글로 알렸다.

수백 리 밖에서 법숭과 야리왕을 접견한 원호는 법숭에게 야리왕 앞으로 보낸 서신은 어디 있느냐고 캐물었다. 법숭은 여전히 편지 같은 건 없다고 잡아뗐다. 피투성이가 되도록 채찍질을 가해도 법숭은 입을 꾹 다물고 있을 뿐이었다.

며칠 후, 원호는 또 아무도 모르게 법승을 궁중으로 끌고 가 고문을 가했다. 그래도 말이 없자 원호가 협박하는 투로 말했다.

"솔직히 자백하지 않으면 당장 죽여버릴 것이다!"

그러나 법승은 여전히 말이 없었다. 화가 치민 원호가 수하를 시켜 끌고 나가 참수하라고 하자 법승이 비로소 큰 소리로 부르짖었다.

"장군님이 명하신 일을 수행하지도 못한 채 이렇게 떠나가니 죄스럽습니다! 장군님의 은혜에 보답하지 못해 죄송합니다, 죄송합니다, 장군님!"

그를 끌고 가던 수하들이 그 임무가 뭐냐고 묻자 법승이 소매 속에 꿰매둔 편지를 꺼내 보였다. 수하가 편지를 갖고 들어가고, 법승은 한참 만에 궁중 침실에서 쉬게 되었다.

한편, 원호는 심복 하나를 야리왕이 보낸 사자로 꾸며 종세형에게 보냈다. 종세형은 틀림없이 원호의 밀명을 받은 사자일 거라 짐작하고 수하 관리에게 사자를 처소로 안내하라고만 당부했다. 아니나 다를까, 사자는 홍주(興州)에 관해 물으면 아주 상세히 대답했지만 야리왕의 관할지역에 관해 물으면 얼버무리기만 했다. 때마침 잡아둔 포로가 몇 명 있었는데, 그들에게 문틈으로 몰래 들여다보게 한 다음 그 자를 아느냐고 물었더니 과연 그 사자는 원호의 심복이 틀림없었다. 그제야 종세형은 사자를 접견하고, 예물을 넉넉히 주어 돌려보냈다. 종세형은 그 사자가 예물을 들고 원호에게 도착했을 즈음이면 야리왕의 목이 떨어지리라 짐작하고 있었다.

야리왕을 제거한 종세형은 또 천도왕을 제거할 계획을 세웠다. 우선 그는 변방에 제단을 설치하고 제문(祭文)을 인쇄용 널빤지에 써놓았다. 두 장수가 연합하여 북송에 귀순하려 했는데 대사가 거의 성공할 무렵 한 장수가 희생되어 아쉽다고, 명복을 빈다는 것이 제문의 내용이었다.

제가 끝나고 제문을 지전(紙錢) 속에 끼워넣고 태워버리는데, 마침 한 무리의 적군이 쳐들어와 그 인쇄용 널빤지도 불길 속에 집어던지고 철수했다. 하지만 인쇄용 널빤지에 찍힌 글은 채 불타지 않았기에, 군사들은 그것을 원호에게 갖다바쳤다. 그리하여 천도왕도 죽음을 면할 수 없게 되었다.

원호가 속임수에 말려들어 심복장수 둘을 잃었다는 사실을 알았을 때는 이미 후회막급이었다. 하는 수 없이 원호는 송과 화친을 제안하기에 이르렀다. 훗날 법숭은 이름을 왕숭(王嵩)이라 고쳤는데, 제사사(諸司使) 자리까지 올랐다. 현대인들은 그를 왕화상(王和尙)이라 부르고 있다.

종세형의 계략을 병법에서는 '이간계', 그리고 차도살인(借刀殺人, 칼을 빌려 사람을 죽인다 - 옮긴이)이라고 한다. 교묘한 수법으로 여러 가지 모순을 불러일으키거나 이용하여 적을 제거하는 책략이다.

이간계는 오래 전부터 많은 분야에서, 여러 나라에서 널리 사용되어왔다. 잘만 운용한다면 대규모 병력을 동원하는 것보다 훨씬 더 강력한 효과를 발휘할 수 있다.

제2차 세계대전 당시, 히틀러는 이 계략으로 스탈린의 손을 빌려 투하체프스키(Tukhachevsky) 등 여덟 명이나 되는 소련군 고위급 장성들을 제거했다.

1936년 겨울, 소련에서는 때아닌 숙청바람으로 수많은 공산당원들이 무고하게 피살되었다. 히틀러는 여러 경로를 통해 소련 내부의 정세 변화를 분석하면서 호시탐탐 기회를 엿보고 있었다.

하루는 게슈타포(Gestapo, 독일 나치스 정권 하의 비밀국가경찰 - 옮긴이)가 정보를 수집해왔는데, 여러 정황을 분석해본 결과 소련 원수 투하체프스키가 독재자 스탈린을 뒤엎는 쿠데타를 일으킬 가능성이 있다는 내용이었다. 히틀러는 한참 동안 그 정보를 들여다보았지만 투하체프스키가 반란을 일으킬 증거가 아직 불충분하다고 생각되어 한쪽으로 밀쳐두었다.

하지만 그날 사무실을 나서기 전, 언뜻 그 정보가 눈에 들어와 다시 한 번 들여다보다가 문득 기발한 아이디어가 떠올랐다. 즉 스탈린의 손을 빌려 투하체프스키를 제거하는 계획이었다. 투하체프스키가 쿠데타를 일으키느냐 마느냐를 떠나서 그는 누구보다도 탁월한 군사전략가였다. 독소전쟁이 터질 경우 결코 만만치 않은 장애물이 될 것임에 틀림없었다.

히틀러는 곧 게슈타포 대장 하인리히 힘러를 사무실로 불러들여 밀담을 나눴다. 힘러에게 투하체프스키가 쿠데타를 일으킬 만한 '증거'들을 수집하라고 지시한 것이다. 하인리히 힘러는 곧 대량의 증거를 조작하는 작업에 착수했다. 그 중에는 투하체프스키와 그의 동료들이 독일 고급장교들과 쿠데타 계획을 상의하는 밀서도 있었고, 또 그가 거액을 받고 독일 측에 정보를 팔아먹은 수표도 있었으며, 독일 게슈타포가 그에게 보낸 답신 사본도 있었다. 하인리히 힘러는 곧 수하 게슈타포에게 그런 정보들이 존재한다는 것을 소련 측 정보요원에게 슬쩍 흘리라고 지시했다.

얼마 후, 그 소식을 전해들은 스탈린은 노발대발하며 어떤 대가를 치르더라도 그 증거들을 찾아오라고 불같이 독촉했다. 그래서 소련 측에서는 300만 루블이라는 거액을 들여 조작된 증거들을 사들였다.

소련의 최고급 정보위원회에서는 수집한 정보들을 면밀히 검토해 보았지만 히틀러의 음모에 의한 것임을 전혀 눈치챌 수 없었으며, 그날로 투하체프스키와 그 증거들에서 언급된 여덟 명의 장성을 체포했다. 군사법정에 선 투하체프스키 일행은 흠잡을 데 없이 완벽하게 조작된 증거 앞에서 아무런 변명도 못했다. 결국 그들은 매국·반역죄로 사형을 선고받았고 열두 시간 안에 모두 집행되었다.

제아무리 똑똑한 사람일지라도 이간계 앞에서는 용빼는 재주가 없는 것이다.

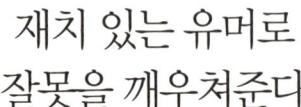

# 재치 있는 유머로
# 잘못을 깨우쳐준다

**原文** 齊有得罪於景公者, 公大怒, 縛置殿下, 召左右肢解之: "敢諫者誅!" 晏子左手持頭, 右手磨刀, 仰而問曰: "古者明王聖主肢解人, 不知從何處始?" 公離席曰: "縱之. 罪在寡人."
時景公煩於刑, 有鬻踊者. 踊, 刖者所用. 公問晏子曰: "子之居近市, 知孰貴賤?" 對曰: "踊貴履賤." 公悟, 爲之省刑.

제(齊)나라 때 한 사람이 그만 경공(景公)의 비위를 건드리고 말았다. 이에 크게 노한 경공은 당장에 그자를 뜰 아래 묶어두고 능지처참하라 명하면서 덧붙였다.

"누가 감히 진언하려다간 그 역시 죽음을 면치 못할 줄 알라!"

안자(晏子)가 왼손으로 그자의 상투를 거머쥐고, 오른손으로 칼을 쓱쓱 갈면서 경공에게 물었다.

"과거 현명한 군주들은 이런 극형을 행할 때 어느 부위부터 시작했는지 모르겠군요."

그 말에 경공이 황망히 자리를 뜨면서 말했다.

"그자를 풀어주거라. 다 과인의 잘못이니라."

경공이 형벌을 내리는 경우가 워낙 잦다 보니, 그 당시에 벌써 의족을 파는 사람들까지 생겨났다. 바로 발을 잘리는 형벌을 받은 사람들을 상대로 한 제품이었다.

하루는 제 경공이 안자를 불러 물었다.

"자네 집은 장터 부근에 있지? 그럼 어떤 물건이 비싸고, 어떤 물건이 싼지를 잘 알겠군."

"예, 의족은 비싸고 신발은 싸답니다."

그 후로 제 경공이 형벌을 내리는 경우가 크게 줄어들었다.

명재상 안자의 지혜를 엿볼 수 있는 이야기다.

안자는 유머러스한 말투로 제 경공의 잘못을 일깨워주었다. 재치 있는 유머는 난감한 문제를 쉽게 해결하거나, 심지어 큰 잘못을 미리 막아준다.

독일이 통일되기 전이었다. 한번은 베를린 공군기지에서 전쟁영웅들을 위한 연회가 열렸다. 그런데 젊은 하사가 술을 따르다가 그만 대머리 장군의 머리에 술을 쏟는 실수를 저질렀다. 순간 연회장 안은 물을 뿌린 듯 조용해졌고, 젊은 하사는 어쩔 줄 몰라했다.

그런데 대머리 장군은 몸을 일으켜 젊은 하사의 어깨를 툭툭 치며 말했다.

"자네도 나의 이 대머리가 이런 식으로 치료될 수 있다고 생각하는 건가?"

그 말이 떨어지기가 무섭게 좌중은 웃음바다가 되었다.

# 가장 든든한 인생 밑천은
# 돈이 아니라 지혜이다

**原文** 韋孝寬爲雍州刺史. 先是路側一里置一土堠, 經雨輒毀. 考寬臨州, 勒部內當堠處, 但植槐樹, 旣免修複, 又便行旅. 宇文泰後見之, 歎曰:"豈得一州獨爾!" 於是令諸州皆計里種樹.

북주(北周) 위효관(韋孝寬)이 옹주(雍州) 척사로 있을 때였다. 그전까지 사람들은 1리마다 길가에 흙무덤을 하나씩 만들어 거리를 표기했다. 그런데 비만 내리면 흙무덤이 훼손되어 말썽이었다.

위효관은 곧 사람들을 시켜 흙무덤 자리에 회화나무를 심게 했다. 그러자 비가 내려도 걱정할 필요가 없고, 행인들에게도 여러모로 편리했다. 이를 안 우문태(宇文泰)가 탄식했다.

"이 너른 땅에 나무를 심을 줄 아는 사람이 어찌 자네 한 사람뿐이란 말인가?"

그러고는 각 지방에 명하여 모두 나무를 심어 거리를 표기하게 했다.

흙무덤을 만드는 대신 회화나무를 심는 아주 간단한 변화로 인력과 재력을 아끼게 했을 뿐만 아니라 영구적인 해결책이 되었고, 행인들에게도 편리했으니 그야말로 꿩 먹고 알 먹고 둥지 털어 불 때기다. 이런 방법을 다른 일에 적용해도 좋은 효과를 거둘 수 있다.

흔히 뭔가 큰일을 하고 싶은데 밑천이 없다고 한탄하는 사람들이 많다. 그러나 진정 일을 할 줄 아는 사람이라면 부족함을 원망하지 않는다. 자기 스스로 자원을 창조해낸다. 자기가 동원할 수 있는 자원과 노력을 통합시키고 이용하여 가장 큰 효과와 이익을 창조해낸다.

제2차 세계대전이 끝난 직후, 찰스라는 청년이 외진 시골을 떠나 시카고에 도착했다. 그는 자신의 벽돌 쌓는 기술과, 아주 적은 밑천으로 시카고라는 대도시에서 반드시 성공하겠다고 결심했다. 그래서 수일 동안 돌아다니면서 조사해본 결과, 건축업이 한창인 때라 벽돌공이 많이 필요하다는 것을 파악했다.

찰스는 자신이 건설회사에 취직한다면 먹고사는 데는 아무런 지장이 없겠지만, 앞으로의 발전은 기대할 수 없다고 판단했다. 그래서 자기가 갖고 있는 기술로 벽돌공을 양성해 시공을 맡기로 마음먹고, 자기가 갖고 있는 돈을 몽땅 털어 벽돌공 양성 모집광고를 내고 필수적인 원자재를 사들였다. 광고가 나가자 예상보다 많은 사람들이 찾아왔고, 혼자서 200일간 일해야 벌 수 있는 돈을 단 1주일 만에 손에 쥐었다.

찰스는 자원을 통합·이용할 줄 알았기에 자신의 기술과 자금, 그리고 시장의 수요를 통합시켜 가장 큰 부가가치를 창출해낸 것이다.

# 명석한 두뇌로
# 현실에 맞게 판단하라

原文 治平間, 河北凶荒, 繼以地震, 民無粒食, 往往賤賣耕牛, 以苟歲月. 是時劉渙知澶州, 盡發公帑之錢以買牛. 明年震搖息, 逋民歸, 無牛可耕, 價騰踴十倍. 渙以所買牛, 依元直賣與, 故河北一路, 唯澶州民不失所.

　　북송 영종(英宗) 때 황하 이북에 흉년이 든데다 지진까지 일어나 백성들은 궁여지책으로 소를 헐값에 팔아 쌀을 사먹거나 여비를 마련해 살길을 찾아 떠나야 했다. 그때 유환(劉渙)이 단주(澶州) 지부사로 왔는데, 그는 관아의 재정을 몽땅 털어 그 소들을 사들였다.
　이듬해, 피난 갔던 백성들이 돌아왔지만 경작할 소가 없었으므로 소값이 열 배나 껑충 뛰었다. 이에 유환은 원금만 받고, 전해에 사두었던 소를 모두 백성들에게 돌려주었다.

　　유환은 어진 관리임에 틀림없다. 그러나 단지 어진 마음만으로는 훌륭한 관리가 될 수 없는 법, 명석한 두뇌가 뒤따라야 한다. 명석한 두뇌를 가진 사람은 비즈니스 세계에서도 성공한다.
　미국 미네소타 주에 위치한 스틸워터는 세계에서 가장 큰 노천 철광지로 유명한 곳이었다. 그런데 오늘날의 스틸워터는 세계 최고의 젓가락 공장이 있는 곳으로 유명해져 '젓가락 도시'라고 불리기도 한다.

라이카 워더(Leica Warder)사는 1987년 10월부터 젓가락을 생산하기 시작해 1988년 7월까지 일본에만 1,200만 개를 수출했다. 그 회사 사장은 이안 워더(Ian Warder)였다. 그는 원래 캐나다의 목재수출상이었는데 한국과 북한, 일본 등지를 여행하면서 놀라운 사실을 발견했다. 그들 나라의 젓가락 소모량이 엄청나다는 것이었다. 일본에서 소모하는 젓가락만 최소 8,000만 개 이상이었다. 그리고 일본 사람들은 젓가락을 사용하는 데 매우 까다롭다는 사실도 알게 되었다. 그들은 좀처럼 남이 쓰던 젓가락을 다시 쓰지 않았다. 여러 번 사용할 수 있게 만들어진 나무젓가락은 병균을 옮긴다는 인식 때문에 자연히 일회용 젓가락 소모량이 늘어날 수밖에 없었다. 게다가 일본의 주변국에서도 일회용 젓가락이 한창 유행하고 있었다. 아시아는 젓가락의 발원지이면서, 그 소모량도 세계에서 가장 많은 곳이었다. 하지만 삼림자원이 부족하여 젓가락 생산에 큰 기대를 걸 수 없었다. 젓가락 생산은 노동집약적 산업으로, 작은 지역에서 20~30명의 노동력만으로도 월 500만 개 정도의 젓가락을 생산해낼 수 있었다.

세계 각지의 목재시장에 대해서만큼은 훤히 꿰뚫고 있는 이안 워더였다. 일본의 목재 가격은 북아메리카보다 네 배쯤 비쌌다. 다른 나라에서 목재를 수입해 젓가락을 생산한다면 제조원가가 높아질 수밖에 없는 것이다. 이안 워더는 오랜 고민 끝에 미국 미네소타 주에 공장을 세우기로 결정했다. 미네소타 주는 백양나무가 숲을 이루고, 초목이 무성하며 토양도 비옥해 벌목한 뒤에도 빠른 시일 내에 새 묘목을 키울 수 있었다. 게다가 일본인들은 백양나무로 만든 희고 반듯하며 흠집 없는 젓가락을 선호했다. 미네소타 주의 백양나무는 그러한 요구에 딱 맞는 재질을 갖고 있었다. 이곳에 현대화되고 예술적인 가치까지 부여한 젓가락 공장을 세운다는 것은 정말 지리적으로도 적합한 일이었다.

그렇게 장소는 정했지만, 다음은 자금 확보가 문제였다. 처음에 그는 은행에서 대출을 받으려 했지만, 대다수 은행장들은 워더의 계획을 전혀 이해할 수 없다는 듯 대출을 해주려 하지 않았다. 이름깨나 있다는 금융그룹들도 처음에는 왠지 기상천외한 발상이라는 듯 주저하다가 세밀한 조사를 하고 나서 그 의도와 시장의 장래성을 어느 정도 이해하게 되었다. 밀러(Miller)와 익스텐즈 라더(Extends Luther) 금융회사 부총재 팀 롱(Tim Long)은 일본에 가서 1주일 동안 머물면서 일본의 젓가락 소비 현황을 조사해보았다. 그 결과는 정말 엄청난 수익을 창출할 수 있다는 것이었다.

풍부한 철광지대의 한복판에 위치한 스틸워터에 장래성 있는 분야의 공장을 설립한다는 것은 서로에게 큰 이익이 되는 투자였다. 그곳 철광업계 재단에서 350만 달러를 성큼 지원해주었고, 시 당국과 주 정부에서도 50만 달러를 빌려주었다. 거기에 워더의 개인 자금까지 보태자 500만 달러가 모아졌다. 유럽의 한 저명한 아이스크림 제조업체에서는 설비를 제공해주었고, 워더는 품질을 보장하기 위해 목재를 검증하는 섬유광학검측기를 설치했다.

그런데 첫 시제품은 매끄럽지 못하고 거칠어서 표준규격에 맞지 않았다. 젓가락 출시일은 미뤄졌고 대출금 상환 기한도 지났지만 투자자는 더욱 늘어났다. 심지어 일본인 투자자들도 돈을 싸들고 찾아왔다. 한 일본 식당 담당자는 제품이 출시되면 몽땅 자신이 사들이겠다며 장담했다. 이와 같은 지지는 워더의 자신감과 열정을 배가시켜 주었다.

그리고 마침내 완제품이 생산되었다. 꾸준한 노력과 시험과정을 거쳐 생산된 젓가락은 너무나 정교하고 품질이 뛰어나서 한 번 쓰고 버리기엔 아까울 정도였다. 제품이 출시되자마자 번개같이 팔려나갔고, 주문서가 눈꽃처럼 날아들었다. 그렇게 워더의 명성은 널리 알려졌고, 젓가락 사업은 나날이 번창해갔다.

오늘날까지 미국에 대규모 설비를 갖춘 젓가락 공장은 오직 하나뿐이다. 그 외의 경쟁자들은 모두 중국과 북한, 일본, 캐나다 등지에 있다. 물론 이들 경쟁자도 최고의 기술과 설비를 갖추고 있지만, 그 수익성과 효과성에서 워더와 비할 바가 못 된다. 지금도 워더 젓가락의 연 생산량은 120억 개에 이르고 있다.

# 기만의 책략

| 欺瞞의 策 |

힘이 있는 상대에게 기대는 것을 꺼려하지 마라. 적당한 때에 물러나는 것을 아쉬워하지 마라. 상대가 의심하지 않을 만큼 완벽하게 연기하지 않으면 뜻한 바를 이룰 수 없다. 오늘의 이익보다 내일 돌아올 이익이 훨씬 더 크고, 하나를 보고 열을 아는 안목을 갖고 있다면 남의 비난쯤이야 한 귀로 듣고 한 귀로 흘려보낼 줄 알아야 한다.

# 경계심을 늦추게 한다

 呂蒙既領漢昌太守, 與關羽分土接境. 知羽有幷兼之心, 且據上流, 乃外倍修好. 後羽討樊, 留兵將備公安、南郡, 蒙上疏曰: "羽討樊, 而多留備兵, 必恐蒙圖其後故也. 蒙常有病, 乞分士衆還建業, 以治病爲名. 羽聞之, 必撤備兵盡赴襄陽. 晝夜馳上, 襲其空虛, 則南郡可下, 而羽可擒也!" 遂稱病篤. 權乃露檄召蒙還, 陰與圖計. 蒙以陸遜才堪負重而未有遠名, 乃薦遜自代. 遜遺書與羽, 極其推讓. 羽意大安, 稍撤兵以赴樊. 權聞之, 遂行, 先遣蒙在前. 蒙至尋陽, 盡伏其精兵大船中, 使白衣搖櫓, 作商賈人服. 晝夜兼行, 羽所置江邊屯候, 盡收縛之, 故羽不聞知. 直抵南郡, 傅士仁、糜芳皆降. 蒙入據城, 盡得羽及將士家屬, 皆撫尉. 有取民一笠以覆官鎧者, 其人系蒙鄕裏, 垂涕斬之. 於是軍中震栗, 道不拾遺. 蒙旦暮使親近存恤耆老, 問所不足.. 病者給醫藥, 饑寒者賜衣糧. 府藏財寶, 皆封閉以待羽至. 羽還, 在道路數使人與蒙相問. 蒙輒厚遇其使, 周遊城中, 家家致問, 或手書示信. 使還, 私相參信, 鹹知家門無恙, 見待過於平時, 故吏士無鬪心, 羽遂成擒.

여몽(呂蒙)이 태수로 부임한 한창(漢昌)은 관우(關羽)의 관할지역과 가까웠다. 여몽은 관우의 야심을 잘 알고 있었고, 관우가 상유(上游)에 있었으므로 그와 각별히 친하게 지냈다. 관우는 훗날 반성(攀城)을 치러 가면서 공안(公安)과 남군(南郡)에 호위병들을 남겨두었는데, 이를 본 여몽이 손권(孫權)에게 말했다.

"관우가 반성을 토벌하러 가면서도 저렇게 많은 인마를 남겨두고 가는 것은 제가 후방을 노릴까 두려워하기 때문입니다. 제가 몸이 좋지 않아 군무를 돌보지 못한다 하고, 완쾌할 때까지 병졸들을 돌려보내 집안 일을 보살피게 한다 하면 관우는 남겨둔 군사들까지 상양(襄陽)으로 옮겨갈 것입니다. 그런 다음에 들이치면 남군은 쉽게 함락될 것이고, 관우도 잡을 수 있을 것입니다!"

이튿날 손권은 공문서를 써서 여몽에게 돌아가 병 치료나 하라고 했다. 이에 여몽은 육손(陸遜)이라는 사람이 명성은 없어도 능력이 뛰어나니 자기 대신 군무를 돌보는 것이 좋겠다고 추천했다. 육손은 아주 겸손하게 자신이 부임한 사실을 알렸고, 그제야 관우는 시름을 놓고 호위병을 하나둘 철수시켜 상양과 반성으로 옮겨갔다.

그 소식을 접한 손권은 당장 여몽을 앞세우고 출발했다. 여몽은 심양(潯陽)까지 가서 거느리고 온 정예병들을 배 안에 숨겨놓고, 노 젓는 병사는 평민들이 즐겨 입는 흰옷을 입게 했다. 그러고는 관우가 강가에 설치한 초소의 병사들을 묶어서 가둬두었지만, 관우는 전혀 눈치채지 못했다.

군사가 남군을 들이치자 부사인(傅士仁), 미방(糜芳) 등의 장수들 모두 투항했고 여몽은 손쉽게 남군을 점령하여 관우 수하의 식솔들을 안심시켰다.

한 병사가 갓으로 갑옷을 가리고 있다가 발각되었는데, 알고 보니 여몽과 같은 고향 사람이었다. 여몽은 눈물을 머금고 그를 처형했는데, 그 일로 병사들은 경거망동하지 못했다. 여몽은 또 날마다 사람들을 성안으로 보내 노인들을 돌보게 했고, 굶주린 사람들에게는 식량을 주고 병자에게는 약을 지어주게 했다. 관아 창고에는 보물이 쌓여 있었지만, 여몽은 관우가 돌아오기 전까지는 아무도 손대지 말라고 명했다.

관우는 돌아오는 길에 몇 번이고 사람을 보내 여몽의 움직임을 알아보았는데, 여몽은 사자들을 후하게 대해주고 성안의 식솔들을 만날 수 있게 해주었다. 어떤 이는 사자에게 부탁해 군에 있는 자기 식구 앞으로 편지를 보내기도 했다. 사자가 돌아가면 장수들은 관우 몰래 가족의 안부를 물었고, 모두 별탈 없다는 말을 듣자 싸울 의지를 잃게 되었다. 관우는 끝내 여몽에게 붙잡히는 신세가 되고 말았다.

관우는 무장 최고의 칭호인 성무제(聖武帝)로 추앙되는 인물이다. 그런 관우가 여몽에게 당한 까닭은 무엇일까? 상대를 무시한 것이 내적 요인이라면, 여몽의 연막전술은 외적 요인이다. 이것 또한 병법에서 많이 쓰이는 전술이다.

제4차 중동전쟁에서 이집트는 이스라엘을 눈속임하기 위해 연막전술을 사용했다.

제3차 중동전쟁 이후 이집트는 다음 전쟁 준비를 위해 부지런히 군사역량을 키워왔다. 이집트는 눈속임으로 공공연히 이스라엘과의 접경지대에서 대규모 군사훈련을 했는데, 처음 몇 번은 이스라엘을 잔뜩 긴장하게 만들었다. 온 나라가 발칵 뒤집혔고, 전쟁 대비상태에 들어가고, 빈번하게 사이렌이 울리고, 군인들은 휴가도 취소된 채 모두 진지로 투입되었다. 그러나 이집트가 좀처럼 공격해올 기미를 보이지 않자 이스라엘은 차츰 경계심을 늦추게 되었다.

❽ 기만의 책략

사실, 이집트는 매번 군사훈련을 할 때마다 접경지대에 군사들을 조금씩 투입했는데 시간이 꽤 지나다 보니 상당한 병력이 집결되었다. 이스라엘은 이런 사실을 전혀 눈치채지 못하고 있었다.

1973년 10월 6일, 군사 집결을 마친 이집트는 전투기 수백 대와 대포 2,000여 문의 엄호를 받으며 선발부대가 수에즈 운하를 건넜다. 이스라엘군은 그 포성 속에서도 한창 회한의 기도를 올리고 있었다.

# 반발심을 불러일으켜 분별력을 흐트러뜨려라

**原文** 臨安北門外西巷, 有賣熟肉翁孫三者, 每出, 必戒其妻曰: "照管貓兒, 都城並無此種, 莫令外人聞見; 或被竊去, 絶吾命矣! 我老無子, 此與我子無異也!" 日日申言不已. 鄕裏數聞其語, 心竊異之, 覓一見不可得. 一日, 忽拽索出到門, 妻急搶回, 其貓幹紅色, 尾足毛須盡然, 見者無不駭羨. 孫三歸, 責妻漫藏, 捶罵交至. 已而浸淫達於內待之耳, 卽遣人啖以厚直, 孫峻拒. 內待求之甚力, 反複數四, 僅許一見. 旣見, 益不忍釋, 竟以錢三百千取去. 孫涕淚, 複棰其妻, 竟日嗟悵. 內待得貓喜極, 欲調馴然後進禦. 已而色澤漸淡, 才及半月, 全成白貓, 走訪孫氏, 已徒居矣. 蓋用染馬纓法積日爲僞, 前之告戒極怒, 悉奸計也.

남송 때 임안(臨安) 북문 밖에 삶은 고기를 파는 노인이 살고 있었는데, 이름은 손삼(孫三)이었다. 그는 외출할 때마다 자기 아내에게 똑같은 말을 했다.

"고양이를 잘 돌봐야 하오. 지금은 어딜 가나 이런 고양이를 볼 수가 없소. 절대 우리 집에서 이런 고양이를 기르고 있다는 사실을 다른 사람이 알게 해선 안 되오. 누가 훔쳐가기라도 하면 내 목숨을 앗아가는 것이나 진배없소. 내 이 나이가 되도록 아들 하나 없으니, 이 고양이가 내 아들이나 다름없단 말이오!"

그 말은 차츰 이웃들의 귀에 들어갔고, 대체 어떻게 생긴 고양이기에 그러는지 다들 몹시 궁금해했다.

그러던 어느 날, 그 고양이가 집을 뛰쳐나왔는데 다행히 할머니가 바로 뒤쫓아 나와 도로 안고 들어갔다. 그런데 희한하게도 그 고양이는 온몸이 빨간색이었다. 우연찮게 그 고양이를 본 사람들은 정말 희귀한 고양이라고 쉬쉬하며 부러워했다. 그날 저녁, 집에 돌아온 손삼은 고양이를 제대로 지키지 못했다며 자기 아내를 두들겨 패며 욕을 퍼부어댔다.

그로부터 얼마 지나지 않아 빨간 고양이가 있다는 소문은 황궁 내시의 귀에까지 전해졌다. 내시가 사람을 보내 높은 값에 그 고양이를 팔라고 했지만 손삼은 들은 척도 하지 않았다. 내시가 워낙 끈질기게 달라붙어서 하는 수 없이 살짝 보여주기만 할 뿐이었다. 하지만 빨간 고양이를 두 눈으로 직접 본 내시는 더욱 끈질기게 매달렸고, 결국에는 거금 30만 전(錢)을 주고 빼앗아가다시피 고양이를 사갔다. 손삼은 엉엉 울면서 모두 마누라 탓이라고 두들겨 패면서 매일같이 한숨만 푹푹 내쉬었다.

한편, 빨간 고양이를 얻은 내시는 그놈을 잘 훈련시켜 황제께 진상할 생각을 하며 입을 다물지 못했다. 그런데 얼마 지나지 않아 고양이의 털빛이 차츰 바래는가 싶더니 보름쯤 지나자 아예 흰 고양이로 둔갑해버렸다. 그러나 내시가 따지려고 다시 손삼을 찾아갔을 때는 이미 다른 곳으로 이사를 가고 난 뒤였다. 손삼은 말갈기를 물들이는 방법으로 오랫동안 고양이털에 물감을 들인 것이었다. 외출할 때마다 아내에게 이르던 당부도, 그녀를 두들겨 팬 것도, 한숨의 나날을 보낸 것도 모두 연극이었던 것이다.

 손삼은 사기꾼이다. 하지만 그 수법만큼은 고수였다. 자기 아내를 두들겨 패고 욕을 퍼붓는데, 누가 사기극이라 생각했겠는가?

사람에게는 자기가 얻기 힘든 물건일수록 꼭 얻고야 말겠다는 심리가 있다. 내시가 아무리 달라붙어도 손삼은 딱 잡아뗐다. 그럴수록 내시는 그 물건에 더욱 집착해 경각심과 분별력을 잃고 말았다. 이런 반발심리를 잘 운용하면 많은 일을 해결할 수 있다.

미국의 한 노인이 퇴직연금으로 시골에 아담한 집 한 채를 마련했다. 그곳에서 그는 자서전 같은 것을 끼적거리며 여생을 보낼 생각이었다.

처음에 한동안은 모든 것이 평화로워 노인은 매우 쾌적한 환경에서 글을 쓸 수 있었다.

그런데 어느 날 갑자기 꼬마녀석 셋이 나타나 쓰레기통을 이리 차고 저리 차며 신나게 놀아대는 것이었다. 처음엔 그러다 말겠거니 하고 꾹 참았지만, 시간이 지날수록 소음 때문에 견딜 수가 없었다. 견디다 못한 노인이 꼬마들을 찾아갔다.

"너희 참 재밌게 노는구나. 난 날마다 너희가 쓰레기통을 차고 노는 모습을 구경하면서 나의 어린 시절을 그려보곤 하지. 오늘 이후에도 매일 와서 놀아주면 이 할아버지가 한 명당 1달러씩 줄게. 할 수 있겠니?"

물론 꼬마들은 흔쾌히 노인의 제안을 받아들였고, 매일 학교 수업이 끝나면 꼭 찾아와서 신나게 소동을 벌이다 돌아갔다.

그런데 사흘 뒤 노인은 몹시 우울한 표정으로 나타났다.

"애들아, 미안하구나. 경제위기 때문에 내 수입도 절반이나 줄다 보니 내일부턴 너희에게 50센트씩밖에 못 주겠구나."

꼬마들의 얼굴엔 불쾌한 표정이 역력했지만, 그래도 노인의 조건을 받아들였다.

그리고 나서 1주일 뒤에 다시 나타난 노인은 아예 울상을 짓고 있었다.

"요즘은 노령연금까지 지원되지 않아서, 미안하지만 앞으로는 20센트씩밖에 줄 수 없겠구나."

"20센트라고요? 우리더러 매일 20센트를 받기 위해 여기까지 와서 발 아프게 쓰레기통이나 걷어차라고요? 그렇게는 못해요!"

그 뒤로 노인은 다시 조용한 환경에서 생활할 수 있게 되었다.

이렇게 노인은 꼬마들의 반발심리를 이용해 자기 목적을 이루었다. 아이들에게 단도직입적으로 불만을 털어놓고 꾸짖었다면 아마도 그 결과가 크게 달라졌을 것이다.

# 남의 비난이 두려워
# 머뭇거리지 마라

> 宋祖聞唐主酷嗜佛法, 乃選少年僧有口辯者, 南渡見唐主, 論性命之說. 唐主信重, 謂之 "一佛出世", 由是不複以治國守邊爲意.

송 태조 조광윤(趙光胤)은 남당(南唐) 이후주(李后主)가 불교에 심취해 있다는 소문을 듣고, 언변이 뛰어난 동자승을 이후주에게 보내어 생명설에 대해 담론하게 했다.

동자승의 설교를 듣고 난 이후주는 그를 가상히 여겨 '부처님의 탄생'이라며 찬사를 금치 못했다. 그뒤로 이후주는 정사와 국경 수비에 전혀 관심이 없었다.

개국군주인 송 태조는 권모술수가 탁월했다. 상대의 관심사를 알아내어 만족시켜준 것은 언뜻 보기에 친절한 배려 같지만, 결과적으로 이후주로 하여금 정사를 멀리하게 해 남당을 멸하는 기반을 닦아놓은 셈이다. 오왕(吳王)이 여색을 즐기는 것을 알고 월왕 구천(勾踐)이 서시(西施)를 보내 오나라를 쇠하게 만들기도 했지만, 꼭 미인

만이 나라를 망치는 것은 아니다.

이와 같은 책략으로 상대의 세력을 약화시키는 것을 병법에서는 '부저추신'이라고 한다.

일본 구하라(久原) 재단이 놀랄 만한 성장을 이룬 것은 제2차 세계대전 당시 일본 경제가 불황의 늪에 빠져 있을 때였다. 구하라는 바로 이 '부저추신' 전략으로 다른 회사를 인수해 회사 규모를 키운 기업가였다.

제1차 세계대전 당시, 구하라는 전쟁 중에는 선박 수요량이 급증한다는 것을 깨닫고 선박회사를 설립했다. 그리고 회사 기반을 탄탄히 다지기 위해 모든 수단과 방법을 동원해 당시 한창 불경기에 처해 있던 오사카 철공소를 인수하려 했다.

오사카 철공소는 한도 류타로(範多龍太郎)가 경영하는 일본 3대 조선소 중 하나로 전쟁 전에 눈부신 발전을 거듭했다. 전쟁 당시 철공소에서는 자금을 끌어들이기 위해 대량의 주식을 발행했다. 그 기회를 놓치지 않고 구하라는 철공소의 주식을 대거 사들였으며 억지다짐으로 다른 주주들이 소유한 주식을 헐값에 매수했는데, 그것도 현금이 아닌 자기네 선박회사의 주식을 대신 주었다. 그리고 선박회사의 주식을 폭락하게 만들어 싼값에 회수한 다음 주식이 다시 상승하기 시작하자 몇 배의 폭리를 취했다. 오사카 철공소의 한도는 진작부터 구하라를 경계하고 있었지만, 어쩔 수 없이 구하라에게 장악되다시피 했다. 그동안 한도가 운영하던 오사카 상선 계열 회사의 경영진도 속속 구하라의 인맥으로 바뀌어갔다.

제2차 세계대전 당시 구하라의 선박회사는 1톤에 50엔의 가격으로 오사카 철공소에 선박 16척을 주문했는데 총 800톤이 되었다. 구하라는 그것을 톤당 105엔에 팔아 폭리를 취했다.

　구하라는 잇따라 비슷한 방법으로 다른 회사를 장악하기 시작했다. 먼저 다른 회사의 주식을 장악하고 나서 회사 내의 핵심 인재들을 모두 빼내고 자기 측근들을 앉혔다. 그렇게 해서 당한 회사의 사장들 모두 구하라를 극악무도한 날강도라고 욕했지만, 눈 한번 깜짝할 구하라가 아니었다. 오직 인재를 빼가고 자기 회사를 신속히 키우는 것만이 그의 유일한 목적이었기 때문이다.

# 의지가 확고한 사람은
# 맨손으로도 성공한다

> **原文** 唐崇賢竇公善治生, 而力甚困. 京城內有隙地一段, 與大閹相鄰, 閹貴欲之, 然其地止值五六百而已. 竇公欣然以此奉之, 殊不言價. 閹既喜甚, 乃托故欲往江淮, 希三兩護戎緘題. 閹為致書, 凡獲三千緡, 由是甚濟. 東市有隙地一征, 窪下停污, 乃以廉值市之, 俾婢嫗將蒸餅盤就彼誘兒童, 若抛磚瓦中一指標, 得一餅. 兒童奔走竟抛, 十填六七, 乃以好土覆之, 起一店停波斯, 日獲一緡.

 당나라 숭현(崇賢) 사람 두공(竇公)은 장사에 능했지만 재력이 부족하여 크게 성공할 기회가 없었다. 그는 경성에 자그마한 공터를 갖고 있었는데, 그 땅은 권세깨나 있는 환관의 집 바로 옆에 붙어 있었다. 환관이 그 공터를 탐내고 있었는데, 값으로 따져봐야 500~600천전(千錢)밖에 안 되었기에 두공은 아예 그 땅을 환관에게 공짜로 주고 땅값 같은 말은 입 밖에도 내지 않았다.

환관이 기뻐하는 모습을 지켜보던 두공이 은근슬쩍 눈치를 살피다가 말했다. 자기가 강회(江淮) 지구에 가보고 싶은데, 안전하게 다녀올 수 있도록 지방 관리들에게 서신 두세 통만 써줄 수 있겠느냐고. 환관은 흔쾌히 서신을 써주었고, 덕분에 두공은 도중에 약 300만 문전을

벌어들여 경제적으로 무척 여유로워졌다.

주머니사정이 두둑해진 두공은 동시(東市) 부근에 있는 또 다른 공터를 주목했다. 웅덩이가 파여 흙탕물이 잔뜩 고여 있는 땅이었다. 두공은 헐값에 그 땅을 사들인 다음 여자 시종에게 구운 떡을 그곳에 들고 가서 동네 조무래기들을 불러모아 이렇게 말하게 했다. 웅덩이 안에 있는 어떤 목표물을 맞히면 상으로 떡을 한 조각씩 나눠주겠다고. 이 희한한 이벤트에 조무래기들이 몰려들어 너도나도 돌을 던진 덕분에 웅덩이의 60~70퍼센트가 메워졌다. 두공은 그 위를 흙으로 메운 뒤 여관을 지었는데 하루에 1,000문전씩 벌어들였다.

두공이 관리를 매수해서 '통행증'을 얻어 그것으로 재물을 얻고, 구운 떡으로 조무래기들을 구슬려 일을 시켰다고 생각하면 그의 인간성에 혐오감을 느낄 수도 있다. 하지만 그의 장삿속만큼은 비범하지 않을 수 없다.

두공은 다른 사람의 힘을 빌려 부를 창출하는 데 탁월했다. 이를 흔히 '닭을 빌려 알을 낳게 한다'고 하는데, 영국에서 가장 큰 막스앤스펜서(Marks&Spencer)의 설립자 마이클 막스(Michael Marks) 역시 이와 비슷한 방법으로 크게 성공한 기업가였다.

젊은 시절 마이클 막스는 장사를 하고 싶었지만 밑천이 없었다. 한번은 우연히 한 도매상 사장을 알게 되었는데, 무일푼인 마이클에게 5파운드를 빌려줄 테니 장사를 해보라고 했다. 마이클은 그 5파운드를 밑천으로 매일 도매시장에서 실이나 단추, 리본, 양말 등 잡다한 물건을 떼어다가 시골이나 광산 같은 변두리에 가서 팔았다. 이후 형편이 조금 나아지자 그는 노천시장에 가게를 얻고 새로운 경영기법을 구상해냈다. 그 방법인즉, 모든 물건에 가격표를 붙여놓고 1페니짜리 물건만 한쪽에 진열해놓은 다음 '가격을 묻지 마세요, 전부 1페니입니다'라는 팻말을 걸어놓았다. 마이클이 진열해놓은 상품은 가격표를 붙여놓아 골라 사기가 쉬웠기 때문에 많은 고객들의 눈길을 끌었다. 비록 순수익은 적었지만 많이 팔 수 있었으므로 사업이 나날이 번창해갔다.

물론 세상에는 금상첨화인 경우는 많아도, 추운 날 연탄 한 장 가져다주는 사람은 적다. 백수가 어찌어찌 작은 사업체를 꾸리더라도 신용을 쌓지 못하면 은행 대출은 쉽지 않다. 이런 상황에서는 온전히 자신의 의지와 고군분투하는 정신으로 밀고 나가야 한다. 노력한 만큼 얻어진다는 말을 믿어야 한다.

일본의 시마무라(島村) 산업회사와 마루하(丸芳) 물산 총수 시마무라 요시오(島村芳雄) 역시 창업 초기에는 백수였다. 하루는 정처 없이 길을 거닐다가 행인들이 안고 다니는 종이가방에 관심을 갖게 되었다. 바로 상점에서 물건을 사서 담게 만든 종이가방이었다. 순간, 시마무라의 머릿속에 기발한 생각이 떠올랐다.

'앞으로 종이가방의 수요는 점점 더 늘어날 것이다. 저 종이가방을 한 손으로 들 수 있게 고리를 만들어 단다면 틀림없이 좋은 장사가 될 거다!'

하지만 빈털터리에게 아무리 획기적인 아이디어가 떠오른들 무슨 소용이란 말인가? 막막함에 빠져 있던 그는 염치 불구하고 무작정 은행들을 찾아가보기로 했다. 은행을 돌아다니며 그는 종이가방의 전

망과 고리를 다는 기술, 그리고 경영수지와 사업의 비전 등에 대해 입이 닳도록 설명했다. 그리하여 돌아오는 건 무관심과 냉대뿐이었지만, 그는 결코 주저앉지 않고 더욱더 열심히 은행을 찾아다녔다.

그러던 중 하늘이 굽어살폈는지 석 달 만에, 69번째 방문지였던 미쓰이(三井) 은행에서 그의 끈기에 감동했는지 100만 엔을 대출해주겠다고 약속했다. 그 소식을 전해들은 친구들과 이웃들도 10만~20만 엔씩 빌려줘 간신히 200만 엔을 손에 쥘 수 있었다. 그로부터 2년 뒤, 그는 정말로 '가방고리 대왕'으로 명성을 떨치게 되었다.

부를 창출한다는 것은 다른 사람의 돈을 이용해 자기가 돈을 벌 수 있는 힘을 키우는 것을 말한다. 세계에서 가장 많은 선박을 소유하고 있는 다니엘 K. 루드위그(Daniel K. Ludwig)의 가장 뛰어난 능력이 바로 다른 사람의 돈을 빌려 자기 몫의 돈을 버는 것이었다. 그의 '돈 빌리기 공식'은 두 가지였다.

첫 번째는 낡은 선박을 구입해 유조선으로 개조하기 위한 대출을 신청하는 것이었다. 그는 은행에 찾아가 이미 ○○석유회사와 운송 계약이 되어 있다고 말하고, 그 운송료로 매달 원금과 이자를 납입할 수 있다고 설명했다. 그리고 배를 은행 소유로 해두면 석유회사에서 매달 은행에 비용을 지불하기가 편리하다고 덧붙였다. 그 방법은 과연 효과적이었다. 석유회사의 신용으로 자신의 개인 신용을 대체하게 한 셈이다. 물론 은행에서는 흔쾌히 그 조건대로 루드위그에게 대출해주었다. 그러면 루드위그는 대출금으로 낡은 선박 한 척을 구입해 유조선으로 개조한 다음 세를 주고, 같은 방법으로 그 배를 저당하고 또 대출을 하는 것이었다. 그리고 그 대출금으로 또 다른 선박을 사서 개조하여 세주고…… 이런 식으로 그는 대출금을 한 번 청산할 때마다 배 한 척을 얻게 되는 것이었다.

이어 그는 더욱 교묘한 구상을 했다. 구닥다리 선박으로 대출할 수 있다면 아직 건조되지 않은 선박으로도 얼마든지 대출할 수 있다는 계산이었다. 그는 유조선 혹은 특수 용도로 쓰이는 선박의 설계도를 갖고 그 배의 임대를 맡아줄 사람을 찾았다. 그래서 그 임대인으로부터 계약서를 받아낸 다음, 계약서를 담보로 은행에서 대출금을 얻어 그 배를 만들기 시작하는 것이다. 배가 물에 뜨기 시작할 때부터 대출금을 갚아나가서 모두 상환하고 나면, 그는 돈 한 푼 투자하지 않고도 배의 주인이 되는 것이다. 그렇게 하여 루드위그는 백수에서 일약 세계에서 가장 돈 많은 부호 중 한 사람이 되었다.

\*

# 항상 심리적인
# 우위를 점하라

**原文** 齊攻廩丘. 趙使孔靑將死士 而救之, 與齊人戰, 大敗之, 齊將死, 得車二千, 得屍三萬, 以爲二京. 寧越謂孔靑曰: "惜矣! 不如歸屍以內攻之, 使車甲盡 於戰, 府庫盡於葬." 孔靑曰: "齊不延屍, 如何?" 寧越曰: "戰而不勝, 其罪一. 與 人出而不與人入, 其罪二. 與之屍而弗取, 其罪三. 民以此三者怨上, 上無以使 下, 下無以事上, 是之謂重攻之." 寧越可謂知用文 武矣. 武以力勝, 文以德勝.

제(齊)나라가 늠구(廩丘)를 공격해오자 조(趙)나라에서는 공청(孔 靑)에게 결사대를 맡겨 응전하게 했는데, 다행히도 대승을 거두 었다. 그런데 전차 2,000대와 적군의 수급 3만을 베는 전과를 올린 그는 적군의 시체를 한 곳에 모아다가 커다란 무덤 두 개를 만들어 매 장해주었다. 그 소식을 전해들은 영월(寧越)이 말했다.

"참으로 아쉬운 일이네 그려! 차라리 시체들을 제나라에 돌려주어 그 내부로부터 제나라를 와해시키고, 전차와 군사는 모두 전쟁에 투 입하고, 그렇게 하여 제나라의 재력을 모두 시체를 장사지내는 데 소 모하게 했으면 좋았을 것을!"

"하지만 제나라 사람들이 시체를 거두지 않으면 어떡합니까?"

"전쟁을 먼저 일으키고도 승전하지 못한 것은 첫 번째 죄목이 되는 것이요, 사람을 내보내고 돌아오지 못하게 한 것은 두 번째 죄목이 되는 것이요, 시체를 가져가라는데 가져가지 않는 건 더 큰 죄가 되는 법이지. 그 일로 제나라 백성들은 임금을 원망하게 될 것이고, 그러면 임금도 백성들을 다스리지 못할 것이요, 백성들 또한 임금을 떠받들어 모실 이유가 없을 것 아니겠소. 그게 바로 내가 말하는 내부로부터 와해시킨다는 얘길세."

영월은 문(文)과 무(武)를 병용할 줄 아는 사람이었다. 무를 쓴다 함은 힘으로 적을 무찌른다는 것이요, 문을 쓴다는 것은 은덕을 베풀어 적을 이기는 것이다.

 영월의 심리전술을 잘 보여주는 이 이야기의 요점은 '문무를 병용하고 은혜와 위엄을 결합하여 공략한다'는 것이다.

심리전술이란 적의 투지를 와해시켜 정신적으로 적을 무너뜨리는 것이다. 병법에서도 '마음을 먼저 공략하는 것이 상책'이라고 했다. 근대사를 살펴봐도 심리전을 최우선으로 내세워 싸우지 않고도 승리한 경우가 흔하다. 제2차 세계대전 당시 독일군 제5종대는 심리전술을 성공적으로 운용한 전형적 사례이다. 제5종대의 보안기관이 독일군의 진격에 큰 도움을 주었다는 것 또한 부인할 수 없는 사실이다.

제5종대가 프랑스 병사 몇 명을 생포했는데, 포로 심문과정에서 새로운 사실을 알아냈다. 그것은 담배를 보급해주지 않아 프랑스 병사들의 불만이 많은데다 사기가 저하되어 있다는 것이었다. 이에 제5종대는 곧 비행기로 대량의 담배와 삐라를 프랑스군 진지에 투하했다.

그 삐라는 이런 내용이었다.

'프랑스 형제들이여, 지금부터 한 시간 동안 포격을 중지할 테니 담배나 실컷 피우시라!'

프랑스 병사들은 서둘러 담배를 피워 물었고, 자기들의 욕구도 채워주지 못하는 정부를 욕하면서 사기가 꺾여 더 이상 전투에 관심이 없었다.

또 한번은 마지노선을 지키고 있던 프랑스군 장교들이 한창 식사 중인데, 독일군 측에서 그들의 식사 메뉴를 하나도 틀리지 않고 방송하는 것이었다. 순간, 장교들 모두 어이없어하며 쓴웃음만 흘렸다. 식사 메뉴까지 독일군에 알려질 정도라면 다른 군사 정보는 더 말할 나위도 없는 셈이었다. 그러니 장교와 사병 모두 혼란에 빠질 수밖에.

그들은 전투가 개시되기도 전에 기가 꺾여버렸다. 사실 독일군은 의도적으로 다른 정보는 빼놓고 식사 메뉴만 방송했는데, 프랑스 병사들의 심리를 혼란케 하기 위한 목적이었다.

또 한번은 프랑스군의 한 부대가 비밀리에 전선으로 향하고 있었다. 그런데 행군에 들어서자마자 독일군 방송에서 그 부대의 군 번호와 병사들의 수, 장교들의 이름 등을 한 글자도 틀리지 않고 열거하는 것이었다. 그러고는 조롱하는 목소리로 말했다.

"……장교님, 내일 싸움터에서 만나면 절대 양보할 필요 없습니다!"

방송을 듣고 난 장교는 작전계획이 들통난 줄 알고 즉시 퇴각하여 기존의 작전계획을 변경해야 했다. 그렇게 독일군은 총 한 방 쏘지 않고도 상대방의 기습을 물리쳤다.

❽ 기만의 책략

## 96

# 능력을 알아보고,
# 자신감을 심어준다

> **原文** 韓晃節制三吳, 所辟賓佐, 隨其才器, 用之悉當. 有故人子投之, 更無他長. 嘗召之與宴, 畢席端坐, 不與比坐交言. 公署以隨軍, 令監庫門. 此人每早入帷, 端坐至夕. 吏卒無敢濫出入者.

당 덕종(德宗) 때 한황(韓晃)은 진(鎭) 해군절도사로 강남 삼오(三吳) 일대의 군정을 맡아보고 있었다. 그가 임명한 관리들은 모두 자신의 특기를 발휘해 맡은 바 임무를 충실히 수행했다.

한번은 옛친구의 아들이 찾아와 거둬주십사 하기에 두루 살펴보니 특기나 능력이 없는데다 마땅한 자리도 없어서 차일피일 미루고 있었다. 그러다가 연회가 있어서 친구의 아들을 참석케 했는데, 그는 처음부터 연회가 끝날 때까지 단정한 자세로 앉아 있을 뿐 옆사람과 말 한마디 건네지 않는 것이었다.

그 일로 흥미를 느끼게 된 한황은 친구의 아들에게 창고지기를 맡겼다. 그러자 그는 매일 아침 일찍 나와 저녁 늦게까지 말 한마디 없이 단정한 자세로 앉아 있기만 했다. 그날부터 여러 이방 관속과 병졸들 모두 함부로 창고를 들락거리지 않았다.

한황은 한 사람의 장점을 알아내고, 그 능력에 따라 사람을 쓸 줄 아는 현명한 관리였다. 세상의 관리들 모두 한황과 같다면 불운한 인재를 잃지는 않을 것이다.

사실 한 사람의 특기나 능력을 알아보는 것도 중요하지만, 그 사람으로 하여금 일을 하는 데 자신감을 갖도록 용기를 심어주는 것이 더 중요하다. 이런 이야기가 있다.

수십 년 전 미국 뉴욕 북부에 애미리라는 노처녀가 있었는데, 그녀는 늘 자신의 이상이 실현될 수 없다는 자괴감에 빠져 있었다. 그 이상이란 것도 알고 보면 결국 모든 처녀들이 바라는, 즉 백마 탄 왕자님과 결혼하여 행복하게 살고 싶다는 것이었다. 주위의 친구들은 하나둘 결혼해 단란한 가정을 이루고 살았지만, 애미리는 수심에 잠긴 채 어느덧 시집갈 나이가 지나버린 것이었다.

그러던 어느 날 오후, 애미리는 집안 식구들의 등쌀에 못 이겨 한 심리학자를 찾아갔다. 심리학자가 그녀와 악수를 하는 순간 애미리의 손은 섬뜩하리만큼 차가웠고, 눈빛은 암담했으며, 목소리는 무덤 속에서 새어나오는 것 같았고, 얼굴은 한없이 창백하고 초췌해 보였다. 마치 심리학자에게 '저는 이미 모든 희망을 버렸어요. 당신이라고 무슨 뾰족한 수가 있겠어요?'라고 말하는 것 같았다.

얼마 후 심리학자가 말을 건넸다.

"애미리 양, 내가 애미리 양에게 도움을 청할 일이 있습니다. 꼭 좀 도와주셨으면 합니다."

순간적으로 애미리가 눈빛에 생기를 띠더니, 뭐든 말해보라는 듯 고개를 끄덕였다.

"실은 우리 집에서 다음주 화요일에 파티가 열리는데, 아내 혼자서 감당하기 힘든지라 애미리 양이 손님 접대를 거들어주셨으면 합니다. 그래줄 수 있다면 내일 아침 백화점에 가서 옷 한 벌을 사되, 꼭 점원이 골라주는 것으로 사도록 하세요. 그 다음은 헤어스타일을 바꾸세요. 미용실에 가서도 디자이너에게 맡기면 됩니다. 그 사람들의 의견을 따르면 절대 낭패보지 않으니까요."

그러고는 한참을 뜸들이다가 심리학자가 말을 이었다.

"파티에 초대된 손님은 많지만 서로 안면이 있는 사람들은 별로 없습니다. 그래서 애미리 양이 주인 행세를 하셔야 됩니다. 저를 대신해 그 손님들의 방문을 환영한다고 말하면 됩니다. 그리고 성심껏 도와주세요. 특히 외롭고 쓸쓸해 보이는 사람들을 말입니다. 어느 한 사람도 홀대해서는 안 됩니다. 할 수 있겠죠?"

애미리는 자기가 그런 역할을 할 수 있을지 무척 불안한 표정으로 앉아 있었다. 심리학자가 위로하는 투로 말했다.

"너무 부담 가질 필요는 없습니다. 실은 아주 간단한 일입니다. 기껏해야 커피가 없는 손님에게 커피를 따라주고, 실내가 너무 더우면 창문을 열어주면 되니까요."

심리학자와 약속된 화요일이 되자 애미리는 근사한 옷차림에 헤어스타일까지 예쁘게 하고 파티장에 나타났다. 그리고 심리학자의 당부대로 애미리는 성심껏 파티에 참석한 모든 이들을 도와준다는 일념으로 일했다. 그렇게 일을 하다 보니 자신의 고민 따위는 까맣게 잊어버렸고, 그날 파티에서 가장 인기 있는 주역이 되었다. 그리고 파티가 끝난 뒤에는 청년 세 명이 서로 그녀를 집까지 바래다주겠다고 나섰다.

그로부터 몇 주일 동안 세 청년은 열심히 애미리를 찾아와 사랑을 고백했고, 마침내 그녀는 그들 중 한 명과 결혼을 약속했다. 심리학자도 물론 귀빈으로 결혼식에 초대되었다. 행복한 웃음을 짓고 있는 신부를 보고 사람들은 그 심리학자가 만들어낸 기적이라고 말했다.

자기 생각에만 도취해 있다 보면 자신이 애처로워 보이고 결국 다른 사람들과 어울리지 못하게 된다. 그러면 주위 사람들도 가까이 다가오기를 꺼리게 된다. 오직 나 자신을 잊고 다른 사람을 돕는 마음으로 일하는 것이 자신을 즐겁게 하는 길이다.

# 적당한 때에 물러나는 법을 익혀라

> **原文** 丞相旣平南中, 皆卽其渠率而用之. 或諫曰: "公天威所加, 南人率服. 然夷情叵測, 今日服, 明日復叛, 宜乘其來降, 立漢官分統其衆, 使歸約束, 漸染政敎. 十年之內, 辮首可化爲編氓, 此上計也!" 公曰: "若立漢官, 則當留兵; 兵留則口無所食, 一不易也. 夷新傷破, 父兄死喪, 立漢官而無兵者, 必成禍患, 二不易也. 又夷累有廢殺之罪, 自嫌釁重, 若立漢官, 終不相信, 三不易也. 今吾不留兵, 不運糧, 綱紀粗定, 夷漢相安."

삼국시대 촉한(蜀漢)의 승상(丞相) 제갈량이 남중(南中) 지구의 반란을 평정하고 나서 다시 위임한 관리들은 모두 그곳 부족의 수장이었다. 이를 두고 누군가 이해하기 힘든 일이라며 제갈량에게 물었다.

"승상께선 하늘의 힘을 입어 어렵사리 남방 부족을 모두 귀순시켰습니다. 그런데 이들 민족의 속내를 도무지 알 수 없으므로 오늘 귀순했다가 내일 반란을 꾀할지도 모릅니다. 지금 저들이 귀순한 김에 아예 우리 한인들을 관직에 앉혀 다스리게 하고 단속한다면, 적어도 10년 안에 야만인 이족(夷族) 모두를 한인 호적으로 만들 최상책이 될 것 같은데요."

제갈량이 말했다.

"만일 한인들을 관직에 두면 군사도 두어야 하고, 군사를 남기면 군량 공급이 가장 큰 문젯거리가 될 것입니다. 이족은 지금 우리에게 패하여 죽거나 다친 가족들이 많은 형편입니다. 그런데 우리 한인을 관리로 두고 군사도 두지 않는다면 이곳 백성들은 관리들에게 앙심을 품고 보복할 기회를 노릴 것이니, 그게 두 번째 문젯거리입니다. 이족이 현지 관원들을 죽이고 내쫓은 일이 이미 여러 차례 있었습니다. 그들은 우리와 적이 되는 것을 꺼려하지요. 그런데도 한인을 관리로 둔다면 그들은 더 이상 우리를 믿지 못할 것이니, 이것이 세 번째 문젯거리입니다. 지금 저들의 수장을 관직에 앉힘으로써 군사를 둘 필요도, 군량을 공급할 필요도 없고 여러 제도만 초보적으로 규격화해두면 이족과 한인들 모두 무사할 텐데 뭐가 걱정이겠습니까?"

어렵사리 평정해놓고 왜 하필이면 이족을 관리로 앉히느냐고 이의를 제기하는 사람이 적지 않을 것이다. 하지만 곰곰이 생각해보면 그 지혜에 탄복하지 않을 수 없다.

살다 보면 여의치 않은 일이 허다하다. 실패했더라도 주저앉지 말고 그 원인을 찾고 처음부터 다시 시작할 줄 아는 용기와 지혜를 가져야 하며, 매사가 잘 풀린다고 잘난 척할 필요도 없다. 잘난 척하면 실수가 따른다. '득의망형(得意忘形)'이라는 말이 비하하는 의미로 쓰이는 것도 그와 같은 까닭이다. 제갈량은 그 이치를 알고 있었기에 적당한 때에 물러나는 법을 터득한 것이다.

저명한 음악가 담순(譚盾, 중국의 작곡가 - 옮긴이)은 처음 미국에 갔을 때 호구지책으로 길가에서 바이올린을 켜면서 용돈을 벌어 썼다.

그는 어느 흑인과 함께 은행 출입구 어귀에서 바이올린을 켰다. 그곳은 행인들이 많고 꽤나 북적거리는 거리였다. 그곳에서 한동안 용돈을 모은 담순은 그 흑인과 작별을 고하고 대학에 들어가 공부를 했다.

그로부터 10년이 지난 어느 날, 담순은 우연히 그 은행 앞을 지나가다가 옛 '동료'가 그때까지도 '돈벌이가 좋은' 자리를 굳건히 지키고 있는 모습을 보았다. 그는 여전히 득의만면하고 만족스러워하는 표정이었다.

담순을 발견한 흑인이 하던 일을 멈추고 친절하게 말을 걸어왔다.

"어이, 형씨! 참 오랜만이군. 그래, 요즘은 어디서 돈벌이를 하나?"

담순은 아주 명망 있는 극장의 이름을 대며 그곳에서 연주한다고 말해주었다. 그런데 흑인이 다시 물었다.

"아, 거기! 그곳도 썩 괜찮은 자리지. 돈벌이도 괜찮겠지?"

"그래, 괜찮네. 꽤 짭짤하지!"

담순은 구태여 더 설명하지 않고 자리를 떴다. 그가 이미 세계적으로 유명한 음악가라는 사실을 그 흑인은 알 리 없었다.

담순은 적당한 때에 '돈벌이가 좋은' 자리에서 물러날 줄 알았기에 성공할 수 있었던 것이다.

# 자기 재능을 과신하여
# 방심하지 마라

> **原文** 何曾字穎考, 常侍武帝宴, 退語諸子曰: "主上創業垂統, 而吾每宴, 乃未聞經國遠圖, 唯說平生常事, 後嗣其殆乎? 及身而已, 此子孫之憂也! 汝等猶可獲沒." 指諸孫曰: "此輩必及於亂!" 及綏被誅於東海王越, 嵩哭曰: "吾祖其大聖乎!"

자(字)가 영고(穎考)인 하증(何曾)은 진 무제(武帝) 때 태위(太尉)를 지냈다. 그는 무제가 벌이는 연회에 자주 참석했는데, 한번은 집에 돌아와 아들을 불러 말했다.

"황제폐하가 나라를 세운 이래로 연회에 참석해 언제 한번 나라 안팎의 일이나 군사, 혹은 앞날의 계획 등에 관한 화제를 꺼내는 것을 못 봤느니라. 기껏 한다는 얘기가 자질구레하고 잡다한 것뿐이었다. 아무래도 그 후대가 위험해질 것 같구나. 내 일생이야 그럭저럭 지낼 수 있겠지만 후손들의 장래가 심히 염려되는구나! 그나마 너희 대까지는 무사할 수 있겠다만, 저 아이들은 화를 면치 못하겠으니!"

하증이 손자들을 가리키며 수심에 잠겼다.

훗날 하증의 손자 하수(何綏)가 동해왕 사마월(司馬越)에게 주살되자 또 다른 손자 하숭(何嵩)이 통곡하며 말했다.
"할아버님이야말로 성인이셨구나!"

'하나를 보면 열을 안다'는 속담이 있다. 3대의 운명을 훤히 내다본 하증의 안목에 탄복하지 않을 수 없다. 흔히 세상사는 사소한 일에서 큰일을 예견할 수 있고, 작은 부분에서 미래를 내다볼 수 있다. 때문에 사람은 '편안할 때 위기의식을 갖는' 지혜가 필요하다.

영국에서 있었던 일이다. 여행자 셋이 한 여관에 투숙했는데 아침에 나갈 때 한 사람은 우산을, 한 사람은 지팡이를 챙겨들고 나갔고 다른 한 사람은 맨손으로 나갔다.

그런데 저녁이 되자 우산을 들고 나간 사람은 옷이 흠뻑 젖어서 돌아왔고, 지팡이를 들고 나간 사람은 옷에 흙탕물을 묻혀 돌아왔지만, 맨손으로 나간 사람은 말짱하게 돌아왔다. 두 사람이 말짱하게 돌아온 사람에게 물었다.

"어떻게 자네만 말짱한 거지?"

그러자 그는 대답 대신 우산을 들고 나간 사람에게 먼저 물었다.

"자넨 왜 옷만 젖고 넘어지진 않은 거지?"

"나야 뭐 비가 내리니까 우산을 들고 나오길 잘했다고 생각하고는 우산을 쓰고 걸었지. 질척거리는 길에선 유난히 조심해서 걷다 보니 넘어지진 않았지만, 너무 방심하고 걷다 보니 옷이 흠뻑 젖었더군."

두 번째로 지팡이를 들고 나간 사람에게 물었다.

"그럼 자넨 왜 넘어진 건가?"

"나야 뭐 우산이 없었으니 비가 올 때는 비 피할 곳을 찾아 들어갔지만, 진창길은 지팡이가 있어서 아무 걱정 않고 걷는다는 게 그만⋯⋯."

그제야 맨손으로 나간 사람이 호탕하게 웃으며 말했다.

"나도 결국엔 자네들과 마찬가질세. 비가 내리니 비 피할 곳을 찾아 들어갔고, 진창길을 지날 때면 유난히 조심해서 걸었지. 그래서 젖지도, 넘어지지도 않은 것일세. 자네들은 지팡이와 우산을 믿고 너무 방심했을 테지. 그래서 우산을 든 자넨 비에 젖었고, 지팡이를 짚은 자넨 오히려 넘어진 것 아니겠나?"

우리는 자신의 결함 때문에 넘어지기보다 믿어 의심치 않던 재능에 의지하다 무너지는 경우가 더 많다. 결함은 수시로 우리를 일깨워 주지만, 재능은 우리를 너무 방심하게 만들기 때문이다.

# 요행을 바라면
# 성공은 점점 멀어진다

**原文** 齊人攻魯, 由單父. 單父之老請曰: "麥已熟矣, 請任民出獲, 可以益糧, 且不資寇." 三請而宓子不許. 俄而齊寇逮於麥. 季孫怒, 使人讓之. 宓子蹵然曰: "今茲無麥, 明年可樹. 若使不耕者獲, 是使民樂有寇. 夫單父一歲之麥, 其得失於魯不加強弱; 若使民有幸取之心, 其創必數世不息." 季孫聞而愧曰: "地若可入, 吾豈忍見宓子哉!"

춘추시대 제(齊)가 노(魯)나라를 치게 되었는데, 노의 단부(單父) 지방을 지나가야 했다. 소문을 들은 백성들이 현감 밀자(宓子)를 찾아와 청원했다.

"보리가 다 익었으니 모두들 보리를 수확하게 해주십시오. 그래야 백성들도 식량난을 겪지 않고, 또 놈들 손에 넘어가지도 않을 것 아니겠습니까."

그렇게 세 번이나 청원했지만, 이상하게도 밀자는 끝내 허락하지 않았다.

얼마 후 제나라 군사들이 단부에 이르러 들판의 보리를 싹쓸이하듯 거둬갔다. 그러자 소식을 접한 노나라 상경(上卿) 계손(季孫)이 크게 노하여 밀자에게 사람을 보내 왜 보리 수확을 못하게 했는지 알아오라 했다. 밀자가 말했다.

"올해는 보리가 없지만, 내년에 다시 심으면 되는 일입니다. 하지만 보리를 심어 가꾸지도 않은 사람들로 하여금 공짜로 보리를 얻게 한다면, 그들은 내심 적군이 재차 쳐들어오기만을 기다릴 것입니다. 그래야 일하지 않고도 양식을 얻을 수 있으니까요. 하물며 단부에서 나는 보리는 그 양이 적어 나라의 재력에 큰 영향을 미치지 못합니다. 하지만 나라 백성들로 하여금 일하지 않고도 얻을 수 있다는 요행심리를 갖게 한다면, 그 영향이 몇 대째 지속되어 나라에 막대한 손해를 끼칠 것입니다."

그 말을 전해들은 계손은 낯이 뜨거워져 이렇게 말했다.

"그대의 말을 듣고 보니 내 정말 쥐구멍이라도 있으면 찾아 들어가고 싶소. 내 어찌 다시 그대를 만날 면목이 있겠소?"

 가을걷이를 못하게 한 것은 어찌 보면 적을 도와주는 행위 같지만, 실은 나라의 장래를 생각한 안목 높은 판단이었다.

공짜를 바라는 요행심리는 제일 큰 적이다. 사람 역시 마찬가지다. IBM의 창립자 왓슨(Watson)의 아들이 직원들에게 종종 들려주는 이야기가 있다.

자연을 좋아하는 사람이 매년 가을이면 물오리가 떼지어 남쪽으로 날아가는 장관을 보러 다녔다. 그런데 한번은 무심코 물가에서 사료 한 봉지를 물오리들에게 뿌려주었다. 며칠 후 대부분의 물오리들은 남쪽으로 날아갔지만 사료에 맛을 들였는지, 아니면 남쪽으로 날아가기가 귀찮은지 물오리 몇 마리는 떠날 생각을 하지 않고 사료만 얻어먹더니 아예 그곳에서 겨울을 났다.

몇 년이 지나자 겨울이 와도 남쪽으로 날아갈 생각을 하지 않는 물오리 수가 점점 늘어갔다. 그리고 3~4년이 더 흐르자 오리들 모두 너무 살이 쪄서 날아오르지도 못했다.

이야기를 마치고 난 젊은 왓슨은 이런 말을 덧붙이곤 했다.

"물오리를 집오리로 길들이기는 쉽습니다. 하지만 길들여진 집오리를 다시 날게 하기는 무척 힘들답니다."

왓슨이 이 이야기를 자주 들려주는 것은 직원들로 하여금 인간의 참된 이상을 터득하게 하고, 일하지 않고 쉽게 얻으려는 마음의 폐단을 일깨워주기 위해서였다.

# 힘이 없으면
# 다른 사람에게 기대어라

原文  楚王馬殷既得湖南, 不征商旅, 由是四方商旅輻輳. 湖南地多鉛鐵, 軍都判官高鬱請鑄為錢, 商旅出境, 無所用之, 皆易他貨而去, 國民富饒. 湖南民不事蠶桑, 鬱令輸稅者皆以帛代鐵. 未幾, 民間機杼大盛.

초왕(楚王) 마은(馬殷)은 호남(湖南)을 취한 뒤로 가렴잡세(苛斂雜稅, 가혹하게 억지로 걷어들이는 각종 세금 - 옮긴이)를 받지 않았기 때문에 도처에서 상인과 여행객들이 몰려들었다.

호남지대는 납과 철이 많이 나는 곳이었다. 군도(軍都) 판관 고울(高鬱)이 제안해 납과 철로 돈을 만들었는데, 상인과 여행객은 그 돈을 가지고 가봐야 다른 곳에서 유통되지 않으므로 떠날 때면 모두 물건으로 바꿔가야 했다. 그래서 호남은 점점 부유해졌다.

또 호남 사람들은 뽕과 누에를 취급하는 일이 적었는데, 고울의 제안에 따라 모든 세금을 비단으로 받는다고 했다. 그러자 얼마 후부터는 방직업이 성행했다.

초왕은 현명했다. 그는 상인들이 호남지대로 몰려오게 하고, 재물이 밖으로 빠져나가지 못하게 했다. 다른 사람의 힘을 빌려 자기 실속을 챙기는, '닭을 빌려 알을 낳게 하는 수법'이 핵심이다. 이것 역시 모든 사람들이 추구하는 목표이다.

현재 세계적인 브랜드로 알려져 있는 도요타 자동차는 초창기에 기술력이 뒤떨어졌기 때문에 모든 생산설비와 디자인 등을 미국에서 들여왔고, 포드와 제너럴모터스 엔진을 사용했다. 심지어 프레임까지 포드에서 수입했는데, 그렇게 다른 브랜드의 명성을 빌려 점점 자기 몸값을 올려나갔다.

훗날 도요타에서는 전문 기술 분야의 기능공을 대대적으로 모집하고 브랜드 제품의 여러 성능을 비교·분석하면서 시장 변화와 자동차 가격 등에 따라 기름 소모량이 적은 소형자동차를 연구·제작했다. 미국 자동차업계에서 추구하는 크고 호화로운 자동차와 달리 도요타 자동차는 깜찍하고 연비가 뛰어났기에 일반 시민들의 부담을 크게 덜어주었다. 그래서 도요타 자동차가 시장에 출시되자 미국 시민들의 호평을 받게 되었고, 미처 공급이 달릴 정도로 미국 자동차 시장에 큰 충격을 안겨주었다. 그렇게 도요타는 작은 것에서 큰 것으로, 명실공히 자타가 공인하는 세계 최고의 자동차회사로 거듭날 수 있었다.

이 사례에서 알 수 있듯이, '닭을 빌려 알을 낳게' 하더라도 오직 자기 능력을 키우는 것이야말로 모든 기업의 궁극적인 목표이다. 기업 초창기에 아직 연약한 날개로 살아남으려면 되도록 경쟁 적수를 피하고, 큰 기업의 그늘 밑에서 상대의 명성에 의지하며 혼자서 날아오를 수 있는 힘을 키워나가는 것이 가장 바람직한 방법이다.

# 너그럽게 양보하고
# 미워하지 마라

**原文** 長洲尤翁開錢典, 歲底, 聞外哄聲, 出視, 則鄰人也. 司典者前訴曰: "某將衣質錢, 今空手來取, 反出詈語, 有是理乎!" 其人悍然不遜. 翁徐諭之曰: "我知汝意, 不過爲過新年計耳. 此小事, 何以爭爲?" 命檢原質, 得衣帷四五事, 翁指絮衣曰: "此禦寒不可少." 又指道袍曰: "與汝爲拜年用, 他物非所急, 自可留也." 其人得二件, 嘿然而去, 是夜竟死於他家, 涉訟經年. 蓋此人因負債多, 已服毒, 知尤富可詐, 旣不獲, 則移於他家耳. 或問尤翁: "何以預知而忍之?" 尤翁曰: "凡非理相加, 其中必有所恃, 小不忍則禍立至矣." 人服其識.

장주(長洲)의 우옹(尤翁)은 전당포 주인이었다. 한 해가 저물어가는 어느 날, 갑자기 바깥이 시끄러워 나가보니 이웃집 사람이 소란을 피우고 있었다. 점원이 말해주었다.

"이 사람은 지난번에 옷 보따리를 맡기고 돈을 빌려갔는데, 지금 빈손으로 와서 그걸 찾아가겠다지 뭡니까. 게다가 어디 말이나 좋게 해야죠. 다짜고짜 욕부터 퍼붓는다고요. 세상에 뭐 이런 사람이 다 있는지 원!"

그 이웃집 사람은 그때까지도 험상궂은 얼굴로 씩씩대고 있었다. 우옹이 점잖게 말했다.

"당신 심정을 알 것도 같군. 설이 코앞이라 사정이 어려울 테지. 그렇다고 고만한 일로 성질까지 부릴 건 뭐 있나."

그러고는 점원을 시켜 그가 저당한 옷을 가져오게 했다. 옷가지는 모두 네댓 개쯤 됐는데, 우옹이 솜옷을 가리키며 말했다.

"날이 쌀쌀하니 솜옷은 있어야겠지."

그 다음은 두루마기를 가리키며 말했다.

"나들이를 하려면 두루마기도 있어야겠고, 다른 것들은 뭐 꼭 필요한 것 같진 않으니 그냥 놔두는 게 좋겠군."

이웃사람은 아무 말 없이 건네주는 옷가지만 들고 돌아갔다.

그런데 그날 저녁, 그 사람이 나들이를 간 집에서 죽었다는 소식이 들려왔다. 알고 보니 그 사람은 빚을 너무 많이 져서 갚을 길이 없자 죽기로 결심한 것이었다. 그래서 독약을 먹은 다음, 죽기 전에 돈이나 우려낼 심사로 우옹을 찾아왔다가 뜻을 이루지 못하자 다른 집을 찾아가서 죽은 것이었다. 누군가 우옹에게 물었다.

"어떻게 그 사람의 심사를 미리 알고 보내준 겁니까?"

우옹이 대답했다.

"무릇 까닭 없이 찾아와 시비를 거는 사람은 꼭 그럴 만한 이유가 있는 법, 작은 것을 양보할 줄 모르면 큰 화를 자초하게 되오."

사람은 누구나 살다 보면 껄끄러운 일에 부딪히게 마련이다. 그러나 너그러운 마음으로 대한다면, 그리고 '작은 일을 참지 못하면 큰 화가 미친다'는 말만 기억한다면 껄끄러운 일도 쉽게 모면할 수 있다. 영국에 이런 이야기가 있다.

새로 부임한 목사가 설교를 하는데, 주제가 '네 원수를 용서하라'였다.

설교를 끝낸 목사가 좌중을 둘러보며, 과연 어느 정도의 사람들이 자기 원수를 용서할 수 있는지 물어보았다. 그런데 겨우 절반 정도만 손을 들었다.

이에 목사는 당연히 만족할 리 없었다. 그래서 다시 몇 시간에 걸쳐 설교를 하고 나서 물었다. 이번에는 80퍼센트 정도가 손을 들었다.

목사는 그래도 불만스러웠다. 또다시 주절주절 설교를 하고 나서 물었다. 네 원수를 용서할 수 있는가, 하고.

이제는 몇 시간 동안 설교를 듣느라 주린 창자를 달래기 위해서라도 '원수를 용서'해야 했다. 그래서 거의 만장일치로 손을 들었다. 그러자 목사는 자신의 설교에 무척 만족한 듯한 표정으로 장내를 둘러보는데, 맨 뒷자리의 노인 한 명만 여전히 손을 들지 않는 것이었다. 목사가 불쾌한 목소리로 노인에게 물었다.

"스미스 씨, 당신은 끝까지 원수를 용서할 수 없다는 겁니까?"

노인이 태연하게 대답했다.

"나에게 원수라곤 없습니다."

"그것 참 신기한 일이군요. 댁은 지금 연세가 어떻게 되셨죠?"

"여든여섯이요."

"그럼 앞으로 나오셔서 86년 동안 어떻게 원수 한 명 없이 살아올 수 있었는지 설명해주시겠습니까?"

목사의 말에 노인이 엉거주춤 자리에서 일어서더니 천천히 앞으로 걸어나와 매우 차분하게 말했다.

"아주 간단합니다. 나는 그 사람들보다 오래 살고 있으니까요."

아주 간결하면서도 철학이 담긴 말이 아닐 수 없다. 사람이 죽으면 원한이나 은혜도 사라진다고 한다. 짧디짧은 일생 동안 누굴 미워하며 살면 무엇하겠는가? 유럽에 이런 속담이 있다.

'누군가를 미워하면 제일 먼저 다치는 사람은 자기 자신이다.'

# 하나를 보고
# 열을 아는 안목을 가져라

> 魯定公十五年正月, 邾隱公來朝, 子貢觀焉. 邾子執玉高, 其容仰, 公受玉卑, 其容俯. 子貢曰: "以禮觀之, 二君皆有死亡焉. 夫禮, 死生存亡之體也; 將左右, 周旋, 進退, 俯仰, 於是乎取之; 朝, 祀, 喪, 戎, 於是乎觀之. 今正月相朝而皆不度, 心已亡矣. 嘉事不體, 何以能久! 高仰, 驕也; 卑俯, 替也. 驕近亂, 替近疾. 君為主, 其先亡乎?" 五月公薨. 孔子曰: "賜不幸言而中, 是使賜多言也."

　노(魯)나라 정공(定公) 15년 정월, 주(邾)나라 은공(隱公)이 노나라를 방문했는데 공자의 제자 자공(子貢)이 곁에서 지켜보게 되었다. 주 은공은 옥을 선물하면서 고개를 빳빳이 들고 있었고, 노 정공은 겸손한 표정으로 머리를 조아리며 선물을 받았다. 그 모습을 본 자공이 돌아와 말했다.

　"예의적인 관점에서 볼 때 두 군주 모두 멸망의 징조가 엿보였습니다. 예의를 통해 생사존망을 읽어낼 수도 있습니다. 좌우로 돌아서거나 앞으로 나아가고 뒤로 물러날 때 모두 지켜야 할 예가 있습니다. 배알하고, 제사 지내고, 장례를 치르고, 전쟁 중에서도 예의는 존재합니다. 그런데 지금 정월에 이웃나라 군주를 배알하는 특별한 장소에

서조차 예의를 지키지 못하는 것을 보면 예의는 이미 온데간데없이 사라졌다는 것을 의미합니다. 그런 중대한 국사마저 엉터리로 행하는데, 어찌 나라가 오래도록 번창할 수 있겠습니까? 게다가 머리를 치켜든 것은 교만함의 표현이요, 고개를 떨군 것은 쇠퇴한 표현이니 교만한 자는 머지않아 난을 겪을 것이고, 쇠퇴한 자는 병을 앓을 것입니다. 아마도 노나라 군주가 먼저 죽겠지요."

과연 그해 5월에 노 정공이 죽자 공자가 말했다.

"불행히도 자공의 말이 적중했구나. 이는 자공으로 하여금 너무 말을 많이 하게 한 탓이니라."

작은 일에서 앞날을 예견하고, 하나를 보고 열을 아는 자공의 안목이 돋보이는 이야기다. 일본에는 이런 이야기가 전해진다.

일본의 에이로쿠(永祿) 시대, 호조 우지야스(北條氏康)의 세력이 가장 막강했다. 관동 일대에서 우지야스는 최고의 실력자였다.

한번은 전쟁 중에 장남인 우지마사(氏政)와 함께 식사를 하게 되었다. 전쟁 중이라 식탁에 오른 것은 밥과 국이 전부였다. 그런데 한참 밥을 먹던 우지마사가 두 번째로 밥그릇에 국을 퍼담는 것이었다. 이를 본 우지야스는 자기 식사량도 미리 알지 못하는 아들에 대해 아쉬운 생각이 들었다. 밥을 먹다가 국을 더 뜬다는 것은 안목이 그 정도밖에 되지 않는다는 것을 의미하기 때문이었다.

호조 우지야스의 우려는 마침내 현실로 드러났다. 30년 뒤, 우지마사는 앞날을 내다보는 안목이 부족하여 결국 도요토미 히데요시(豊臣秀吉)에게 포위되어 동생 우지테루(氏照)와 함께 비참한 최후를 맞고 말았다.

　때로 한 사람에 대한 인식은 아주 사소한 데서 나타난다. 국물 한 번 더 뜨는 데서도 그 사람의 미래를 예측할 수 있다.

　오늘날의 일상적인 관계에서도 이런 안목을 터득하여 이용한다면, 적지 않은 손실과 위험을 방지할 수 있을 뿐만 아니라 더 많은 기회를 찾아낼 수 있다.

# 세부적으로 분석하여 핵심을 찌른다

**原文** 湖州趙三與周生友善, 約同往南都貿易. 趙妻孫氏不欲夫行, 已鬧數日矣. 及期黎明, 趙先登舟, 因太早, 假寐舟中. 舟子張潮利其金, 潛移舟僻所沉趙, 而複詐為熟睡. 周生至, 謂趙未來, 候之良久, 呼潮往促. 潮叩趙門, 呼"三娘子", 因問"三官何久不來?" 孫氏驚曰: "彼出門久矣, 豈尚未登舟耶!" 潮複周, 周甚驚異, 與孫份路遍尋, 三日無蹤. 周懼累, 因具牘呈縣. 縣尹疑孫有他敵, 害其夫. 久之, 有楊評事者閱其牘曰: "叩門便叫三娘子, 定知房內無夫也!" 以此坐潮罪, 潮乃服.

호주(湖州) 상인 조삼(趙三)과 주씨(周氏) 성을 가진 선비는 아주 절친한 친구였다.

한번은 두 사람이 남도(南都)로 장사를 하러 가자고 약속했다. 그런데 조삼의 아내 손씨는 남편의 출타를 한사코 말렸다.

약속한 날이 되자 조삼은 아침 일찍 부둣가로 나가 먼저 배를 탔다가, 너무 이른 때인지라 배 위에서 선잠이 들었다. 그러자 조삼이 많은 돈을 지닌 것을 눈치챈 뱃사공은 인적이 없는 곳으로 배를 저어간 다음 조삼을 죽여 물에 던져버렸다. 그리고는 나루터로 돌아와 자는 척했다.

선비 주씨가 도착해 조삼을 기다리느라 한식경이 지났지만, 끝내 나타나지 않자 사공에게 조삼의 집에 한번 가보라고 시켰다. 사공은 조삼의 집 문 앞에서 '삼낭자(조삼의 부인 - 옮긴이)'하고 소리쳐 불러서는, 조삼이 왜 아직도 길을 떠나지 않는가 물었다. 손씨가 깜짝 놀라며 말했다.

"그이는 아침 일찍 나갔는걸요. 여태 배를 타지 않았다고요?"

사공이 돌아가 그 말을 전하자 선비도 이상한 일이라며 부인 손씨와 함께 조삼을 찾아나섰다. 그런데 꼬박 사흘을 찾아다녀도 조삼은 그림자조차 보이지 않았다.

이에 덜컥 겁이 난 선비는 관아를 찾아가 조삼의 실종 사실을 알렸다. 사또는 처음에 손씨가 자기 남편을 죽인 것으로 의심했지만, 이렇다 할 증거가 없어서 어찌하지 못했다.

사건의 전모는 그후 몇 달이 지나서야 밝혀졌다. 대리사(大理寺)의 양씨(楊氏) 성을 가진 평사(評事)가 사건 기록을 살펴보더니 확신에 찬 목소리로 말했다.

"사공이 조삼네 집 문 앞에서 대뜸 '삼낭자'라고 한 것을 보면, 그자는 조삼이 집에 없다는 것을 알고 있었다. 그러므로 범인은 사공이다."

그 즉시 붙잡혀온 사공은 아무 변명도 못하고 자기 죄를 실토하는 수밖에 없었다.

 실생활에서 세부적인 부분은 문제의 핵심을 보여주기도 한다. 따라서 자세히 관찰하고 분석하면 판단력 또한 제고된다. 이런 이야기가 있다.

러시아의 표트르 대제는 강력한 통치력을 지녔을 뿐만 아니라 공업과 상업 분야에서도 비약적인 발전을 이룩하여 18세기 프로이센을 게르만 민족 역사상 가장 힘있는 국가로 만들었다.

소년 표트르는 자신이 커서 프로이센의 왕이 되겠다는 생각이 눈곱만큼도 없었다. 그는 한 나라의 군주가 되면 우선 자유분방하게 맥줏집을 찾아가 맥주를 마실 수 없는데다 자기 마음대로 시장에 나가 사람 구경조차 못하는 생활을 할 것 같아 너무 고독하고 답답할 것이라고 걱정됐다.

어느 겨울날 저녁 무렵, 소년 표트르는 평민 복장으로 몰래 궁을 빠져나가 경찰국장을 찾아갔다. 표트르를 본 경찰국장이 깜짝 놀라 자리에서 일어서며 경례를 붙였다.

"왕자님, 왜 또 혼자 오셨습니까? 혹시나 무슨 사고라도 생기면 저더러 국왕폐하께 어찌……!"

"쉿! 목소릴 낮추세요. 여기선 왕자라는 소리도 하지 말고, 그냥 꼬마친구라고 부르면 됩니다."

"옛, 알겠습니다! 왕자님, 아니, 꼬마친구님."

왕자가 미소를 지으며 말했다.

"그런데 오늘따라 표정이 어두워 보이는데, 무슨 큰 사건이라도?"

국장이 한숨을 길게 내쉬며 대답했다.

"예, 실은 교외에 있는 어느 부잣집 부인이 살해되었답니다. 제보자는 그 집과 100미터쯤 떨어진 곳에 혼자 사는 화가인데, 어제 저녁 7시쯤 책을 빌리러 갔다가 부인의 사체를 발견했답니다. 때마침 그곳을 지나가는 경찰에게 그 사실을 알렸고요. 부검 결과 사망시각은

5시 전후로 추정되는데, 어제는 아침부터 내리던 눈이 오후 4시가 되어서야 그치지 않았습니까. 따라서 그 집은 온통 눈으로 둘러싸여 있었지요. 그런데 이상한 건 눈 위에 그 화가의 발자국말고는 아무런 흔적도 없었다는 것입니다."

왕자가 한참 동안 생각에 잠기는 듯하더니 말했다.

"범인은 다름 아닌 그 화가입니다. 그자가 '도둑이 도둑이야!' 한 거라고요."

"도대체 어째서 그렇다는 말씀인지?"

"화가가 부인을 살해한 시각은 5시 전후입니다. 그는 부인을 살해하고 집에 갔다가 7시쯤 다시 돌아올 때 자기 발자국을 밟으며 부인의 집에 간 겁니다. 그때쯤 경찰이 그곳을 지나간다는 것을 알고 있으니까요. 그러면 화가는 범인이 아니라 제보자가 되었으니 자연스럽게 용의선상에서 벗어나게 되지요."

경찰국장이 비로소 깨달았다는 듯 흥분된 목소리로 부하직원들에게 소리쳤다.

"자, 다들 서두르라고! 살인사건이 해결됐어!"

경찰들이 놀란 눈길로 국장과 왕자를 번갈아 보며 물었다.

"근데, 이 아이는 누구죠?"

"아, 아…… 이분은 왕……."

왕자가 경찰국장보다 먼저 대답했다.

"예, 저는 왕궁 부근에 사는 꼬마친구입니다!"

왕자는 이렇게 세부적인 문제를 분석·판단하는 능력을 갖고 있었기에, 훗날 표트르 대제가 될 수 있었다.

❽ 기만의 책략

# 성실함과 신의는
# 성공의 밑바탕이다

> 原文
>
> 李淵克霍邑. 行賞時, 軍吏擬奴應募不得與良人同. 淵曰: "矢石之間, 不辨貴賤; 論勳之際, 何有等差? 宜並從本勳授." 引見霍邑吏民, 勞賞如西河, 選其壯丁, 使從軍. 關中軍士欲歸者, 並授五品散官, 遣歸. 或諫以官太濫, 淵曰: "隋氏吝惜勳賞, 致失人心, 奈何效之? 且收衆以官, 不勝於用兵乎?"

당 고조 이연(李淵)이 곽읍(霍邑)을 점령하고 공에 따라 여러 장수와 병졸들에게 상을 주는데, 한 관리가 노복들이 출전하여 목숨 걸고 싸우는 것은 당연하므로 그들에게 귀한 집 장수들과 똑같은 상을 내리는 것은 부당하다고 진언했다. 그러자 이연이 말했다.

"화살이 빗발치는 전장에서 귀하고 비천함이 어디 따로 있으며, 공에 따라 상을 주는데 등급 차별이 어디 있느냐? 일률로 공에 따라 상을 주도록 하라."

그리고 서하(西河)에서 곽읍의 관리와 백성들을 접견했는데, 음식과 상을 서하 사람들과 똑같이 나눠주었다. 그리고 장정들 중에서 병사를 선발했는데, 장수나 병졸로 있다가 고향으로 돌아가겠다는 이들에게는 모두 5품 산관(散官)직을 주어 보냈다. 이를 못마땅히 여긴 수하들이 과분하지 않느냐고 물으면 이연은 이렇게 대답했다.

"수 양제는 관직과 상에 너무 인색하여 인심을 잃었다. 나더러 수양제처럼 인색하게 굴란 말이냐? 하물며 관직으로 인심을 사는 것이 무력으로 그들을 정복하기보다 상수임에랴!"

상은 공로에 따라 주는 것이지 사람을 봐가며 주는 것이 아니다. 이연은 1,000여 년 전에 이를 터득하고 실천했다. 그가 당의 개국황제가 된 것은 결코 우연이 아니다.

성실함과 신의는 모든 사물의 기본이요, 이 두 가지 없이는 어느 것도 담론할 수 없다.

이우에 도시오(井植歲男)는 제2차 세계대전 후 회사를 설립, 산요 전기를 세계적인 기업으로 성장시킨 입지전적인 인물이다. 그런 이우에 역시 창립 초기에는 많은 어려움을 겪었다. 힘든 여건에서도 그가 성공할 수 있었던 것은 성실함과 신의 덕분이었다.

창립 초기에 산요는 장치식 램프를 개발했는데, 시험판매를 통해 소비자들의 반응을 확인하고 나서 곧바로 대량 생산에 들어갔다. 그런데 제품이 생산되어 품질검사를 하던 이우에는 램프를 장착할 부위의 지축이 부러져 있는 것을 발견했다. 사안이 사안인지라 엔지니어들을 불러다 제품들을 검사해보니 절반 이상의 지축이 부러져 있었다.

때는 이미 신문에 제품 출시일까지 홍보해놓은 상황이었다. 바로 얼마 전에는 자금난으로 부도 위기를 겨우 넘겼는데, 제품 출시를 코앞에 두고 이렇게 치명적인 문제가 발생한 것이었다. 이우에 도시오는 등골이 오싹해졌다.

불량제품은 1만여 개로 두 달간의 생산량이었다. 이제 어떻게 할 것인가? 속임수를 써서라도 출시할 것인가, 아니면 전부 폐기하고 재생산에 돌입할 것인가? 이우에 도시오는 고민에 고민을 거듭하지 않을 수 없었다. 나중에야 어찌되든 일단 내다 팔면 눈앞의 자금난을 해결할 수는 있겠지만, 그건 회사의 신의와 이미지에 먹칠하는 행위였다. 이우에 도시오는 마침내 모든 제품을 폐기처분하기로 마음먹었다.

이튿날 석간신문에는 산요 전기의 회장 이우에 도시오가 소비자들에게 정중히 사과하는 광고가 실렸다.

'여러분이 오랫동안 기다려온 장치식 램프가 품질검사 과정에서 불량제품이 일부 발견되어 예정대로 출시하지 못하게 되었음을 알려드리며, 소비자 여러분께 정중히 사과드립니다!'

그 광고는 많은 사람들의 주목을 받았다. 소비자의 신의를 중시하는 산요 전기의 기업철학을 높이 샀으며, 제품이 출시될 그날을 기대한다고 전화를 걸어오는 대리점도 있었다. 그로부터 몇 달 뒤 클레임을 해결한 제품이 출시되자 날개돋친 듯 팔려나갔고, 산요 전기도 나날이 번창해갔다. 산요 전기는 신의를 중시함으로써 램프 품질 클레임이라는 악재를 오히려 브랜드 제고의 기폭제로 활용했다.

시장은 공정한 것, 신의는 곧 기업의 생명이다.

# 순간의 선택이
# 내일의 삶을 좌우한다

公孫儀相魯, 而嗜魚, 一國爭買魚獻之, 公孫儀不受. 其弟諫曰: "夫子嗜魚而不受者, 何也?" 對曰: "夫唯嗜魚, 故不受也. 夫旣受魚, 必有下人之色, 將枉於法; 枉於法, 則免於相; 免於相, 雖嗜魚其誰給之? 無受魚而不免於相, 雖不受魚, 能長自給魚. 此明夫恃人不如自恃也!"

공손의(公孫儀)는 춘추전국시대 노(魯)나라 상국을 지냈는데, 그는 물고기를 아주 좋아했다. 그래서 많은 이들이 앞다퉈 물고기를 들고 찾아왔는데, 상국은 한사코 받지 않았다. 어느 날 동생이 찾아와 연유를 물으니 공손의는 이렇게 대답했다.

"나는 물고기를 좋아하기 때문에 물고기를 받아두지 않는 것이다. 다른 사람들이 가져다주는 물고기를 받아두면 그 대가로 뭔가를 해줘야 하고, 그러다 보면 정에 얽매여 법에 어긋나는 일도 하게 되고, 법을 어기면 내 자리에서 물러나야 할 것이니, 그리되면 아무리 물고기를 좋아한들 누가 또 물고기를 가져다주겠느냐. 그런데 사람들이 가져다주는 물고기를 받지 않으면 내 자리에서 물러나지 않아도 되고, 저들이 가져다주는 물고기를 먹지 못해도 내 손으로 오랫동안 물고기를 사먹을 수 있지 않겠느냐. 다른 이들에게 의지해 사느니 나 자신을 믿고 떳떳이 사는 것이 훨씬 더 낫지 않겠느냐."

 공손의는 청렴하기로 이름난 재상이다. 그런데 여기서 말하려는 바는, 한 사람의 일생은 그 선택에 따라 달라진다는 것이다.

공손의는 물고기를 좋아하지만, 그것을 먹는 방법이 잘못되었다면 더 이상 물고기 구경조차 못했을지도 모른다. 사람은 살아가면서 선택의 갈림길에 놓이는 경우가 허다하다. 돈을 좋아하는 사람은 돈 때문에 평생 돈과 인연이 끊어질 수 있고, 어쩌면 목숨까지 버리는 수도 있다. 권세를 좋아하는 사람 또한 권세 때문에 빈털터리가 될 수 있다. 인간의 운명이란 어찌 보면 자기 스스로 선택하는 것일지도 모른다.

세 사람이 3년형을 선고받고 감옥에 갇혔는데, 교도소장은 그들에게 수감기간 동안 갖고 싶은 것을 한 가지씩 선택하라고 했다.

그러자 미국인은 담배를 좋아했으므로 시가 세 박스를 요구했고, 프랑스인은 로맨틱하게 미모의 여성 한 명을 요구했다. 그리고 유대인은 외부와 연락할 수 있는 전화기를 요구했다.

그리고 3년 후, 맨 처음 감옥에서 뛰쳐나온 사람은 미국인이었다. 그는 입에는 물론 콧구멍에까지 시가를 틀어박고 큰 소리로 외쳤다.

"불을 주시오, 불을! 어서!"

그는 시가만 생각하고 담뱃불을 생각하지 못했던 것이다.

다음으로 프랑스인이 나왔는데, 두 살배기 아이의 손을 잡고 있었다. 그와 함께 나온 여자도 아기를 안고 있었는데, 배도 만삭이었.

그런데 맨 나중에 나온 유대인이 교도소장의 손을 덥석 잡으면서 말했다.

"소장님, 정말 고맙습니다. 당신 덕분에 난 그동안 줄곧 외부와 연락을 주고받아서 내 사업을 200퍼센트 성장시킬 수 있었습니다. 감사의 뜻으로 소장님께 롤스로이스 한 대를 선물하겠습니다!"

어떤 선택을 하느냐에 따라 그에 걸맞은 삶이 주어진다. 오늘날 우리는 자기 삶을 스스로 선택하고 결정할 수 있다. 그리고 그 선택은 내일의 삶을 좌우한다.

# 선견지명의 안목

| 先見之明의 眼 |

마음의 여유가 없으면 어떤 일을 해도 술술 풀리지 않고 뭔가에 쫓겨다니는 듯한 압박감을 느끼게 된다. 또 아무런 계획 없이 무작정 다른 사람들을 따라다니다 보면 어느 순간 마음 한구석이 공허해지기도 한다. 앞날을 내다볼 줄 아는 사람은 특출한 능력의 소유자가 아니다. 현재 자기에게 주어진 일을 충실히 수행하는 가운데 선견지명의 안목이 자연스럽게 생기는 것이다.

# 상대의 재능과 됨됨이를 읽는 통찰력을 길러라

**原文** 寧戚, 衛人, 飯牛車下, 扣角而歌. 齊桓公異之, 將任以政. 群臣曰: "衛去齊不遠, 可使人問之, 某賢, 用未晚也." 公曰: "問之, 患其有小過, 以小棄大, 此世所以失天下士也!" 乃擧火而爵之上卿.

위(衛)나라 사람 영척(寧戚)은 소몰이꾼이었는데, 소에게 여물을 줄 때마다 뿔을 툭툭 치면서 노래를 흥얼거렸다. 제 환공(桓公)이 이를 보고 비범하게 여겨 그에게 나랏일을 맡기려 하자 중신들이 간언했다.

"이곳에서 멀지도 않은데 먼저 위나라에 사람을 보내 자세히 알아본 다음에 좀더 신중하게 생각해보셔도 늦지 않을 거라 여겨집니다."

"사람을 보내 알아보려다가 그의 사소한 흉허물이라도 들춰내게 된다면 중용하지 못할 것 아니겠는가? 그러면 결국 작은 흠집 때문에 보기 드문 인재를 잃을 것인즉, 그것이 바로 세상 사람들이 천하에 널려 있는 인재를 얻지 못하는 까닭이니라."

그러고는 곧바로 영척을 불러들여 연회를 베풀고 상경으로 추대했다.

제 환공이 춘추 5패(覇) 가운데 으뜸으로 꼽히는 것은 그의 용인지도 때문이다. 제 환공은 과거에 자신의 원수였던 관중(管仲)을 재상 자리에 앉힐 만큼 대담했다. 영척을 발탁한 것 역시 그의 안목이 비범함을 입증해준다. 즉 인재를 기용하는 데는 대범하고 너그러워야지 사소한 흠집 같은 걸 문제삼지 말아야 한다는 것이 그의 명확한 원칙이었다. 이러한 도량은 아무나 갖추지 못한다. 천고의 기재로 칭송하는 제갈량만 봐도 알 수 있다. 그는 위연(魏延)의 자오곡(子午谷)을 에돌아 장안을 치자는 합리적인 제안을 무시했기 때문에 여섯 번이나 기산(祈山)에 출정했지만 결국 패배하는 치명적인 오점을 남겼다. 진정 한 사람을 알아보고 그의 재능을 읽어내려면 심오한 통찰력이 요구된다.

17세기에 활동한 루벤스는 귀족 출신 화가로, 그 명성이 자자했다. 그의 집안 노예들 중에 반 다이크라는 청년이 있었는데, 그림에 타고난 자질을 갖고 있었다. 루벤스가 제자들을 가르칠 때면 반 다이크는 문 밖에서 몰래 훔쳐보며 그림 공부를 했다.

어느 날 저녁, 남몰래 주인의 화실에 들어간 반 다이크는 붓 한번 마음껏 휘둘러볼 요량으로 그림을 그리기 시작했는데 너무 열중하다 보니 루벤스와 그의 귀족 친구들이 뒤에서 지켜보는 것도 전혀 눈치채지 못했다. 루벤스 또한 반 다이크의 붓 아래서 살아 꿈틀대는 현란한 색채에 현혹되어 숨을 죽인 채 지켜보기만 했다. 드디어 마지막 붓을 힘있게 찍고 나서 몸을 일으키던 반 다이크는 그제야 자기 주인을 발견하고 납작 엎드렸다. 노예 신분으로 주인의 화실에 몰래 들어와 어지럽혔으니 죽어 마땅한 죄를 지은 것이었다.

루벤스의 귀족 친구들은 루벤스가 과연 이 상황을 어떻게 처리할지 무척 궁금하다는 듯이 수군거렸다. 그런데 루벤스는 그 자리에서 반 다이크를 노예 신분에서 해방시켜주었을 뿐만 아니라 그를 자신의 수제자로 받아들이겠다고 했다.

이 일은 귀족사회에 큰 파문을 일으켰고, 그후로 루벤스는 귀족 친구들의 멸시를 받아야 했다. 이젠 루벤스의 그림을 사겠다는 사람도 없었다. 그러나 루벤스는 대수롭지 않다는 듯이 씩 웃으며 말했다.

"반 다이크가 장차 내 제자들 중에서 가장 훌륭한 화가가 되리라는 것을 고루한 편견주의자들이 알 턱이 없지."

그로부터 300년 후, 한 역사학자는 이 이야기를 거론하면서 자신의 관점 두 가지를 덧붙였다.

첫째, 사실이 증명하다시피 한 사람의 운명을 개척할 수 있는 것은 그 자신의 재능이다. 반 다이크가 이를 증명해 보였다.

둘째, 후세들의 추앙을 받으려면 역사를 뛰어넘는 명작보다 훌륭한 인격을 갖추는 것이 더 중요하다. 루벤스가 이를 입증했다.

지금 이탈리아의 한 미술관이 소장하고 있는 반 다이크의 작품은 그의 스승인 루벤스의 작품과 나란히 걸려 있다. 두 사람의 그림은 모두 천문학적인 가격에 거래되고 있다.

이탈리아 사람들은 이렇게 말한다.

"그들 두 사람은 17세기를 대표하는 가장 걸출한 화가입니다. 그들은 스승과 제자였지만 똑같이 위대한 사람들입니다. 루벤스를 바보 취급하고, 그의 그림을 사지 않았던 사람들이야말로 가장 천박한 바보들이 아니겠습니까. 저 세상에서 알면 통탄할 일이죠."

# 107

# 관찰력은 갈고 닦을수록 예리해진다

> 原文 王戎年七歲時, 嘗與諸小兒遊矚. 見道旁李樹, 有子折枝, 諸小兒競走之, 唯戎不動. 人問之, 答曰: "樹在道旁而多子, 此必苦李." 試之果然.

왕융(王戎)이 일곱 살 때의 일이다. 한번은 동네 아이들과 어울려 놀다가 길가의 자두나무에 가지가 휘도록 달려 있는 자두를 발견했다. 아이들이 너도나도 달려가 자두를 따먹으려고 매달렸지만, 왕융만은 그 자리에서 꼼짝하지 않았다.

이에 행인이 '넌 왜 가만히 있느냐?'고 묻자 왕융이 대답했다.

"길가의 자두나무에 저렇게 가지가 휘도록 달려 있으니, 저건 분명 쓴 자두일 겁니다."

행인이 미심쩍어하며 자두 하나를 따서 맛보았더니, 과연 쓰고 떫어서 먹을 수가 없었다.

왕융은 어려서부터 천재로 유명했다. 그는 자두가 쓰다는 것을 먹어보지도 않고 어떻게 알았을까? 뛰어난 관찰력과 판단력을 지녔기 때문이다. 사실, 알고 보면 간단한 논리다. 길가의 자두나무에 자두가 주렁주렁 달려 있는 건 그 자두가 맛이 없기 때문이다. 맛있는 자두라면 남아 있을 리 없지 않은가.

관찰력은 어려서부터 훈련하는 것이 좋다. 많이 관찰하고 분석하다 보면 왕융과 같은 판단력을 갖게 된다. 이런 일화가 있다.

어느 화창한 날, 프랑스의 탐정소설가 조르주 심농(George Simenon)이 친구와 함께 샹젤리제 거리를 거닐고 있었는데 심농이 갑자기 신들린 듯 휘파람을 불면서 큰 소리로 떠들었다.

"거참! 섹시한 여자로군!"

친구가 주위를 두리번거리며 물었다.

"누구 말인가? 내 눈엔 젊은 친구 몇밖에 안 보이는데?"

"우리 바로 뒤에 있는 여자 말일세."

친구가 뒤를 힐끔 돌아보고는 깜짝 놀라며 말했다.

"아니, 자넨 뒤통수에 눈이라도 붙었는가?"

그러자 심농이 천연덕스럽게 대답했다.

"아니, 그런 건 없어. 단지 난 우리 앞에 있는 저 젊은 친구들의 눈길에서 그녀를 본 거야."

아름다움에 반하는 것은 누구나 마찬가지다. 심농은 젊은이들의 황홀한 눈빛을 통해 뒤쪽 여인의 외모를 읽어냈다. 즉 관찰력이 예리하면 뒤통수에 눈이 달린 것과 마찬가지인 셈이다.

# 108

# 사소한 것에서
# 음모를 밝혀낸다

> **原文** 亮出西苑, 方食生梅, 使黃門至中藏取蜜漬梅, 蜜中有鼠矢. 亮問主藏吏曰: "黃門從汝求蜜耶?" 曰: "向求之, 實不敢與." 黃門不服, 左右請付獄推, 亮曰: "此易知耳!" 今破鼠矢, 裏燥. 亮曰: "若久在蜜中, 當濕透, 今裏燥, 必黃門所為!" 於是黃門首服.

오(吳)나라의 군주 손량(孫亮)이 야유회를 갔다. 때마침 황매(黃梅) 철이었다. 손량은 환관에게 궁에 가서 황매를 담글 꿀을 가져오라 일렀다. 그런데 가져온 꿀단지에 쥐똥이 들어 있었다. 손량은 곧 창고지기를 불러 물었다.

"저 내시가 자네에게 꿀을 달라고 한 적이 있는가?"

창고지기가 몸둘 바를 몰라하며 대답했다.

"예, 그런 적이 있긴 했습니다만, 제가 어찌 내어줄 수 있겠습니까."

그러자 옆에서 듣고 있던 환관은 자기가 언제 그랬냐며 딱 잡아뗐다. 이에 신하들이 형부(刑部)에서 조사케 하자고 고하자 손량이 말했다.

"쉽게 밝혀질 일인데, 그럴 것까지야……."

그러고는 꿀단지에 들어 있는 쥐똥을 꺼내 쪼개보라고 했는데, 그

속은 말라 있었다.

손량이 말했다.

"오랫동안 꿀에 박혀 있던 쥐똥이라면 속까지 젖어 있을 텐데, 이렇게 말라 있는 걸 보면 저 내시가 방금 전에 집어넣은 게 아니겠는가?"

환관은 더 이상 변명하지 못하고 선선히 자기 죄를 털어놓았다.

손량은 손권(孫權)의 아들로, 훗날 오나라의 황제가 되었다. 간신배들의 농락과 권력쟁탈전이 없었다면 그는 훌륭한 제왕이 되었을 것임에 틀림없다.

손량에 비해 루스벨트는 행운아인 셈이다. 루스벨트는 변호사 출신으로 미국 역사상 연거푸 네 번이나 대통령에 추대되었다. 다음은 한때 그가 탐정생활을 하고 있을 적의 이야기다.

어느 겨울날 저녁, 카인 박사가 전화를 걸어왔다.

"루스벨트 선생, 마야 문명시대의 황금가면을 도둑맞았소. 지금 당장 비서를 보낼 테니 한시라도 빨리 우리 연구소로 와주시오."

두 시간 후, 젊은 비서가 몰고 온 승용차를 타고 가는데 비서가 루스벨트에게 말했다.

"도둑맞은 가면은 멕시코 유카탄 반도에 있는 고대 마야 피라미드 안에서 발견된 것입니다. 카인 박사가 그것을 연구하려고 억만장자에게 겨우겨우 사정해서 빌려온 건데……."

연구소에 도착하니 어느새 11시가 되어 있었다. 오는 도중 길에서만 한 시간 반을 허비한 셈이었다.

"박사님은 2층 연구실에 계십니다. 여기서 잠깐 기다리시면 제가 모셔오겠습니다."

그 말을 남기고 비서는 곧 2층으로 올라갔다.

그런데 루스벨트가 미처 의자에 앉기도 전에 2층에서 비명소리가 들려왔다.

"맙소사! 박사님, 박사님이 자살하셨어요!"

루스벨트가 황급히 2층으로 뛰어올라가 보니 카인 박사는 천장에 매달린 밧줄에 목을 맨 채 죽어 있었고, 바닥에는 발판으로 썼을 의자가 나동그라져 있었다.

비서가 창백한 얼굴로 루스벨트를 돌아보며 말했다.

"아마도 가면을 도둑맞은 충격을 견디다 못해 자살을 택하신 모양입니다."

루스벨트가 카인 박사의 얼굴과 손을 만져보고는 이상하다는 듯이 말했다.

"그런데 사체가 아직 따뜻하군!"

난방이 되지 않아 방 안이 몹시 추운데, 이상하게도 사체는 살아 있는 사람의 체온과 엇비슷했다.

"방금 전에 자살하신 모양입니다."

"음, 이 정도 체온이라면 죽은 지 한 시간도 안 되었을 거요. 그런데 유서 같은 거라도 없을까?"

루스벨트가 중얼거리며 카인 박사가 입고 있던 흰 가운 호주머니에 손을 넣고 더듬더니 은박지로 싼, 다 녹아버린 초콜릿 한 조각을 꺼냈다.

그 초콜릿을 들여다보며 한동안 생각에 잠겨 있던 루스벨트가 갑자기 비서를 가리키며 말했다.

"바로 당신이 범인이군! 당신이 차를 몰고 오기 전에 이미 박사를 살해해 목을 맨 것처럼 꾸민 것이오. 그러고 보면 가면을 훔친 사람도 영락없이 당신이겠군!"

"아니, 세상에 어찌 그런 험담을……!"

비서가 항의하는 목소리로 말했다.

"제가 선생을 모시러 갔다오는 데만 세 시간이 걸렸습니다. 제가 박사님을 죽였다면 사체는 진작에 싸늘하게 식어 있어야 할 것 아닙니까. 게다가 여긴 난방도 되지 않는 방인데, 사체가 어떻게 지금껏 식지 않을 수 있단 말입니까?"

그러자 루스벨트가 벽에 있는 소켓을 가리키며 말했다.

"그 답은 저기 있소. 당신은 사실을 은폐하기 위해 아주 교묘한 수법을 사용했지!"

루스벨트가 밝혀낸 사건의 전모는 이러했다.

카인 박사가 루스벨트에게 전화한 직후 그를 살해한 비서는 박사가 목을 매고 자살한 것처럼 꾸며놓고 사체를 전기담요로 꽁꽁 싸놓았다. 그리고 루스벨트를 데려와서는 1층 거실에서 기다리게 하고, 혼자 2층으로 올라가 사체를 싸맸던 전기담요를 풀어냈다. 그래서 사체가 그때까지 식지 않았던 것이다.

하지만 비서는 박사의 가운 호주머니에 들어 있는 초콜릿을 미처 발견하지 못했다. 초콜릿이 녹아 있다는 것은 사체가 뜨거운 뭔가에 둘러져 있었음을 의미한다. 마침 박사의 방에는 전기담요가 있었다. 그 작은 실수가 비서의 음모를 낱낱이 밝혀낸 셈이었다.

109

# 상황에 따라
# 유연하게 대응하라

原文　世宗時, 倭蹂東南, 撫按亟告急請兵. 職方郎謂: "兵發而倭已去, 誰任其咎?" 尚書惑之. 階相持不可, 則以羸卒三千往. 階爭之曰: "江南腹心地, 捐以共賊久矣. 部臣於千裏外, 何以遙度賊之必去, 又度其去而必不來, 而阻援兵不發也. 夫發兵者, 但計當與不當耳. 不當發, 則毋論精弱皆不發, 以省費; 當發, 則必發精者以取勝, 而奈何用虛文塗耳目, 置此三千羸卒與數萬金之費以喂賊耶!" 尚書懼, 乃發精兵六千, 俾偏將軍許國、李逢時將焉. 國已老, 逢時敢深入而疏, 驟擊倭, 勝之, 前遇伏潰. 當事者以發兵為階咎, 階複疏雲: "法當責將校戰而守令守, 今將校一不利輒坐死, 而府令優然自如. 及城潰矣, 將校複坐死, 而守令僅左降, 此何以勸怨也! 人能使民者, 守令也, 今為兵者一, 而為民者百, 奈何以戰守並責將校也. 夫守令勤, 則糧餉必不乏; 守令果, 則探哨必不誤; 守令警, 則奸細必不容; 守令仁, 則鄉兵必為用. 臣以為重責守令可也."

　　명나라 세종(世宗) 때, 동남 연해에서 왜구가 자꾸 소란을 피워서 순무사(巡撫使)가 몇 번씩 조정에 도움을 청했으나 병부상서 방랑(方郎)의 대답은 애매하기 그지없었다.
　　"우리 군사가 도착하면 놈들은 곧 철수할 텐데, 누가 그 책임을 진단 말이오?"

서계(徐階)는 병부상서의 우유부단함을 못마땅해했고, 둘 사이에 갈등이 생기자 병부상서는 하는 수 없이 눈가림이나 하려는 속셈으로 약졸 3,000명을 보내려 했다. 그러나 서계가 한사코 반대하고 나섰다.
　"강남은 조정의 요충지요. 우리가 그곳을 왜구들에게 방치해둔 지도 너무 오래되었소. 조정에 앉아 있으면서 어찌 천리 밖에 있는 왜구가 선선히 물러갈 거라 장담한단 말이오? 설사 물러간다 한들 다시 오지 않으리라는 보장이 없소. 병사를 보내지 않으려면 정예군이든 약졸이든 일절 보내지 말아야 경비를 낭비하지 않을 것이고, 파병하려면 애초부터 정예군을 보내 놈들을 쫓아버려야 하오. 생색이나 내자고 약졸 3,000명을 보낸다는 것은 저들을 죽음으로 내모는 것이요, 괜히 군량이나 낭비하는 일 아니겠소!"
　그 말에 더럭 겁이 난 병부상서는 정예군 6,000명을 선발하고, 허국(許國)과 이봉시(李逢時)를 장수로 보냈다. 비록 허국은 늙은 몸이었지만, 이봉시는 젊고 패기가 넘치는 장수인지라 적절한 기습으로 적군을 패퇴시켰다. 그런데 적을 추격하다가 그만 매복에 걸려 크게 패하고 말았다.
　그러자 소식을 전해들은 조정에서는 잘못된 파병이었다며 서계를 몰아붙였다. 이에 그가 글을 올렸다.
　'이 일은 마땅히 주현(州縣)의 수령들을 질책해야 합니다. 장수들이 목숨을 바쳐 싸우는 동안 그들은 뭘 하고 있었단 말입니까? 성이 떨어지면 장수들은 사형을 받지만 주현의 관리들은 고작 직위만 내려갈 뿐입니다. 이처럼 불합리한 정책이 어찌 올바른 상벌이 될 수 있겠습니까? 백성을 다스릴 수 있는 사람은 주현의 관리들입니다. 지금

나라에는 백성 100명에 군사 한 명꼴입니다. 그런데 전쟁과 변방 수호의 책임을 어찌 장수들에게만 묻는단 말입니까? 수령이 부지런하면 군량이 부족하지 않을 것이고, 수령이 과단성 있으면 적정도 제때에 파악할 수 있을 것이며, 수령이 경각심을 늦추지 않는다면 첩자가 기어들 틈이 없을 것이고, 수령의 덕망이 높다면 백성들도 들고일어나 군과 합세해 적을 물리칠 것입니다. 고로 신은 수령에게 죄를 물어야 한다고 생각합니다.'

 서계는 관직이 수보(首輔), 즉 재상에 해당하는 자리에 있으면서 나랏일을 법대로 집행해야 했지만 관례를 깨뜨리고 처형당하게 된 장수들을 변호했다. 이는 법을 무시하는 행위가 아니라 실제 상황에 맞게 처우한 것이다.

일을 처리함에 있어 지나친 원칙주의는 결코 좋은 것이 아니다. 유연하게, 상황과 경우에 맞게 대처할 줄 알아야 한다.

유럽의 어느 성당에 예수님이 못박혀 있는 십자가가 있었다. 그 조각상은 실제 사람과 비슷한 크기였는데, 무슨 일이든 기도를 하면 소원이 이루어진다고 소문이 났다. 그래서 먼길 마다하지 않고 기도하러 오는 사람들로 항상 북적거렸다. 마침 그 성당에 문지기가 있었는데, 그는 예수님이 사람들의 소원을 들어주느라 날마다 그렇게 못박혀 있는 모습이 너무 안쓰러웠다. 그래서 예수님의 고통을 덜어드리는 것이 그의 소원이었다.

그날도 문지기는 예수님께 자신의 소원을 빌었는데, 갑자기 예수님이 입을 열고 말씀하시는 것이었다.

"정 그것이 소원이라면 좋다! 그럼 내가 내려가서 문지기를 할 테니 네가 이곳에 못박혀 있거라. 하지만 뭘 보거나 듣더라도 절대 입을 열지 않는다고 약속해야 한다."

문지기는 그 정도쯤은 아주 쉬울 거라 여기고 즉시 대답했다. 그래서 예수님이 십자가에서 내려오는 대신 문지기가 십자가에 올라가 두 팔을 벌리고 고개를 떨구었다. 워낙 사람 크기와 비슷한 조각상이라 아무도 의심하는 사람이 없었다. 그리고 문지기는 말 한마디 없이 묵묵히 사람들의 소원만 들어주었다.

기도를 하러 오는 이들 중에는 별의별 사람이 다 있었다. 꽤 합리적인 소원도 있었고 억지소원도 있었으며, 듣도 보도 못한 해괴한 소원도 있었다. 하지만 그는 아무리 웃기는 소원이어도 터져나오는 웃음을 꾹꾹 누르며 용케도 참아냈다. 약속을 지켜야 했기 때문에.

하루는 한 부자가 기도를 하고 돌아가면서 그만 지갑을 놓아두고 갔다. 문지기는 그를 불러세우고 싶었지만 꾹 참았다. 얼마 후 행색이 초라한 사람이 찾아왔는데, 무척이나 허기져 보였다. 그가 꿇어앉아 제발 은혜를 베풀어달라고 기도하고 돌아서다가 그 지갑을 줍게 되었다. 열어보니 돈이 가득 들어 있는지라 정말 소문대로 영험한 성당이라며 기쁨에 겨워 돌아갔다. 문지기는 그를 불러세우고 지갑의 임자를 찾아 돌려줘야 한다고 소리치고 싶었지만, 꾹 참았다.

이번에는 한 청년이 찾아왔는데 배를 타는 선원인지 무사히 출항하기만을 기도했다. 그런데 청년이 기도를 마치고 몸을 돌리려는 순간, 갑자기 그 부자가 들어오더니 다짜고짜 멱살을 잡으며 자기 지갑을 내놓으라고 으르렁댔다. 영문을 모르는 청년이 가만있을 리 없었다. 두 사람은 옥신각신 말다툼을 벌였다.

그쯤 되자 문지기는 더 이상 가만히 보고 있을 수 없었다. 끝내 입을 열고 자초지종을 설명해주자 부자는 행색이 초라한 사람을 찾아 나섰고, 청년은 출항시각에 늦을까봐 부랴부랴 그곳을 떠났다. 그때까지 문지기로 꾸미고 있던 예수님이 문지기에게 말했다.

"거기서 내려오게. 자넨 거기 서 있을 자격이 없어."

"왜요, 전 사실을 말한 거잖아요. 이렇게 공정한 일처리도 안 된단 말씀입니까?"

"자네, 공정한 것이 뭔지나 알고 하는 말인가?"

"?"

"그 부자는 자기 지갑에 들어 있던 돈이 없어도 사는 데 아무 지장이 없어. 그저 멋이나 부리며 여기저기 뿌리고 다니는 돈이지. 하지만 가난한 사람은 그 돈으로 온가족의 생계를 해결할 수 있단 말이네. 그리고 제일 불행한 건 그 청년이야. 둘이 실랑이를 벌이도록 조금만 더 놔두었다면, 청년은 이제 곧 침몰하게 될 배에 타지 않았을 테니까 말이네."

우스운 이야기처럼 들리겠지만, 정의와 평화를 위해 가끔은 적당히 거짓말을 해도 유익하다. 이것이 선의의 거짓말이다. 객관적인 사실을 대하는 데 너무 원칙적인 잣대를 들이대면 폐단이 될 수 있다. 상황에 맞는 유연성도 반드시 필요한 것이다.

# 내 안의 잠재력을
# 흔들어 깨워라

**原文** 東越閩中有庸嶺, 高數十裏, 其西北隰有大蛇, 長七八丈, 圍一丈. 土俗常懼. 東冶都尉及屬城長吏多有死者. 祭以牛羊, 故不得禍. 或與人夢, 或喻巫祝, 欲得童女年十二三者. 都尉·令長患之. 共求人家生婢子兼有罪家女養之, 至八月朝祭送蛇穴口, 蛇輒夜出吞齧之. 累年如此, 前後已用九女. 一歲將祀之, 募索未得. 將樂縣李誕家有六女, 無男, 其小女名寄, 應募欲行. 父母不聽, 寄曰: "父母無相留, 今唯生六女, 無有一男, 雖有如無. 女無緹縈濟父母之功, 既不能供養, 徒費衣食. 生無所益, 不如早死. 賣寄之身, 可得少鈔以供父母, 豈不善耶?" 父母慈憐不聽去, 終不可禁止. 寄乃行, 請好劍及咋蛇犬. 至八月朝, 懷劍將犬詣廟中坐. 先作數石米餈蜜麨, 以置穴口. 蛇夜便出, 頭大如囷, 目如二尺鏡, 聞餈香氣, 先啗食之. 寄便放犬, 犬就齧咋. 寄從後斫蛇, 因踴出, 至庭而死. 寄入視穴, 得其九女髑髏, 悉舉出, 咤言曰: "汝曹怯弱, 為蛇所食, 甚可哀湣!" 於是寄女緩步而歸. 越王聞之, 聘寄為後, 拜其父為將樂令, 母及姊皆有賞賜, 自是東冶無復妖邪.

동월국(東越國) 민중군(閩中郡)에 용령(庸嶺)이라는 제법 높은 산이 있었다. 그 산 밑 서북쪽 습지에 큰 구렁이가 살고 있었는데, 몸 길이가 7~8척에다 굵기가 1척이나 되었다. 그런데 백성들뿐만 아니라 동야(東冶) 도위(都尉) 소속의 현 관리들도 그 구렁이에게 물려죽었기 때문에 민심이 불안하기 짝이 없었다.

　구렁이에게 소나 양을 제물로 바치면 그나마 한동안 조용했다. 그러던 어느 날 그 구렁이가 어느 무당의 꿈에 나타나 열두어 살 정도의 여자아이를 먹고 싶다고 했다는 것이었다. 도위와 현령들은 하는 수 없이 민가에서 노복들의 딸이나 죄수의 집 딸을 골라, 제물을 바치는 8월 초가 되면 구렁이가 사는 동굴 앞에 데려다놓았다. 그러면 구렁이는 어두운 밤에 동굴에서 기어나와 아이를 잡아먹었다. 그렇게 제물로 바쳐진 여자아이가 벌써 아홉이나 되었다.

　한번은 제를 올릴 날이 다가왔는데 제물로 바칠 여자아이를 찾지 못하고 있었다. 마침 장락현(將樂縣)에 딸 여섯을 둔 집이 있었는데, 막내딸 이름이 이기(李寄)였다. 그녀는 자기를 제물로 바치라며 청했지만 부모가 승낙하지 않자 어떻게든 설득하려고 애썼다.

　"아버지 어머니, 저를 보내주세요. 지금 우리 집엔 아들이 하나뿐이고 딸만 여섯입니다. 딸자식은 있으나마나한데 자식이 부모에게 도움되지 못할 바엔 차라리 일찌감치 값지게 죽는 게 나아요. 제가 제물로 바쳐지면 집안 살림에 얼마간 보탬이 될 테니 그렇게 나쁜 일도 아니잖아요."

　막내딸의 마음씀씀이가 갸륵했지만, 부모로서 그럴 순 없는 노릇이었다. 하지만 이기의 결심을 되돌리지는 못했다. 그녀는 직접 관아를 찾아가, 스스로 제물이 되겠으니 칼 한 자루와 사냥개 한 마리만 내어달라고 했다.

　8월 초, 제를 올리는 날이 되자 몸에 칼을 지닌 이기는 사냥개를 데리고 동굴 입구에 앉아 있었다. 그녀는 미리 꿀과 소를 넣은 찹쌀주먹

밥을 한 보따리 만들어 동굴 입구에다 널어놓았다. 날이 어두워지자 드디어 구렁이가 나타났는데, 그 입은 대문짝만했고 번들거리는 눈알은 커다란 거울 같았다.

주먹밥 냄새를 맡은 구렁이는 먼저 주먹밥부터 먹기 시작했다. 이때 기회를 노리던 이기가 사냥개를 부추기자 개가 구렁이를 덮쳤고, 그녀도 젖 먹던 힘을 다해 칼을 휘둘러 구렁이를 난도질했다. 그러자 구렁이는 한동안 몸을 뒤틀더니 죽어버렸다.

이기가 몸을 추슬러 동굴 안으로 들어가보니, 제물로 바쳐져 죽은 여자아이들의 해골이 널려 있었다. 이기가 그것들을 하나씩 동굴 밖으로 끄집어내면서 한탄했다.

"너희가 겁만 집어먹고 너무 연약했기 때문에 이런 참상을 당한 거야."

그러고는 홀가분하게 집으로 돌아갔다.

훗날 이 소문을 들은 월나라 왕은 이기를 동월국 왕후로 책봉했다. 그리고 그녀의 아버지를 장락현 현령에 임명했으며, 온 집안 식구들에게 후한 상을 하사했다. 그후로 동월국에는 해괴한 미신놀음 따위는 자취를 감추고 태평성대가 이어졌다.

어린 여자아이가 관아에서도 속수무책이었던 구렁이를 죽인 것은, 어차피 죽을 바에는 한번 시도해보자는 용기가 있었기 때문이다. 그것이 그녀의 잠재력을 최대한 발휘하게 하여 엄청난 일을 해낸 것이었다. 훗날 사람들은 이기를 기녀(奇女)라고 칭송하면서, 그녀를 한(漢)의 개국황제 유방과 비교하기도 했다. 유방은 백사(白蛇)를 죽이고 봉기를 일으켜 황제가 되었고, 이기는 구렁이를 죽여 나라와 백성들의 화근을 없애고 왕후에 올랐기 때문이다.

인간의 잠재력은 상상을 초월한다. 그 잠재력이 격발되면 엄청난 힘을 발휘할 수 있다. 연구에 의하면 사람뿐 아니라 모든 동물, 심지어 식물까지도 이런 잠재력을 갖고 있다고 한다.

미국 매사추세츠의 애머스트 대학에서 흥미로운 실험을 했다.

교수와 학생들은 여러 개의 쇠사슬로 애호박을 친친 감아놓고, 호박이 성장하면서 쇠사슬의 압력을 얼마나 견뎌내는지를 관찰했다. 처음에 그들은 500파운드의 압력만 견뎌내도 대단한 것이라고 생각했다. 그런데 실험 첫 달에 호박은 500파운드의 압력을 가뿐히 이겨냈다. 그리고 두 번째 달에는 1,500파운드의 압력을 이겨냈다. 계속해 2,000파운드의 압력을 가할 때, 연구원들은 쇠사슬이 끊어지지 않도록 쇠사슬을 몇 겹 더 둘렀다.

결국 호박은 5,000파운드의 압력까지 견뎌내고서야 껍질이 깨져 나가기 시작했다. 그 호박을 쪼개어 속을 살펴보니, 엄청난 압력을 견뎌내기 위해 단단한 섬유질로 짜여 있어 이미 식용이 불가능한 상태였다. 그리고 영양분을 충분히 섭취하여 쇠사슬의 압력을 견뎌내기 위해 호박 뿌리가 사방으로 뻗어나가 거의 화단 전체에 걸쳐 있었다.

호박의 생명력과 인간의 일생을 연관시켜볼 때, 우리는 자신이 얼마나 강해질 수 있는가 하는 문제에 대해 아직 개념이 희박한 것 같다. 호박이 이처럼 엄청난 압력을 견뎌낼 수 있다면, 똑같은 환경에서 인간은 과연 어느 정도의 압력을 견뎌낼 수 있을까?

대다수 사람들은 우리가 상상하는 것 이상의 압력을 견뎌내고 있다. 인간이라면 누구나 자기가 생각하는 것보다 훨씬 큰 잠재력을 지니고 있기 때문이다. 호박처럼 자신을 얽매고 있는 사슬에서 벗어나려고 최선을 다한다면, 자기 앞을 가로막는 난관 따윈 존재하지 않는다.

# 비열한 방법도
# 좋은 수단이 된다

> 原文  王緒素讒殷荊州於王國寶, 殷甚患之, 求術於王東亭, 曰: "卿但數詣王緒, 往輒屏人, 因論他事, 如此則二王之好離矣!" 殷從之, 國寶見王緒, 問曰: "比與仲堪何所道?" 緒云: "故是常談." 國寶謂緒於已有隱, 情好日疏, 讒言用息.

　　왕서(王緒)는 툭하면 왕국보(王國寶)를 찾아가 은형주(殷荊州)에 대한 험담을 늘어놓았다. 이를 안 은형주는 소행이 괘씸했지만 뾰족한 수가 없어서 왕동정(王東亭)을 찾아가 조언을 구하게 되었다. 왕동정이 어려운 일이 아니라며 해결책을 일러주었다.

　　"자주 왕서네 집에 들러 다른 이들을 다 내보내게 하고 단둘이서 아무 이야기나 하시오. 그러다 보면 왕서와 왕국보 둘 사이가 소원해질 테니까."

　　은형주는 곧 왕동정이 시키는 대로 했는데, 하루는 왕국보가 왕서를 불러 물었다.

　　"자네 은형주와는 대체 무슨 이야기를 하는가?"

　　"뭐, 그냥 시시콜콜한 잡담이죠."

　　그 말을 듣고 난 왕국보는 왕서가 꼭 자기에게 뭔가를 숨기는 것 같아서 점점 그를 멀리했다. 그래서 은형주에 대한 험담도 더 이상 생겨나지 않았다.

왕동정의 이간계를 정당하다 할 수는 없지만, 탁월한 방법인 것만은 분명하다. 상황에 따라 조금 비열한 방법으로 상대방의 나쁜 행실을 견제하고, 옹졸한 방식 그대로 상대방을 제압하는 것 또한 좋은 수단이 될 수 있다.

오래 전 영국에서 있었던 이야기다. 어느 작은 시내에 상인이 있었는데, 장사가 영 신통치 않았다. 그래서 다른 곳에 가서 새로운 장사를 해보려고 가게를 금화 80닢에 처분했다.

상인은 금화를 주머니에 넣어 허리춤에 차고 다니다가 심심하면 꺼내어 세어보았다. 그런데 한번은 상인의 행동을 유심히 지켜보던 한 여인이 다짜고짜 상인의 옷자락을 부여잡으며 말했다.

"아니, 여보! 나와 아이들을 놔두고 이렇게 훌쩍 떠나버리면 어떡해요? 집안 전 재산을 들고 가버리면 우린 뭘 먹고 살란 말이에요!"

뜻밖의 상황에 난감해진 상인이 사람 잘못 봤다고 거듭 말해도 여인은 막무가내였다. 여인은 한사코 '남편'을 물고늘어지며 생활비를 내놓고 가라고 했다. 꾸역꾸역 구경꾼이 모여들었고, 사람들은 법정에서 두 사람의 시시비비를 가리라고 했다.

그런데 법정에 가보니 그 여인의 아이들이 상인의 옷자락을 잡으며 아버지라고 부르는 게 아닌가. 필시 여인이 아이들에게 시킨 짓이었다. 이렇게 되자 상인은 입이 열 개라도 할말이 없었다. 재판관은 상인에게 기어이 떠나겠다면 금화 80닢을 여인과 아이들의 생활비로 남겨두고, 만약 그렇게 못하겠다면 집에 남아서 식구들을 잘 돌보라는 판결을 내렸다. 상인은 어쩔 수 없이 자신의 전 재산을 내놓을 수밖에 없었다.

　상인은 너무나 어이가 없어서 축 처진 모습으로 거리를 방황하고 있는데, 갑자기 묘안이 떠올랐다. 이튿날 상인은 재판관을 찾아가, 큰아들만은 반드시 데리고 다른 고장으로 떠나겠다고 했다. 이에 재판관은 상인의 요구를 흔쾌히 들어주었다. '아내'는 큰아들의 양육권을 '남편'에게 넘기라고 말이다.

　얼마 후, 상인과 큰아들의 뒤를 따라오던 여인은 인적이 뜸한 곳에 이르자 상인에게 매달리기 시작했다.

　"제발 제 아이를 돌려주세요. 금화를 전부 돌려드릴 테니까요. 예?"

# 힘들 때
# 어머니를 떠올린다

> **原文** 李太宰邦彦父曾為銀工. 或以為誚, 邦彦羞之, 歸告其母. 母曰:"宰相家出銀工, 乃可羞耳. 銀工家出宰相, 此美事, 何羞焉?"

재상 이방언(李邦彦)의 아버지는 금은세공업자 출신이었는데, 누군가 그 일로 이방언을 조롱했다. 그것이 창피했던 이방언이 집에 돌아와 자기 속내를 털어놓자 어머니는 이렇게 충고했다.

"재상 집에서 세공장이가 나왔다면 부끄럽겠지만, 세공장이 집에서 재상이 나왔다면 경사가 아니겠느냐. 그런데 왜 창피하단 말이냐?"

핵심을 꿰뚫는 지혜와 현명함이 함축되어 있는 어머니의 말 한 마디, 그것은 재상인 이방언도 깨닫지 못했던 것이다. 또 한편으로, 그런 어머니가 있었기에 이방언이 재상 자리에 오르지 않았겠는가.

이 세상에 모성애보다 더 큰 사랑은 없다. 그런데도 많은 사람들이 모성애가 우리의 정신적 기둥이 되어준다는 사실은 모르고 있는 것 같다.

옛날에 홀어머니를 모시고 사는 청년이 있었는데, 극빈한 살림살이에 시달리던 청년은 점점 불교를 가까이하게 되었다. 어떻게든 일할 생각은 하지 않고 하루종일 염불만 외워대는 아들이 안타까워 노모가 입이 닳도록 타일렀지만, 청년은 수긍하기는커녕 어머니에게 매일같이 잔소리만 한다며 욕까지 해댔다.

그러던 어느 날, 청년은 먼 곳에 있는 어느 절에 고명한 스님이 있다는 소문을 듣고 어머니 몰래 길을 떠났다. 그러고는 산 넘고 물 건너 천신만고 끝에 그 절에 도착했는데, 다행히도 스님이 반갑게 맞아주었다.

청년이 찾아온 사연을 듣고 나서 스님이 한동안 침묵을 지키다가 입을 열었다.

"자네가 도를 깨우쳐 성불하고 싶다면 내 당장에 그 지름길을 일러주겠네. 지금 즉시 산을 내려가 자네 집까지 가는 길에 무릇 맨발로 뛰어나와 문을 열어주는 이가 있으면 그 사람이 바로 부처님이니, 그 분을 정성껏 모신다면 성불할 것이네."

그 말을 들은 청년은 기쁨을 감추지 못하고 스님의 발아래 넙죽 절하고 나서 곧바로 산을 내려갔다.

첫날에 청년은 어느 허름한 농가에서 묵게 되었는데, 문을 열어주는 집주인을 보니 신발을 신고 있었다. 그 이튿날은 읍내에 있는 어느 부잣집에서 묵었다. 그 집에서도 문을 열어주는 사람은 맨발이 아니었다. 사흘날도, 나흘날도 맨발로 뛰어나와 반겨주는 사람이 나타나지 않자 청년은 몹시 낙담했다. 그래서 스님의 말을 의심하기 시작했고, 그의 실망감은 자기 집과 가까워질수록 더욱 커져갔다.

어느 날 저녁 어스름이 깃들자, 청년은 지체 없이 집으로 들어가기로 결심하고 발걸음을 재촉했다. 그가 자기 집 문 앞에 도착했을 때는 이미 깊은 밤이었다. 기진맥진한 그는 문을 두드렸다.

"거 누구요?"

안에서 어머니의 목소리가 들려왔다.

"접니다, 아들."

곧 문이 열렸고, 초췌한 몰골의 노모가 아들의 이름을 부르며 반색했다. 어머니는 한달음에 청년의 손을 맞잡더니, 언제나처럼 자상한 눈길로 몇 번이고 아들의 얼굴을 뜯어보았다. 할말이 궁해 고개를 떨구던 아들은 그제야 어머니가 맨발로 차가운 마당에 서 있음을 알았다. 순간, 청년의 머릿속에 스님의 말이 떠올랐다. 비로소 스님의 말뜻을 이해할 것 같았다. 청년은 울컥 솟구치는 눈물을 훔칠 생각도 하지 않고 털썩 꿇어앉았다.

이 이야기를 읽고 나서 무덤덤한 사람은 거의 없을 것이다. 실의에 빠지거나 우울해지고, 심지어 절망감을 느낄 때, 잊지 말자. 우리 곁에는 늘 어머니가 지켜보고 계신다는 것을! 아무리 삭막하고 몰인정한 세상일지라도 어머니의 미소는 부처님의 후광처럼 느껴지며, 우리에게 새로운 용기와 희망을 불어넣어준다.

아무리 슬프고 괴롭더라도 우리에겐 '어머니'라는 영원한 항구가 있음을 잊지 마라. 우리가 그토록 찾아 헤매고 모시고 싶어하던 부처님은 바로 당신 곁에 있는 어머니이다.

# 113

# 상대가 눈치채지 못하게 움직여라

**原文** 燕昭王卒, 惠王立, 與樂毅有隙. 田單聞之, 乃縱反間於燕, 宣言曰: "齊王已死, 城之不拔者二耳. 樂毅畏誅不敢歸, 以伐齊爲名, 實欲連兵南面而王齊. 齊人未附, 故且緩攻即墨, 以待其事. 齊人所懼, 唯恐他將來, 即墨殘矣." 燕王以爲然, 使騎劫代毅. 毅歸趙, 燕軍共忿. 而田單乃令城中, 食必祭其先祖於庭. 飛鳥悉翔舞下食. 燕人怪之. 田單因宣言曰: "神來不敎我." 乃令城中曰: "當有神人爲我師." 有一卒曰: "臣可以爲師乎?" 因反走. 田單乃起, 引還, 東向坐, 師事之. 卒曰: "臣欺君, 實無能也." 單曰: "子勿言!" 因師之. 每出約束, 必稱神師, 乃宣言曰: "君唯懼燕軍之劓所得齊卒, 置之前行與我戰, 即墨敗矣." 燕人聞之, 如其言. 城中人見齊諸降者悉劓, 皆堅守, 唯恐見得. 單又宣言: "吾懼燕人掘吾城外塚墓, 戮先人, 可爲寒心." 燕軍盡掘壟墓、燒死人. 墨人從城上望見, 皆涕泣, 俱欲出戰, 怒自十倍. 田單知士卒之可用, 乃身操版鍤, 與士卒分功; 妻妾編於行伍之間; 盡散飲食饗士. 令甲卒皆伏, 使老弱女子乘城. 遣使約降於燕, 燕皆呼"萬歲". 田單乃收民金, 得千鎰, 令即墨富豪遺燕將, 曰: "即墨即降, 願無擄掠吾族家妻妾." 燕將大喜, 許之. 燕軍由此益懈. 單乃收城中, 得千餘牛, 爲絳繒衣, 畫以五采龍文, 束兵刃於其角, 而灌脂束葦於尾; 燒其端, 鑿城數十穴, 夜縱牛, 壯士五千人隨其後. 牛尾熱, 怒而奔. 燕軍夜大驚. 牛尾炬火光炫耀, 燕軍視之, 皆龍文, 所觸盡死傷. 五千人因銜枚擊之, 城中鼓噪從之, 老弱皆擊銅器爲聲, 聲動天地. 燕軍大駭, 敗走, 遂殺騎劫.

연(燕)나라 소왕(昭王)이 죽자 혜왕(惠王)이 즉위했다. 그런데 연 혜왕은 낙의(樂毅)와 심한 갈등을 겪고 있었다. 이 사실을 안 제(齊)나라의 전단(田單)이 연나라에 사람을 보내 이런 소문을 퍼뜨렸다.

'제나라 왕이 죽었는데, 그는 생전에 공략하지 못한 성이 두 개 있다. 낙의는 제나라를 친다는 명분으로 버티고 있지만, 실은 군사를 모두 거느리고 제나라에 가서 스스로 왕이 되려는 속셈이다. 하지만 제나라가 쉽게 물러서지 않아 즉묵(卽墨)을 치려던 계획을 잠시 미루고 때를 기다리고 있다. 제나라가 가장 두려워하는 것은 여러 장수들이 쳐들어오는 것이다. 여러 장수들이 오면 그들은 영락없이 패할 것이기 때문이다!'

이에 연 혜왕은 소문을 곧이곧대로 믿고 낙의를 대신해 기겁(騎劫)을 그 자리로 보냈다. 낙의는 부득불 조나라로 망명할 수밖에 없었고, 연나라 사람들은 누구 할 것 없이 낙의를 미워했다.

그쯤 되자 전단은 또 성안에 괴이한 영을 내렸는데, 식사를 하기 전에 꼭 자기 선조의 영위에 제를 올리게 했다. 그 제물은 날아다니는 새들이 물어갔다. 연나라 사람들이 이를 이상하게 여기자 전단이 말했다.

"신이 직접 내려오셔서 내게 가르침을 주는 것이다."

그러고는 장안에 이런 소문을 퍼뜨렸다.

'내 주변에 스승이 될 신선이 계실 것이다.'

하루는 한 병졸이 장난삼아 말했다.

"그렇다면 내가 스승이 되어도 될까?"

그러자 전단은 그 병졸을 불러 동쪽으로 앉혀놓고 스승을 모시듯

깍듯이 대했다. 병졸이 난감해하며 말했다.

"전 단지 장난으로 한 말인데, 제가 어찌 감히……."

"아무 말도 하지 마시게!"

전단은 변함 없이 그 병졸을 공손히 모셨다. 그리고 군령을 내리기 전에는 반드시 '신사(神師)'의 의견을 들었고, 스승과의 이야기가 소문으로 퍼지게 했다.

'내가 제일 무서워하는 건 연나라 군사들이 제나라 군사들만 붙잡으면 무조건 코를 베어버리는 것이다. 저들과 정면으로 맞붙는다면 우린 패할 것이 뻔하다.'

그 소문에 연왕은 정말로 제나라 포로들의 코를 베어 돌려보냈다. 한편, 투항했던 제나라 군사들 모두 코가 없이 돌아온 것을 본 장안 사람들은 연나라 군사들에게 붙잡힐까봐 죽기살기로 장안을 지켰다.

전단은 또 이런 소문을 퍼뜨렸다.

'더욱 두려운 일은 연나라 군사들이 성밖에 있는 우리 조상들의 묘를 파헤치고 그 시신을 능욕하는 것이다. 생각만 해도 등골이 오싹하다.'

그러자 연나라 군사들은 정말로 성밖에 있는 제나라 사람들의 묘를 파헤치고 시신을 불태웠다. 성곽 위에서 그 광경을 목격한 즉묵 사람들은 모두 울음을 터뜨렸고, 한결같이 치를 떨며 스스로 출전하기를 원했다.

이제 어느 정도 군사를 모으게 된 전단은 연장을 차고 직접 나섰다. 자신의 처와 첩들도 대오에 합류해 집의 음식을 모두 내다가 병졸들에게 나눠주게 했다. 그리고 갑옷 입은 군사들은 매복해두고 아녀자들 모두 성을 지키게 한 다음, 연나라에 사자를 보내 투항의사를 밝혔다. 그 말에 연나라 군사들은 만세를 외쳤다.

전단은 또 백성들로부터 1,000일(鎰)을 걷어 부자를 시켜 연나라 장수에게 갖다주면서 이렇게 부탁했다.

"즉묵이 투항하면 절대 그들의 처첩만은 겁탈하지 말아주시오."

연나라 장수는 매우 흡족해하며 그러마고 약속했다. 그 즈음에 이르자 연나라 군사들은 경계심을 완전히 풀어버렸다.

이어 전단은 장안의 소 1,000마리를 구해와 진홍색 비단옷을 입히고, 그 위에 알록달록한 용무늬를 그려넣고, 날카로운 칼을 소뿔에 동여매고, 기름 먹인 갈대를 소꼬리에 매달아놓았다. 그런 다음 꼬리에 불을 붙이자 성벽에 구멍이 수십 개나 뚫렸다. 밤이 되어 꼬리에 불을 단 소들을 풀어놓으니 미친 듯이 성밖으로 뛰쳐나갔고 5,000명의 장사들이 그 뒤를 쫓아가니 오밤중에 불의의 습격을 받게 된 연나라 군사들은 바지에 오줌을 쌀 지경이었다. 소꼬리에서 불길이 타올라 눈앞에는 온통 용 비늘이 번들거렸고, 소가 들이받은 군사들은 죽지 않으면 큰 부상을 입었다. 그 뒤로 쫓아온 장사들은 닥치는 대로 창검을 휘둘렀고, 장안에서는 고함소리와 북소리가 천지를 뒤흔들었는데 늙은이와 아녀자들이 쟁기나 쇠그릇을 두드려댔다. 결국 연나라 군사들은 뿔뿔이 도망치기에 바빴고, 얼마 후에는 기겁을 붙잡아 죽였다.

중국 고대전쟁사의 한 페이지를 장식한 화우지진(火牛之陣)은 훗날에도 더러 사용되었지만, 전단처럼 놀랄 만한 전과를 거둔 적은 없었다. 전단은 상대가 전혀 눈치채지 못하게, 아무런 방비도 하지 않는 틈을 노려 작전을 수행했기 때문에 그와 같은 승리를 거두게 된 것이었다.

1945년 4월부터 한 달간 진행된 베를린 전투는 제2차 세계대전에서 독일군을 상대로 한 마지막 전투였다. 이 전투에서는 소련군 대장 주코프의 천재적인 작전술이 결정적인 작용을 했다. 탐조등을 이용해 적군의 방어선을 무너뜨린 전술은 지금까지도 전설처럼 전해지고 있다.

1945년 초, 독일군은 오데르 강과 나이세 강 서안까지 퇴각한 다음 방어진지를 구축했다. 그들은 20~40킬로미터 구간에 세 곳의 방어진지를 구축했는데, 베를린으로 가는 길목 방어선이 가장 견고했다. 평균 7킬로미터마다 1개 사단을 투입했고, 베를린 시는 시멘트 옹벽으로 에워쌌으며, 방어선 전방에는 여러 강물과 호수가 천연의 방어막 역할을 해주었다. 방어사단은 크게 두 개로 나뉘었는데, 구간에 투입한 예비군까지 합쳐 85개 사단이 되었다. 그들은 또 퇴역한 장교들 중에서 방어작전에 능한 헬무트를 총사령관으로 임명해 소련군의 진격을 오데르 강 방어선에서 저지하려고 했다.

그러나 소련군의 목표는 독일군 방어선을 무너뜨리고 베를린을 점령하는 것이었다. 소련군 공병은 여섯 번에 걸쳐 베를린과 그 주변 방어진지를 사진으로 촬영해 정밀한 모형과 도형을 만들어냈다.

그런데 작전을 구상하던 주코프의 머릿속에 묘안이 떠올랐다. 즉 작전시간을 여명 두 시간 전으로 정하고 하늘을 비추던 탐조등 140개를 일제히 적의 방어선을 향해 비추는 것이었다. 그렇게 하면 적군의 시야를 자극해 아군의 움직임을 눈치채지 못할 것이고, 이쪽에서 공격을 퍼붓더라도 대응하기 힘들 것이었다. 그는 자신이 구상한 작전이 실행 가능한지를 판단하기 위해 곧바로 탐조등의 상태를 확인했다.

4월 16일 새벽 5시, 소련군의 총공격을 알리는 신호탄 수천 발이 어두운 하늘로 날아올랐다. 곧이어 140개의 탐조등이 적진을 비추었고, 모든 탱크와 자동차 전조등도 일제히 적진을 비추었다. 1,000억 촉이 넘는 엄청난 불빛에 독일군은 눈을 뜰 수조차 없었다. 대다수 독일 병사들은 그것을 새로 발명한 신무기로 여기고 당황하여 어찌할 바를 몰랐다. 잇따라 수천 문의 박격포와 자주포, 카투샤 로켓이 포격을 가하자 독일군 방어선은 삽시간에 불바다로 변해버렸다. 탱크를 앞세운 보병도 거침없이 밀고 나가 동틀 무렵에는 방어선을 모두 무너뜨리고 순조롭게 베를린까지 진격했다.

이 전투에서 소련군은 독일군 85개 사단을 섬멸하고 48만 명을 생포했으며 1,500여 대의 탱크와 4,500여 대의 전투기를 노획하는 전과를 거두었고, 독일군은 끝내 투항할 수밖에 없었다. 전장에서 흔히 볼 수 있는 탐조등이 신기하고 강력한 무기가 되어 독일군을 벌벌 떨게 했고, 한꺼번에 모든 방어선을 무너뜨리는 결정적 역할을 한 것이었다.

상대가 전혀 예상치 못하는 계략은 이처럼 상상 밖의 효과를 거둘 수 있다.

## 114

## 모순을 회피한다

> 原文 太祖召畫工周玄素, 令畫 "天下江山圖" 於殿壁. 對曰: "臣未嘗遍跡九州, 不敢奉詔. 唯陛下草建規模, 臣潤色之." 帝卽操筆, 倏成大勢, 令玄素加潤. 玄素進曰: "陛下山河已定, 豈可少動!" 帝笑而唯之.

 명 태조 주원장이 화원 주현소(周玄素)를 불러 대전 정면 벽에다 '천하강산도'를 그리라고 명했다.

주현소가 말했다.

"신은 아직 세상을 다 돌아보지 못했거늘 섣불리 명을 따를 수는 없사옵니다. 폐하께서 초안을 그려놓으면 신이 거기에 윤색할 수는 있겠습니다만……."

그 말에 주원장이 붓을 들어 즉흥적으로 천하대세를 그려놓고는 어서 윤색하라 했다.

그러자 주현소가 다시 진언했다.

"폐하의 천하가 이미 확정되었거늘 신이 어찌 감히 거기에 손댈 수 있겠습니까?"

주원장은 그만 허허 웃고 말았다.

주현소는 궤변을 늘어놓은 것이 아니라 현명하게 처신했다. 당시 황제가 그리라는 그림에 조금이라도 잘못이 있으면 죽음을 초래할 것이기 때문이었다. 그래서 주현소는 모순을 회피하는 방법을 선택한 것이다.

모순을 회피하는 방법은 때로 난처하거나 곤란한 일을 해결하기도 한다. 한번은 미국의 어느 석간신문에 이런 광고가 실렸다.

'최고급 세단을 단돈 1달러에 팝니다.'

그 광고를 본 해리는 반신반의할 수밖에 없었다.

"뭐야, 오늘이 만우절도 아닌데?"

그러면서도 해리는 단돈 1달러만 달랑 들고 신문에 난 주소지를 찾아갔다.

매우 근사하게 지은 별장에 도착해 초인종을 누르자 귀족풍의 젊은 여자가 문을 열고 나왔다. 해리가 광고를 보고 왔다고 하자 부인은 그를 차고로 안내했다. 그러고는 차고에 있는 최고급 자동차를 가리키며 바로 저 차라고 말했다.

순간 해리의 머릿속에 '저건 고물이겠군' 하는 생각이 떠올랐다.

"부인, 제가 한바퀴 몰아봐도 될까요?"

"물론입니다!"

열쇠를 받아 차를 한바퀴 몰고 왔는데 아무 이상이 없었다. 그래서 이번에는 혹시 불법차량이 아닌가 싶어 차량등록증을 보자고 했다. 하지만 그것도 틀림없었다. 더 이상 망설일 필요가 없었다. 해리가 그 부인에게 1달러를 넘겨주는 것으로 거래는 성사되었다.

차 시동을 걸고 그 집을 막 떠나려 할 때, 해리는 도저히 궁금증을 참을 수 없어서 물어보았다.

"부인, 죄송하지만 도대체 어찌된 영문인지 알려주시면 안 될까요?"

그러자 부인이 한숨을 내쉬더니 말했다.

"솔직히 얘기할게요. 사실 이 차는 남편의 유품이랍니다. 남편은 모든 재산을 제게 남겼는데, 이 승용차만은 자기 애인에게 준다고 했죠. 그런데 차를 팔 수 있는 권리는 제게 있다고 하더군요. 물론 차를 판 돈은 그 애인에게 줘야겠지요."

해리는 '아하, 그렇게 된 거군!' 하는 표정으로 부인에게 인사를 하고 휘파람을 불며 차를 몰아 집으로 향했다.

도중에 친구를 만났는데, 친구가 신기한 표정으로 승용차와 해리를 번갈아 보며 어떻게 된 일이냐고 물었다. 해리가 자초지종을 말해 주자 친구는 그 자리에 털썩 주저앉으며 탄식했다.

"오, 맙소사! 난 그 광고를 1주일 전에 봤는데!"

젊은 부인은 모순을 회피하는 방법으로 교묘하게 보복한 것이었다.

# 115

# 상황을 조작해 상대의 기세를 꺾는다

**原文** 吳闔閭伐越. 越子勾踐禦之, 陳於檇李. 勾踐患吳之整也, 使死士再禽焉, 不動. 使罪人三行, 屬劍於頸, 而辭曰: "二君有治, 臣奸旗鼓, 不敏於君之行前, 不敢逃刑, 敢歸死!" 遂自剄也. 吳師屬目, 越子因而伐之, 大敗之.

 오(吳)나라 왕 합려(闔閭)가 월(越)나라를 공격해오자 월왕 구천(勾踐)은 직접 군사를 거느리고 방어에 나섰다. 양군은 추리(檇李) 일대에서 진을 치고 맞섰는데, 구천은 질서정연한 오나라 진영을 보고 결사대를 보냈지만 조금도 흐트러지지 않았다. 구천은 또 사형을 선고받은 죄수들을 셋으로 묶어 자기 목에 칼을 들이댄 채 오나라 진영까지 걸어가게 했다. 그렇게 오나라 진영에 도착한 죄수들은 이렇게 말했다.

"우리 군주는 나라를 통치하는 데 영명하지만 우린 죽을죄를 지은 몸이라 충성할 기회가 없었으니, 오늘 죽음으로나마 그 은혜에 보답할 기회가 주어진 것을 다행이라 여긴다."

그러고는 일제히 스스로 목을 베었다. 그 광경에 오나라 군사들은 입을 딱 벌린 채 다물 줄 몰랐고, 월왕 구천은 그 기회를 노려 진격했는데 결국 오나라는 대패하고 말았다.

자살이라는 극단적인 방법으로 적군을 물리친 월나라 군사들의 충성심도 높이 사야 하지만, 그런 발상을 한 구천의 지혜 또한 돋보인다. 자살이라는 방법이 워낙 파격적이라 적의 의지를 와해시킨 것이었다. 제2차 세계대전 당시 연합군이 시신으로 독일군을 곤경에 몰아넣은 이야기가 있다.

대서양의 지브롤터 북쪽 해안도시의 한 묘지에 가면 어느 영국인의 묘가 있는데, 그는 습도가 높고 안개가 짙은 날씨 때문에 폐렴으로 죽었다. 아마도 그는 자신이 이처럼 햇빛 반짝이는 이국 땅에 정중히 모셔져 있으리라고 전혀 생각지 못했을 것이다. 생전에 그는 나라와 민족을 위해 이렇다 할 공적을 쌓지 못했지만, 죽어서 수만 명의 목숨을 구해낸 영웅이었다.

1943년 4월 30일, 스페인 남부의 코르도바 해안에서 바닷물에 떠밀려온 시신이 발견되었는데 영국 해병대 복장이었다. 스페인 당국에서는 그 시신을 조용히 수습했다.

시신에서 알 수 있는 여러 정황을 분석해본 결과 그는 영국 연합군 사령본부 참모인 마틴 소령이었는데, 비행기로 연합군 지중해함대로 가는 도중에 항공사고로 조난을 당한 것 같았다. 그때까지 독일군과 밀접한 관계를 맺고 있던 스페인 당국에서는 그러한 분석 결과를 서류로 작성, 복사해 독일군에게 넘겼다.

그것은 독일군에게 매우 유용한 정보였다. 그 중에는 마운트배튼(Mountbatten)이 아이젠하워 장군에게 띄운, 연합작전에 관해 상의하는 내용도 있었다. 보다 중요한 것은 영국 참모부 부참모장이 당시 아프리카에서 18군단 지휘를 맡은 알렉산드로 장군에게 보내는 편지도 들어 있었는데 모두 극비서류였다. 독일군이 그 서류들에서 얻어낸 정보는 연합군의 상륙작전 지점이 시실리 반도가 아니라 지중해 서부 해안이라는 것이었다.

편지에서는 또 의도적으로 공격목표를 두 곳으로 가정해놓았다. 하나는 그리스이고, 하나는 구체적인 지명을 밝히지 않았는데 아마도 독일군으로 하여금 연합군이 시실리 반도로 상륙할 거라고 확신케 하기 위한 모략 같았다. 그래서 독일군은 연합군이 시실리 반도로 상륙할 것이라는 확실한 정보를 접했을 때도 연합군의 기만술로 여겼다.

그밖에도 마틴 소령이 이 편지들을 지니게 된 이유를 밝힌, 마운트배튼이 지중해함대 사령관 앤드류(Andrew) 앞으로 쓴 편지가 들어 있었다. 그 편지 말미에는 이렇게 쓰여 있었다.

'현재로선 마틴 소령이 당신에게 가장 필요한 일원이 될 것이라 믿소. 이번 작전이 끝나면 곧바로 마틴 소령을 통해 내게 정어리를 보내주었으면 좋겠소. 지금 이곳에서는 정어리를 정량으로 배급해주는 형편이니까!'

그렇게 꽤나 신경을 써서 만들어낸, 정어리를 보내달라는 우스갯소리는 독일군의 관심을 모았다. 정어리는 곧 사르데냐 섬이 공격목표임을 암시하는 것이기 때문이었다.(정어리는 영어로 'Sardinops' - 옮긴이)

사실, 그 '마틴 소령'은 병원에서 앓다 죽은 임자 없는 시신에 불과했다. 영국 정보기관에서 그 시신을 가져다가 군복을 입히고 사인이 있는 서신과 친필사인 등을 밀봉하여 감쪽같이 조작한 것이었다.

마틴은 1943년 4월 30일 코르도바 해안에서 익사체로 발견되게 하였고, 스페인 주재 영국 대사관에서는 스페인 당국과 교섭해 속히 '비행기 잔해'를 찾아달라고 요청하는 연극을 꾸몄다. 그날 아침, 한 어부가 바닷가에서 시신을 발견했는데 부검 결과 익사로 판명되었다. 하지만 스페인 당국에서는 영국 대사관에 시신만 넘겨주었을 뿐 소지품과 서류에 관해서는 한마디도 하지 않았다. 5월 4일, 영국 정부는 마틴 소령이 '기밀문서'를 소지하고 있었다며 중립국 스페인 정부에게 그 서류를 돌려달라고 요청했다.

그동안 코르도바 주재 독일 정보기관에서는 이미 모든 편지의 내용과 그 발신자·수신자의 신원을 파악했고, 그 결과를 상부에 보고했다. 그리하여 5월 13일이 되어서야 스페인 해군 참모총장이 그 서류들을 '빠짐없이' 영국 대사관에 넘겨주었다.

영국 당국에서는 또 스페인 당국에다 마틴 소령의 무덤에 묘비를 세워달라고 요청했고, 1943년 6월 4일자 〈런던타임〉지 사망자 명단에 마틴 소령의 이름을 올렸다.

연합군이 행한 일련의 조치들은 독일군으로 하여금 연합군의 주공격목표가 시실리 반도가 아닌 사르데냐라고 확신케 만들었고, 그리스에서도 소규모 상륙작전이 전개될 거라고 예상하게 했다. 그 정보에 근거해 독일군 최고사령부에서는 장갑사단이 프랑스에서 그리스로 건너가 두 해협을 장악하게 했다. 바로 마틴 소령이 지니고 있던 서류에서 언급된 곳이었다. 때문에 장갑사단은 한동안 총 한번 쏘아보지 못했고, 독일군 최고사령부는 그리스 연안지구에 지뢰를 매설

하고 해안에 포병부대까지 배치했으며, 6월에는 R 제1함대를 그리스로 이동시켰다.

독일 서부전선 총사령관 빌헬름 카이텔 원수는 최고사령부 명으로 사르데냐를 지원하라는 명령을 하달했다. 그래서 또다시 강력한 장갑부대가 프랑스 코르시카 섬으로 이동했고, 시실리 반도 북측의 방어선을 강화했다. 심지어 연합군이 시실리 반도 상륙작전을 개시한 시점에서도 독일군 최고사령부는 여전히 지브롤터 해협에서 연합군의 코르시카 섬과 사르데냐 섬 상륙작전을 특별 경계하라는 명을 하달하고 있었다.

연합군은 그렇게 시신 하나로 적군을 감쪽같이 속이고 시실리 반도를 손쉽게 장악했으며, 그 작전으로 희생된 독일군 사상자와 포로는 22만 7,000명에 달했다.

이 이야기는 첩보활동 역사상 가장 전형적인 사례로 손꼽힌다. 그 완벽한 획책과 빈틈없는 조작과정은 가히 예술적이었다.

# 116

## 상식에서 벗어날수록
## 성공확률은 높아진다

**原文** 己巳之難, 也先將犯京城, 聲言欲據通州倉. 舉朝倉皇無措, 議者欲遣人舉火炮倉, 恐敵之因糧於我也. 時周文襄公適在京, 因建議, 令各衛軍預支半年糧, 令其往取. 於是肩負者踵接, 不數日, 京師頓實, 而通州倉為之一空.

1449년 기사(己巳)의 난이 일어났을 때였다. 야선(也先)이 경성을 공격하면 먼저 통주(通州)에 있는 곡식창고부터 노릴 거라는 소문이 돌자, 문무백관들은 곡식창고에 불을 질러서라도 놈들에게 식량을 넘겨줘서는 안 된다고 했다.

때마침 문낭공(文襄公) 주침(周忱)이 경성에 들렀다가 그 말을 듣고 제안했다. 경성의 모든 군사들에게 군량을 반년 앞당겨 나눠준다고 하고, 그들 스스로 통주에 가서 자기 몫을 가져오게 하면 되지 않느냐고.

그날부터 통주에 가서 쌀을 지고 오는 사람들이 줄을 이었는데, 며칠도 지나지 않아 곡식창고가 텅 비어버렸고, 경성에는 쌀이 넘쳐났으며, 야선이 쳐들어와도 쌀 한 톨 얻을 수 없게 되었다.

적의 군량으로 사용되지 못하도록 곡식창고를 불지르는 것은 흔히 써온 수법이었다. 그런데 문낭공은 그보다 훨씬 더 나은 방법을 제시했다.

선대의 교훈과 경험을 따르는 것도 좋지만, 경험에만 의지하다 보면 현안을 타개할 생각과 창의력을 상실하게 된다.

1944년, 소련군 근위보병대 제3사단이 독일군이 점령하고 있던 페레코프 지역을 공격하게 되었다. 그런데 이때 지휘관은 적군의 병력 분포 상황을 정탐하기 위해 폭격을 달리하는 방법을 택했다.

오전 8시, 300여 문의 대포가 일제히 폭격을 가하다가 9시 15분에 50퍼센트는 폭격을 멈추고 50퍼센트만 적군의 제2참호를 폭격했다. 또한 보병들은 참호 안에서 허수아비를 치켜들고 함성을 지르고 공포탄을 쏘아가며 마치 공격을 개시한 것처럼 독일군을 현혹시켰다. 이에 소련군이 전면공격을 시작한 것으로 오인한 독일군은 부랴부랴 제1참호에서 허수아비를 향해 사격을 개시했다. 그러자 그때까지 폭격을 멈추고 있던 대포들이 일제히 독일군 참호를 향해 불을 뿜었다. 불과 5분밖에 이어지지 않은 갑작스런 폭격에 독일 병사들은 비참하게 여기저기 너부러졌다.

10시 10분, 소련군은 또다시 화력을 달리했다. 8분 후에 50퍼센트의 화력이 제1참호를 향해 2분간 폭격을 퍼부었고, 연이어 제1참호를 향해 전 화력을 집중해 마지막 폭격을 가했다. 그리고 10시 30분, 녹색 신호탄이 하늘을 가르며 날아오르자 소련군 보병은 비로소 공격을 감행했다. 두 번씩이나 화력을 달리하는 통에 독일군이 엄청난 손실을 입고 전투력을 상실하자 소련군은 불과 한 시간 만에 방어선을 뚫어버렸다.

　이 전투에서 독일군은 상식적인 사고방식을 벗어나지 못했기 때문에 패배했다. 그들은 항상 '폭격이 시작되면 잇따라 보병이 공격해오게 마련'이라는 전술 원칙에 따랐기에 결국 소련군에게 당하고 만 것이다.

# 117

# 손실을 최소화하고
# 새로운 기회를 만든다

**原文** 自漢世始有佛像, 形制未工. 宋世子鑄丈六銅像於瓦官寺. 既成, 恨面瘦, 工人不能改. 戴顒字仲若, 視之, 顒曰: "非面瘦, 乃臂胛肥耳." 為減臂胛, 遂不覺瘦.

중국은 한(漢)나라 때부터 불상이 있었지만, 그 제조기술은 아직 섬세하지 못했다. 송나라의 세자가 높이 1장 6척(약 4.8미터 - 옮긴이)이나 되는 동상을 세우게 했는데, 만들어놓고 보니 얼굴이 너무 야위어 보였다. 인부들도 어찌해볼 도리가 없어서 우왕좌왕하고 있는데, 대옹(戴顒)이 한참 동안 동상을 쳐다보고 나서 말했다.

"얼굴이 야윈 게 아니라 어깨가 너무 넓군."

인부들이 양어깨를 깎아내고 보니 더 이상 야위어 보이지 않았다.

세상만사가 순풍에 돛단 격일 수는 없다. 어려운 문제에 부딪혔을 때 맥없이 주저앉아버릴 것인가, 아니면 방법을 찾아 조금이나마 손실을 만회하고, 심지어 전화위복이 되게 할 것인가. 이는 우리가 어떤 마음자세로 문제를 대하느냐에 달려 있다. 미국에서 발생한 항공사고를 예로 들어보자.

1988년 4월 27일, 미국의 보잉사가 제조한 보잉 737 여객기가 호놀룰루에서 사고를 당했다. 여객기가 이륙한 지 얼마 지나지 않아 엄청난 파열음과 함께 앞쪽 천장이 뒤집히면서 직경 6미터 정도의 구멍이 뻥 뚫렸다. 그 바람에 기내의 얇은 칸막이가 뒤틀리면서 앞뒤가 분간되지 않을 지경이 되었다. 그런 상황에서도 기장은 침착하게 인근 비행장에 여객기를 착륙시켰다. 스튜어디스 한 명이 기류에 휩쓸려 나가 사망했지만, 승객 89명 전원이 무사했다. 이 소식은 한때 큰 뉴스거리가 되었다.

상식적으로 볼 때 이 사고는 보잉사에 막대한 손실을 안겨줄 것이라 생각된다. 하지만 보잉사에서는 이를 더없이 좋은 기회, 돈을 주고도 살 수 없는 절호의 찬스라고 생각해 여러 방송매체에서 대대적인 홍보전을 펼쳤다.

이번 사고는 여객기가 너무 낡아서 발생한 것이었다. 이 여객기는 20년간 비행했고, 이착륙 횟수만 무려 9만 번에 달한다. 아직 단 한 명의 승객도 사망한 적이 없다는 것은 우리로서는 더없이 큰 영광이다…….

게다가 89명의 승객들이 들려주는 생생한 증언까지 곁들여져 더없이 훌륭한 광고가 되었다. 이제 '여객기의 품질' 하면 자연스럽게 보잉사를 떠올리게 만들었던 것이다.

이 소식은 전 세계로 번졌고, 그해 5월 한 달에만 세계 각지에서 날아온 주문량이 무려 70억 달러에 이르렀다. 사고 이전의 4개월치 총 주문량이 47억 달러였음에 비춰볼 때 눈부신 성과였다. 그 사고로 보잉사는 곤경에 처하기는커녕 오히려 더욱 명성을 떨치고 신임까지 얻게 되었다.

한 기업에서 생산한 제품의 품질이 제아무리 훌륭해도 항상 그것을 아는 사람보다 모르는 소비자가 더 많다. 상품을 홍보할 시점을 모르고, 제품이 팔리지 않는다고 부랴부랴 홍보를 한다면 때는 이미 늦다. 그런 사고방식으론 시장경제에서 살아남기 힘들다. 『손자병법』에 '싸움에 능한 자, 대세를 파악할 줄 안다'는 구절이 있다. 여기서 대세는 바로 계기요, 기회이다. 기업에 몸담고 있는 사람들 모두 이 이야기에서 어떤 깨달음을 얻을 것이라 믿는다.

능동적으로 시장을 이해하려 노력하고 정보를 놓치지 말아야 한다. 그리고 자기를 홍보할 수 있는 모든 기회와 계기를 포착하고, 적당한 매체를 찾아 타이밍을 놓치지 않게 홍보하라. 그것이 가장 효과적인 광고전략이다.

# 위기의식은
# 삶의 불청객이 아니다

原文 烘武初, 嘉定安亭萬二, 元之遺民也, 富甲一郡. 嘗有人自京回, 問其何所見聞, 某人曰: "皇帝近日有詩曰: '百僚未起朕先起, 百僚已睡朕未睡. 不如江南富足翁, 日高丈五猶披被.'" 二歎曰: "兆已萌矣." 卽以家貲付托諸仆幹掌之, 買巨航載妻子, 泛遊湖湘而去. 不兩年, 江南大族以次籍沒, 獨此人獲令終.

명 태조 홍무(洪武) 초년, 가정현(嘉定縣) 안정(安亭)이라는 곳에 만이(萬二)라는 사람이 있었다. 그는 원(元)나라 유민(遺民)으로, 그 지역의 최고 부자였다. 한번은 만이가 경성에 다녀왔다는 사람을 찾아가 그곳에서 보고 들은 바를 말해달라고 하자, 그 사람은 황제가 근간에 지었다는 시 한 수를 들려주었다.

"백료(百僚)가 아직 눈도 뜨지 않았는데 나 혼자만 잠이 깨어 있고, 백료가 다 잠든 밤에 난 아직 잠자리에 들 수가 없구나. 강남 부족옹(富足翁, 소를 말함 - 옮긴이)이나 되었으면 해가 높도록 잠이나 실컷 잘 수 있으련만."

만이가 그 시구를 읊조리며 돌아서서 탄식했다.

"불길한 징조로다."

그러고는 모든 가산을 일 잘하는 노복들에게 떠맡기고, 큰배를 한 척 사서 집안 식구들을 모두 거느리고 고향을 떠나 동정(洞庭)에 가 살았다. 그로부터 채 2년이 지나지 않아 강남의 거족들 모두 몰락했지만, 만이만은 무사했다.

명 태조의 시구에서 시대의 흐름을 미루어 짐작하고, 미리 화를 피해 몸을 사리는 행동은 지혜로운 사람만이 행할 수 있는 탁월한 선택이다. 평안한 삶 속에서 위기를 짐작하기란 쉽지 않다.

위기의식은 정신적으로 느낄 뿐만 아니라 육체적으로도 감지할 수 있다. 1925년, 미국 과학자들이 희한한 쥐 실험을 했다.

금방 젖을 뗀 쥐들을 두 부류로 나누었는데, 한 부류는 '귀빈 대접'을 하여 먹이를 넉넉히 주고, 다른 한 부류는 '거지 대접'을 하여 첫 부류의 60퍼센트에 해당하는 먹이만 주었다.

그런데 그 결과는 완전 딴판이었다. 호의호식한 쥐들이 채 3년도 살지 못한 데 반해 '유리걸식'한 쥐들은 수명이 연장되었을 뿐만 아니라 털빛이 반들반들하고 피부가 탄력 있었으며 행동도 민첩했다. 더욱 불가사의한 것은 면역력이나 성 기능도 첫 부류보다 엄청나게 강했다는 점이다. 과학자들은 또 실험 대상을 넓혀 세균과 파리, 물고기 등을 상대로 유사한 실험을 했는데, 그 결과는 마찬가지였다. 과학자들이 내린 결론은 이러했다.

"모든 생명체가 평생 소모할 수 있는 에너지의 양은 정해져 있다. 일단 그 양을 모두 소모하고 나면, 그것은 생명의 종말을 의미한다."

너무 많은 것을 바라지 마라. 조금만 있으면 된다. 매일 조금씩, 매달 조금씩, 해마다 조금씩, 그러다 보면 우린 많은 것을 얻게 된다. 너무 많이 먹으면 체하듯이, 뭐든 지나치면 갖고 있는 모든 것이 부담스러워지고 홀가분해질 수 없다. 위기의식을 갖고 팽팽해진 정신상태로 사는 것이 진정한 평온함과 즐거움을 만끽하는 길이다.

# 119
## 당장에 도움되지 않는다고 물리치지 마라

**原文** 狄青起行伍十餘年, 既貴顯, 面涅猶存, 曰: "留以勸軍中!"

송나라의 명장 적청(狄青)은 병졸에서 출발했지만 10여 년간 꾸준히 발탁·중용되어 중신의 자리에 올랐다. 그의 얼굴에는 흉터가 있었는데, 다름 아닌 천민 출신임을 알리는 글이었다. 그런데 그는 중신이 되어서도 그것을 지우지 않았다. 그 이유에 대해 그는 이렇게 말했다.

"난 병졸들이 이 흉터를 보면서 전공을 많이 세워 명예를 얻을 수 있게끔 격려할 것이오."

옛날에는 출신이 비천하거나 죄를 지은 사람 얼굴에 글을 새기는 관습이 있었다. 적청은 송나라 명장으로 연주(延州) 지휘사, 형호(荊湖) 남북로(南北路) 무사(撫使), 구밀사(樞密使, 현재의 국방부 장관 - 옮긴이) 등을 두루 지낼 만큼 지위가 상당했다. 그럼에도 얼굴의 흉터를 지우지 않은 것은 병졸들을 격려하기 위해서였다. 그가 고관대작의 대열에 올라서자, 아첨을 일삼는 자들은 그를 당의 명재상인 적인걸(狄仁杰)의 후예라고 치켜세웠지만, 적청은 한사코 부인했다. 그의 청렴하고 깨끗한 인간 됨됨이를 알 수 있는 대목이다. 적청의 이야기에서 연상되는 링컨의 일화가 있다.

1860년 선거에서 대통령에 당선된 링컨은 새먼 체이스(Salmon P. Chase)를 재무장관으로 임명했다. 그런데 그런 결정을 반대하는 이들이 적지 않았다. 새먼은 비록 능력이 뛰어나지만 성격이 안하무인격이었다. 대통령선거에 출마했다가 링컨에게 패한 뒤 새먼은 항상 링컨에게 불만을 품고 있었고, 언젠가 꼭 권좌를 차지하고야 말겠다는 야심이 가득한 인물이었다.

그러나 링컨은 자기를 걱정해주는 이들에게 이런 이야기를 들려주었다.

"시골에서 자란 사람들은 말벌에 대해 잘 알고 있을 겁니다. 한번은 형과 함께 옥수수밭을 갈고 있었죠. 내가 앞에서 말을 끌고 형은 뒤에서 보습을 잡고. 그런데 말이 늙어서 그런지 자꾸 늑장을 부리기에 한 대 때려주고 싶었는데, 어찌된 영문인지 이 녀석이 갑자기 재빨라지는 겁니다. 내가 미처 따라잡지 못할 정도로 말입니다. 밭고랑 끝까지 끌려가서야 숨을 몰아쉬며 살펴보니, 아 글쎄 말 잔등에 큰 말벌 한 마리가 붙어 있지 뭡니까? 내가 얼른 그 말벌을 때려잡았더니 형이 나를 나무라는 거예요. 말이 불쌍해서 그랬다고 하자, 형이 그러더군요. '그 말벌 덕분에 이놈이 빨리 뛰었던 게 아니냐'라고요. 만약 지금 '대통령병'이라고 하는 말벌이 새먼의 등뒤에 앉아 있다면, 그래서 새먼이 자기 부처를 위해 열심히 뛸 수만 있다면 난 절대 그 말벌을 때려잡지 않을 겁니다."

확실히 새면은 링컨에게 말벌작용을 했는지도 모른다. 말벌이라고 꼭 해가 되지는 않는다.

# 작은 미덕이
# 큰 이익으로 돌아온다

> 寔字仲擧, 以名德爲世所宗. 桓帝時, 黨事起, 逮捕者衆, 人多避逃. 寔曰: "吾不就獄, 衆無所恃." 竟詣獄請囚, 會赦得釋. 靈帝初, 中常侍張讓權傾天下, 讓父死, 歸葬潁川, 雖一郡畢至, 而名士無往者, 寔獨吊焉. 後複誅黨人, 讓以寔故, 頗多全活.

진식(陳寔)은 자(字)가 중거(仲擧)로, 재능이 뛰어나고 덕망이 높아 사람들의 존경을 받았다. 한 환제(桓帝) 때, 태감들이 권세를 장악하면서 많은 이들이 감옥에 들어갔다. 다들 겁에 질려 몸을 사리는 시국이었다. 그런데 하루는 진식이 주위 사람들에게 말했다.

"내가 감옥에 들어가지 않으면 갇혀 있는 사람들 모두 의지할 데가 없겠구나."

그러고는 제 발로 감옥을 찾아가 자기를 가둬달라고 했다. 그리고 훗날 사면으로 모두 풀려날 때 함께 나왔다.

또 한 영제(靈帝) 초엽에 중상시(中常侍) 장양(張讓)이 실권을 잡으면서 그 기세가 하늘을 찌를 듯했는데, 그 아버지가 죽어서 영천(潁川)에 안장되었다. 영천군 관리들 모두 장례에 참석했지만, 그 지역의 명사(名

士)들 중 누구도 고개를 내밀지 않고 진식만 조문을 갔다.

훗날 환관들이 다시 득세하여 여러 파벌을 주살했는데, 장양은 진식의 얼굴을 봐서 많은 사람들을 풀어주었다.

진식은 고상한 인격과 대인다운 풍모를 갖춘 인물이다. 암흑세력이 하늘을 뒤덮는 시국에 그는 나서야 할 때는 위험을 무릅쓰고 나서고, 몸을 사려야 할 때는 앞날을 위해 고개를 숙였다. 그래서 후세 사람들은 그를 '부처님도 진식에 비하면 무색하다'고 말한다.

고상한 인격은 기적을 만들어낸다. 한번은 미국의 한 잡지사 편집장이 어느 학원의 요청을 받고 강연을 하러 갔다. 이때 학원 측에서 약속한 강연료는 100달러였다. 그날 강연은 편집장의 생애에서 가장 큰 환영을 받았다. 그런데 학원 측에서 강연료를 지불하려 하자, 그는 손을 내저으면서 자기는 이미 그보다 더 많은 대가를 받았다고 말했다.

이튿날, 학원장이 2,000여 명의 학원생들에게 편집장이 강연료를 사절한 이야기를 들려주고 나서 흥분된 목소리로 말했다.

"학원 설립 이래 20여 년 동안 강연료를 사절한 분은 어제 처음 보았습니다. 그분은 ○○ 월간지 편집장이십니다. 나는 오늘 제군들에게 그분이 편집하는 잡지를 정기구독하기를 권장합니다. 그처럼 훌륭한 분이 만드는 잡지라면 분명 훌륭한 잡지일 거라고 믿어 의심치 않기 때문입니다."

그로부터 채 1주일도 지나지 않아 그 잡지사는 학원으로부터 6,000달러에 달하는 정기구독료를 받았다. 그후 2년 동안 학원생들을 통해 불어난 잡지구독료가 무려 5만 달러나 되었다. 100달러의 투자가 500배가 되어 돌아온 셈이다. 이처럼 미덕의 가치란 가늠할 수 없는 것이다.

# 121

# 상대가 예상치 못하는 쪽으로 나아가라

**原文** 少司馬梅公衡 湘總督三鎭. 虜酋忽以鐵數 鎰來獻, 曰: "此沙漠新産也." 公意必無此事, 彼幸我馳鐵禁耳, 乃慰而遣之, 即以其鐵鑄一劍, 鐫云: "某年月某王贈鐵." 因檄告諸邊: "虜中已産鐵矣, 不必市釜." 其後虜缺釜, 來言舊例, 公曰: "汝國既有鐵, 可自冶也." 外族使者譁言無有, 公乃出劍示之. 虜使叩頭服罪, 自是不敢欺公一言.

명나라 매국정(梅國禎)이 소사마로 3개 진(鎭)을 총괄하고 있을 때였다. 하루는 외족(外族) 추장(酋長)이 수일(鎰)이나 되는 철을 싣고 와서 말했다.

"이건 우리 사막에서 캐낸 철입니다."

매국정은 사사로이 철을 매매하지 못한다는 금기사항에 어깃장을 놓아보려는 수작쯤으로 여기고, 축하할 만한 일이라며 좋은 말로 구슬려 보냈다. 그러고는 그 철로 검 한 자루를 만들어 '○○년 ○월 ○○가 증정'이라는 글까지 새겨넣고는 여러 변방지대에 격문을 보냈다.

'노족(虜族)은 이미 스스로 철을 만들어낸다고 하니, 앞으로 다시는

그들에게 철을 팔지 말도록 하라.'

그러자 훗날 노족이 가마솥이 없다면서 매국정에게 사자를 보내왔다. 매국정이 사자에게 물었다.

"당신네 땅에도 철이 나는 줄로 아는데, 왜 가마솥을 만들지 못하는 거요?"

사자가 자기네 땅에는 철이 전혀 나지 않는다고 잡아떼자 매국정이 예전에 만들어둔 검을 꺼내 보여주었다. 그제야 사자는 무릎 꿇고 머리를 조아리며 잘못을 빌었다. 그뒤로 노족은 두 번 다시 매국정 앞에서 거짓말하지 못했다.

 매국정은 '장계취계'로 상대를 제압하는 지혜를 발휘했다.
계략은 바로 지혜의 불꽃이다. 잘만 이용하면 신기한 효력을 일으킬 수 있다.

포르투갈 대 체코의 농구경기가 진행되고 있었다. 경기 종료시각을 겨우 8초 남겨두고 포르투갈이 2점 앞서고 있었다. 이미 승패가 결정된 것이나 다름없었다. 그런데 그 시합은 홈 앤드 어웨이 방식으로 치러져 포르투갈은 5점을 따내야 이길 수 있었다. 겨우 8초를 남겨놓고 3점을 더 딴다는 것은 기적이 아니고는 불가능한 일이었다.

포르투갈 팀 코치가 작전시간을 요구했다. 체코 팀 코치와 관중들은 포르투갈 팀이 마지막 방법으로 3점슛 전략을 세우는 것이라 짐작하고 있었다. 그래서 경기가 속개되자 체코 팀은 상대 선수들만 지키고 있었다.

그런데 갑자기 전혀 예상치 못한 상황이 벌어졌다. 공을 잡은 포르투갈 팀 선수가 몸을 휙 돌리더니 곁눈질 한번 하지 않고 골대를 향해 달려가더니 제비처럼 몸을 날려 철썩 하고 공을 바스켓에 꽂아넣는 게 아닌가.

관중이나 선수들 모두 입만 딱 벌린 채 지금 무슨 일이 벌어졌는지를 미처 알지 못하고 있었다. 주심의 호각소리가 들리고 두 팀이 비겼으므로 연장전을 진행한다고 선언했을 때에야 비로소 사람들은 상황 파악을 할 수 있었다. 포르투갈은 그렇게 아무도 예상치 못한 전술로 기사회생의 기회를 만든 것이다. 그리고 포르투갈은 연장전에서 체코보다 6점을 더 앞서 승리를 거머쥘 수 있었다.

경기가 끝난 뒤, 그 자리에 있었던 사람들 중에 포르투갈 팀 코치의 용기와 기질에 찬사를 보내지 않는 사람은 아무도 없었다.

세상 모든 지혜의 원천
# 지낭

초판 1쇄 ㅣ 2013년 4월 1일

지은이 ㅣ 판원치웅
옮긴이 ㅣ 김견
펴낸이 ㅣ 유동범
펴낸곳 ㅣ 도서출판 토파즈

출판등록 ㅣ 2006년 6월 26일 제313-2006-000137호
주　소 ㅣ 서울시 마포구 서교동 392-33번지 서교제일빌딩 401호
전　화 ㅣ 02-323-8105
팩　스 ㅣ 02-323-8109
이메일 ㅣ topazbook@hanmail.net

ⓒ 2008 토파즈

ISBN 978-89-92512-40-4(03820)

잘못 만들어진 책은 구입처에서 교환해드립니다.